高等职业教育"十二五"规划教材
高职高专汽车类专业理实一体化系列教材

汽车检测与故障诊断技术

主 编 张克明

国防工业出版社

·北京·

内 容 简 介

本书共分四章，系统地阐述了汽车检测与故障诊断的基础知识，汽车检测参数与诊断标准，汽车故障的诊断方法，发动机功率及气缸密封性的检测，汽车各主要系统的检测与故障诊断，汽车主要电控系统的检测与故障诊断，以及汽车排放、噪声和车速表的检测等内容。书中主要介绍了相关检测设备的使用方法，汽车各系统的性能检测方法，常见故障的诊断分析方法等；重点介绍了汽车各系统的常规检查方法和电控系统的检测及分析方法。

本书内容详尽，具有较强的实用性和可操作性。可作为高等职业院校、高等专科院校、成人高校、民办高校及本科院校汽车类专业的教学用书，并可作为社会从业人员的业务参考书及培训用书。

图书在版编目（CIP）数据

汽车检测与故障诊断技术/张克明主编. —北京：
国防工业出版社，2015.3（2016.8 重印）
高职高专汽车类专业理实一体化系列教材
ISBN 978-7-118-09881-5

Ⅰ.①汽… Ⅱ.①张… Ⅲ.①汽车—故障检测—高等职业教育—教材②汽车—故障诊断—高等职业教育—教材 Ⅳ.①U472.9

中国版本图书馆 CIP 数据核字（2015）第 012460 号

※

国防工业出版社出版发行
（北京市海淀区紫竹院南路 23 号 邮政编码 100048）
三河市众誉天成印务有限公司印刷
新华书店经售

*

开本 787×1092 1/16 印张 16½ 字数 381 千字
2016 年 8 月第 1 版第 2 次印刷 印数 3001—6000 册 定价 34.80 元

（本书如有印装错误，我社负责调换）

国防书店：（010）88540777	发行邮购：（010）88540776
发行传真：（010）88540755	发行业务：（010）88540717

前　言

现代汽车电子化程度高、新技术含量高，在进行汽车检测与故障诊断作业时，如果没有相关的诊断数据、技术资料以及先进的检测仪器、设备，仅凭经验多数情况下已无从下手。因此，汽车检测与故障诊断技术的更新周期越来越短，对汽车维修技术人员的检测与故障诊断技术水平也提出了更高的要求。为此，行业需要与汽车技术发展同步更新的汽车检测与故障诊断技术教材。

本书根据高职高专教育人才培养目标，按照汽车检测与故障诊断技术课程的教学基本要求，比较全面、系统地介绍了汽车检测与故障诊断仪器、设备的使用和操作方法，汽车各系统的常规检查方法，汽车常用的性能检测技术，以及汽车常见故障的检查方法等。

本书特点主要体现在以下几个方面：

1. 先进性。本书广泛吸收汽车检测与故障诊断方面的新知识、新技术，尽量将国内先进的检测与故障诊断技术、检测标准及仪器、设备引入本教材，以体现技术上的先进性。

2. 实用性。力求从生产一线对汽车检测与故障诊断技术人才知识、能力的需要出发，以利于读者对汽车检测与故障诊断技术的理解和掌握为重点，精选教学内容。同时通过典型内容的介绍，力求达到举一反三、触类旁通的效果，为学生未来的学习和工作奠定扎实的基础。

3. 合理性。按照学生的认知规律，摒弃不必要的理论说明，按照由易到难，先通用技术、后专项技术，循序渐进、逐步深入的方式编写教材。重视企业现有操作技术与实践经验的引入，在保证教材内容满足现有行业技术水平需要的同时，具备必要的前瞻性。

4. 易读性。在本教材的内容选择上，删繁就简，以先进性、实用性和可操作性为目标，精选教学内容；在编写形式上，采用了大量与内容相关的图片，力求使内容简洁、明确、直观，以利于读者理解和掌握。

由于各院校汽车检测与故障诊断仪器、设备不尽相同，在教材中在介绍了目前使用比较普遍的检测仪器、设备和检测与诊断技术、方法的同时，精选了部分典型仪器、设备与检测、诊断技术和方法，以满足不同使用者的需要。

本书可作为高等职业院校、高等专科院校、成人高校、民办高校及本科院校汽车类相关专业的教学用书，并可作为社会从业人士的业务参考书及培训用书。

本书由张克明主编，卜毅男、刘麦、黄英超等参加了部分内容的编写工作，全书由张克明统稿。

在本书的编写过程中，参考了大量国内外有关书籍和技术资料，在此向相关作者表示深切的谢意。

由于编者水平有限，书中不妥之处，恳请专家和广大读者不吝指正。

目　录

第一章　概论 ... 1
第一节　汽车检测与故障诊断基本知识 ... 1
一、基本概念及术语 ... 1
二、汽车检测与故障诊断的目的 ... 2
三、现代汽车检测与故障诊断技术的特点 ... 3
第二节　汽车检测参数及诊断标准 ... 4
一、汽车检测参数 ... 4
二、检测参数的选择原则 ... 7
三、检测参数标准 ... 8
四、检测参数标准的组成 ... 9
第三节　汽车故障及其诊断方法 ... 10
一、汽车故障的分类 ... 10
二、汽车故障的成因 ... 10
三、汽车故障症状 ... 11
四、汽车故障变化规律 ... 12
五、汽车故障的诊断方法 ... 13
[复习思考题] ... 15

第二章　发动机的检测与故障诊断 ... 16
第一节　发动机功率的检测 ... 16
一、稳态测功 ... 16
二、检测结果分析 ... 20
第二节　气缸密封性的检测 ... 21
一、气缸压缩压力的检测 ... 21
二、曲轴箱窜气量的检测 ... 25
三、气缸漏气量和漏气率的检测 ... 26
第三节　冷却系统的检测与故障诊断 ... 28
一、冷却系统的常规检查 ... 28
二、冷却系统的故障诊断 ... 32
第四节　润滑系统的检测与故障诊断 ... 33
一、润滑系统的常规检查 ... 33

二、润滑系统的故障诊断 ·· 36
第五节　点火系统的检测 ·· 38
　　一、点火系统的常规检查 ·· 38
　　二、发动机点火波形的检测 ·· 41
第六节　汽油机燃油供给系统的检测 ·· 48
　　一、燃油供给系统压力的检测 ·· 48
　　二、喷油器的检测 ·· 51
第七节　柴油机燃油供给系统的检测与故障诊断 ································ 54
　　一、柴油机燃油供给系统的常规检查 ·· 54
　　二、柴油机燃油供给系统的故障诊断 ·· 61
第八节　发动机异响故障的检测与诊断 ·· 70
　　一、异响诊断依据 ·· 70
　　二、常见发动机异响故障的诊断 ·· 71
第九节　发动机排放的检测 ·· 76
　　一、发动机排气污染物的主要成分及危害 ······································ 76
　　二、汽油发动机排气污染物的检测 ·· 77
　　三、柴油发动机排气污染物的检测 ·· 80
[复习思考题] ·· 81

第三章　底盘与车身的检测与故障诊断 ·· 82

第一节　传动系统的检测与故障诊断 ·· 82
　　一、传动系统的常规检查 ·· 83
　　二、传动系统的性能检测 ·· 89
　　三、传动系统的故障诊断 ·· 100
第二节　汽车转向系统的检测与故障诊断 ······································ 113
　　一、转向系统的常规检查 ·· 113
　　二、转向系统的性能检测 ·· 116
　　三、转向系统的故障诊断 ·· 118
第三节　汽车行驶系统的检测与故障诊断 ······································ 123
　　一、行驶系统的常规检查 ·· 123
　　二、车轮平衡的检测 ·· 126
　　三、车轮定位参数的检测 ·· 130
　　四、转向轮侧滑的检测 ·· 138
　　五、悬架的性能检测 ·· 141
　　六、行驶系统的故障诊断 ·· 143
第四节　汽车制动系统的检测与故障诊断 ······································ 147
　　一、制动系统的常规检查 ·· 147
　　二、制动系统的性能评价指标 ·· 152
　　三、制动性能的检验方法 ·· 153
　　四、制动系统的故障诊断 ·· 156

第五节 前照灯的检测 …… 161
一、前照灯检测标准及检验方法 …… 162
二、前照灯检测仪的结构及检测方法 …… 164
第六节 车速表的检测 …… 166
一、车速表误差的测量原理 …… 166
二、车速表的检测 …… 167
第七节 汽车噪声的检测 …… 169
一、汽车噪声的形成及其危害 …… 169
二、噪声的评价指标 …… 170
三、汽车噪声的检测 …… 171
[复习思考题] …… 174

第四章 汽车电子控制系统的检测与故障诊断 …… 175
第一节 汽车电控系统故障诊断基础 …… 175
一、电控系统故障诊断的基本程序 …… 175
二、电控系统故障检测与诊断的基本原则 …… 176
三、故障诊断的一般方法 …… 177
四、疑难故障的检查 …… 178
五、电控系统检测与故障诊断的注意事项 …… 182
第二节 发动机电控系统的检测与故障诊断 …… 183
一、电控系统的故障自诊断检测 …… 183
二、电控系统的数据流分析 …… 191
三、电控系统主要部件的检测 …… 205
第三节 自动变速器电控系统的检测与故障诊断 …… 234
一、电控系统的故障自诊断检测 …… 235
二、电控系统主要部件的检测 …… 240
第四节 制动防抱死控制系统的检测与故障诊断 …… 246
一、电控系统的故障自诊断检测 …… 247
二、电控系统主要部件的检测 …… 253
[复习思考题] …… 255

参考文献 …… 256

第一章 概论

【学习目标】
1. 了解汽车检测与故障诊断的基本概念及术语。
2. 理解现代汽车检测与故障诊断的目的及技术特点。
3. 掌握汽车检测与诊断参数标准、组成及其选择原则。
4. 理解汽车故障的分类、成因、症状及故障变化规律。
5. 了解常用汽车故障的诊断方法。

第一节 汽车检测与故障诊断基本知识

一、基本概念及术语

1. 汽车检测

汽车的检测,一般是指对在用车辆的动力性、经济性、法规适应性等方面进行检测,以确定其现行的技术状况和工作能力。汽车检测是一种主动的检查行为,如同健康的人去医院做体检,以便了解身体的健康状况,及时发现疾病隐患。汽车动力性检测项目主要包括车速、加速性能(加速时间)、底盘输出功率、发动机功率、转矩以及点火系、供油系的状况等;汽车经济性检测的主要内容是燃油消耗量;汽车法规适应性检测项目主要有汽车噪声和尾气排放状况等。

2. 汽车故障诊断

汽车的故障诊断,一般是指在车辆出现故障后,在不解体(或仅卸下个别小件)条件下,通过检查、测试,判断出故障原因及故障点,并确定出排除方法的过程。汽车故障诊断是一种被动的检查行为,就好像人生了病,需要到医院进行检查,诊断病情一样。

3. 汽车检测与故障诊断技术

汽车检测与故障诊断技术是汽车检测技术和汽车故障诊断技术的统称,是随着车辆的结构、性能不断复杂、完善而逐渐发展起来的。车辆在运行过程中,各总成零件受到力、热、摩擦及腐蚀等物理及化学作用下,技术状态不断发生变化。而现代汽车一旦发生故障,往往会导致严重的后果。因此,在车辆的使用过程中,应定期或不定期地对其进行交通安全和环境保护方面的检测和故障诊断,确保车辆在安全、高效和低污染的情况下运行。汽车检测与故障诊断是在不解体条件下,为确定汽车技术状况或查明故障部位、原因所进行的检查、分析、判断工作。

4. 汽车技术状况

汽车技术状况是定量测得的表征某一时刻汽车外观和性能的参数值总和。汽车的外观参数主要包括车辆的长、宽、高及轴距、轮距,车辆各对称部位的尺寸差异等参数值;汽车的性能参数是指定量测得的表征某一时刻汽车动力性、经济性、排放性、安全性、操纵稳定性、行驶平顺性、舒适性、通过性和可靠性等的参数值。

5. 汽车故障

汽车故障是指汽车中的零部件或总成,部分地或完全地丧失了汽车原设计规定功能的现象。汽车故障按对汽车性能的影响分为功能故障和参数故障。功能故障是指汽车不能继续完成本身的功能,如发动机不能起动、转向失灵、不能行驶等;参数故障是指汽车性能参数达不到规定的指标,如功率下降、油耗上升、排放超标等。

二、汽车检测与故障诊断的目的

汽车的大量使用,在提高运输效率,促进经济发展,改善人们生活的同时,也造成了交通事故、大气污染、噪声污染以及能源紧张等引起全球关注的问题。为解决上述问题,除应努力开发高性能、低油耗、低污染的汽车外,还要加强对在用汽车的检测与故障诊断,以便及时对车辆进行维修和调整,使汽车经常处于良好的技术状况。

汽车检测与故障诊断的目的,可以归纳为以下几个方面:

1. 保证交通安全

随着交通运输业的发展,交通事故也日益增加。造成交通事故的原因,大致可归纳为驾驶员、行人、车辆、道路、气候等几方面。其中,由于汽车制动、转向、照明等车辆技术原因产生的事故,约占事故总量的1/4。所以,加强汽车的检测与故障诊断,使其保持良好的技术状况,对保证交通安全是非常必要的。

2. 减少环境污染

汽车排放的尾气中含有上百种化合物,其中对人和生物直接有害的物质主要是 CO、HC(碳氢化合物的总称)、NO_X(氮氧化合物的总称)、铅化合物、碳烟等。这些有害气体污染了大气,破坏了人类的生存环境。尤其在大城市人口密集、交通拥挤的地区,汽车尾气污染更为严重。20 世纪中期,美国的洛杉矶出现了著名的"光化烟雾"事件,汽车尾气的严重污染,直接威胁事发当地居民的生命安全,并造成巨大的经济损失。随着我国汽车保有量的持续快速增长,汽车尾气已成为许多城市大气污染的罪魁祸首,不仅大大降低了能见度,而且是大气中有害污染物的主要来源。目前世界各国对汽车污染物的危害都十分重视,所规定的尾气污染排放物控制标准也越来越严格。

另外,尾气中含有较多的 CO_2 气体。CO_2 是一种温室气体,向大气排放过多的 CO_2 气体,有使地球表面温度升高的后果,对环境同样会产生危害。汽车噪声是另一种环境污染。在交通繁忙的十字路口,车辆噪声可达 70dB 以上。国家通过对汽车进行定期检测的方法,严格限制汽车产生的废气和噪声污染,污染超标的车辆不准上路,必须进行调整或修理。

3. 改善汽车性能

汽车的性能主要包括动力性、经济性、安全性、操纵稳定性、舒适性和环保性能等方面。

汽车使用一段时间后，性能或技术状况会逐渐变差。不仅动力性、经济性会降低，油耗增加，尾气排放情况变坏，转向或制动系统性能变坏时还可能引发交通事故。所以通过对汽车的检测与诊断，既可以保持汽车经常处于良好的技术状况，改善汽车性能，还可延长汽车的使用寿命。

4. 提高维修效率

据资料统计，在车辆的技术保障中，查找故障的时间约占70%，而排除故障的时间仅占30%左右。随着车辆结构的日益复杂，汽车检测与故障诊断的地位更加重要。可以这样说，在车辆的技术保障中，检测与诊断是一个重要的环节：没有检测与故障诊断技术，车辆的技术状况就不能迅速恢复；没有检测与故障诊断技术，车辆的维修保障体制只能停留在事后维修和定期维修的方式上。

5. 实现"视情修理"

早期的汽车维修制度，采用"事后维修"和定期保养方式。"事后维修"是在汽车出现故障后进行的修理方式。这种方式隐含着对人身安全的威胁和造成财产重大损失的危机；强制定期保养，往往会造成盲目修理或失修现象。随着汽车技术的进步，上述方式已不适应今天的形势。

目前，广泛采用"视情修理"制度，它能最大限度地发挥零件的使用潜力，减少不必要的拆装操作，大大提高车辆使用的可靠性和经济性。显然，没有一定的检测手段，要实现"视情修理"只能是一句空话。

三、现代汽车检测与故障诊断技术的特点

早在二十世纪四五十年代，在一些工业发达国家就出现了一些以故障诊断和性能调试为主的单项检测技术和检测设备。以后，随着计算机技术的发展，出现了汽车检测诊断、数据采集处理自动化、检测结果直接打印等功能的汽车性能检测仪器和设备。在此基础上，为了加强汽车管理，各工业发达国家相继建立汽车检测站和检测线，汽车检测及故障诊断技术也随之得到快速发展。

概括地讲，现代汽车检测与故障诊断技术主要具有以下特点：

1. 制度化

在发达国家，汽车的检测工作由交通部门统一领导，在全国各地建有由交通部门认证的汽车检测场（站），负责新车的登记和在用车的安全检测，修理厂维修过的汽车也要经过汽车检测场的检测，以确定其安全性能和排放是否符合国家标准。

2. 标准化

工业发达国家的汽车检测有一整套的标准。以标准中规定的数据为标准，判断受检汽车的技术状况。检查结果以数字显示，有量化指标，以避免主观上的误差。国外比较重视安全性能和排放性能的检测，如美国规定，修理过的汽车必须经过严格的排放检测方能出厂。

除对检测结果有严格完整的标准以外，对检测设备也有标准规定，如检测设备的检测性能、具体结构、检测精度等都有相应标准。对检测设备的使用周期、技术更新等也有具体要求。由于检测制度、技术的标准化，不仅提高了检测效率，也保证了检测质量。

3. 智能化、自动化

随着科学技术的进步,汽车检测与故障诊断设备在智能化、自动化、精密化、综合化方面都有新的发展,汽车检测与故障诊断设备已大量运用光、机、电一体化技术,并采用计算机测控,有些检测设备具有专家系统和智能化功能,能对汽车技术状况进行检测,并能诊断出汽车故障发生的部位和原因,引导维修人员迅速排除故障。

汽车检测与故障诊断技术的未来发展的方向,是实现检测与诊断工作的网络化。目前我国的汽车综合性能检测站部分已实现了计算机管理系统检测,但各个检测站的计算机测控方式千差万别,即使采用采用计算机网络系统技术管理的检测站,通常也仅仅是一个站内部实现了网络化。随着技术和管理的进步,努力实现真正的网络化,从而实现信息资源共享、硬件资源共享、软件资源共享。在此基础上,利用信息高速公路,可以将全国的汽车综合性能检测站联网,使交通管理部门可以方便地了解各地区车辆的技术状况。

第二节 汽车检测参数及诊断标准

检测参数是汽车检测诊断技术的重要组成部分,它是表征汽车技术状况的量。有些结构参数(如磨损量、间隙量等)可以表征汽车的技术状况,但在不解体情况下,直接测量往往受到限制,如气缸磨损量和气缸间隙、曲轴和凸轮轴各轴颈的磨损量、各轴向间隙与磨损量等,都无法在不解体的情况下直接测量,因此,在检测与诊断汽车的技术状况时,需要采用一种与结构参数有关,而又能表征技术状况的间接指标,这些间接指标就称为检测参数。它是供诊断用的,表征汽车、总成、机构技术状况的参数。检测参数与结构参数紧密相关,能够反映汽车的技术状况,是一些可测的物理或化学量。

诊断标准是对汽车诊断的方法、技术要求和极限值等的统一规定。检测参数的用途是提供一个比较尺度,如将检测结果与标准值对照后,就可以确定汽车是否能够继续使用或预测在给定行驶里程内汽车的工作能力。

一、汽车检测参数

汽车检测参数包括工作过程参数、伴随过程参数和几何尺寸参数。

1. 工作过程参数

该参数是汽车、总成及机构工作过程中输出的一些可供测量的物理量和化学量。例如发动机功率、驱动车轮输出功率或驱动力、汽车燃油消耗量、制动距离、制动力或制动减速度、滑行距离等,往往能表征诊断对象工作过程中总的技术状况,适合于总体诊断。

如通过检测,底盘输出功率符合要求,说明汽车输出功率符合要求,也说明发动机技术状况和传动系技术状况均符合要求;反之,如通过检测,底盘输出功率不符合要求,说明发动机输出功率不足或传动系功率损失太大,通过进一步深入检测与诊断,可确定是发动机技术状况不佳还是传动系技术状况不佳。工作过程诊断参数是深入诊断的基础,汽车不工作时,工作过程参数无法测量。

2. 伴随过程参数

该参数是伴随汽车工作过程中输出的一些可测量的物理量。例如,振动、噪声、异响、过热等,可提供诊断对象的局部信息,常用于复杂系统的深入诊断。汽车不工作时,伴随过程参数无法测得(过热除外)。

3. 几何尺寸参数

该参数可提供汽车总成及机构中,配合零件之间或独立零件的技术状况。例如,总成及机构中的配合间隙、自由行程、圆度、圆柱度、端面圆跳动、径向圆跳动等,都可以作为检测参数使用。它们提供的信息量虽然有限,但却能表征诊断对象的具体状态。

汽车常用的检测参数见表1-1。

表1-1 汽车常用检测参数

检测对象	检测参数
汽车总体	最高车速/(km/h) 最大爬坡度/(°)或(%) 驱动车轮输出功率/kW 驱动车轮驱动力/kN 汽车燃料消耗量/(L/km)或(L/100km) 汽车侧倾稳定角/(°)
发动机总体	额定转速/(r/min) 怠速转速/(r/min) 发动机功率/kW 发动机燃料消耗量/(L/h) 单缸断火(油)转速下降值/(r/min) 汽油车怠速排放 CO 体积百分数/(%) 汽油车怠速排放 HC 体积百分数/10^{-6} 汽油车怠速排放 NO_x 体积百分数/(%) 汽油车怠速排放 CO_2 体积百分数/(%) 柴油车自由加速烟度/(m^{-1})
配气机构	气门间隙/mm 配气相位/(°)
曲柄连杆机构	气缸压力/MPa 曲轴箱窜气量/(L/min) 气缸漏气量/kPa 气缸漏气率/(%) 进气管真空度/kPa
柴油机供给系	输油泵输油压力/kPa 喷油泵高压油管最高压力/kPa 喷油泵高压油管残余压力/kPa 喷油器针阀开启压力/kPa 喷油器针阀升程/mm 各缸供油不均匀度/(%) 供油提前角/(°) 各缸供油间隔/(°) 各缸喷油器的喷油量/mL

(续)

检测对象	检测参数
点火系	初级电路导通闭合角/(°) 各缸点火波形重叠角/(°) 点火提前角/(°) 火花塞间隙/mm 各缸点火电压/kV 各缸点火电压短路值/kV 点火系最高电压值/kV
润滑系	机油压力/kPa 机油池液面高度/mm 机油温度/℃ 机油消耗量/kg 或 L 理化性能指标变化量 清净性系数 K 的变化量 介电常数的变化量 金属微粒的容积百分数/(%)
冷却系	冷却液温度/℃ 冷却液液面高度/mm 风扇传动带张力/kN
传动系	传动系游动角度/(°) 传动系功率损失/(kW) 传动系机械传动效率 总成工作温度/℃
转向桥与转向系	车轮侧滑量/(m/km) 车轮前束/mm 车轮外倾角/(°) 主销后倾角/(°) 主销内倾角/(°) 转向轮最大转向角/(°) 最小转弯直径/m 转向盘最大自由转动量/(°) 转向盘最大转向力/N
行驶系	车轮静不平衡量/g 车轮动不平衡量/g 车轮端面圆跳动量/mm 车轮径向圆跳动量/mm 轮胎花冠花纹深度/mm

(续)

检测对象	检测参数
制动系	制动距离/mm 制动力/N 制动拖滞力/N 驻车制动力/N 制动减速度/m/s^2 制动时间/s 制动协调时间/s 制动完全施放时间/s
其它	前照灯发光强度/cd 前照灯光束照射位置/mm 车速表允许误差范围/(%) 喇叭声级/dB 客车车内噪声级/dB 驾驶员耳旁噪声级/dB

二、检测参数的选择原则

能够表征汽车技术状况的技术参数有许多。为了保证诊断结果的可信性和准确性,应该选择那些符合下列要求或具有以下特性的检测参数。选用原则如下:

1. 灵敏性

灵敏性又称为灵敏度,是指诊断对象的技术状况从正常状态到进入故障状态之前的整个使用期内,检测参数相对于技术状况参数的变化率。选用灵敏度高的检测参数来诊断汽车故障时,可提高检测的准确性与可靠性。

2. 单值性

单值性是指汽车技术状况参数从开始值到终了值的范围内,一个检测参数只对应一个技术状况参数。具有非单值性的检测参数没有实际意义。

3. 稳定性

稳定性是指在相同的测试条件下,多次测得同一检测参数的测量值,具有良好的一致性(重复性)。检测参数的稳定性越好,其测量值的离散度越小。稳定性不好的检测参数,其灵敏性降低,可靠性差。

4. 信息性

信息性是指检测参数对汽车技术状况具有的表征性。表征性好的检测参数,能揭示汽车技术状况的特征和现象,反映汽车技术状况的全部情况。检测参数的信息性越好,包含汽车技术状况的信息量越多,得出的诊断结论越可靠。

5. 经济性

经济性是指获得检测参数的测量值所需要的诊断作业费用的多少,包括人力、工时、场地、仪器、设备和能源消耗等各项费用。经济性高的检测参数,所需要的诊断费用低。如果诊断费用很高,这种检测参数是不可取的,它没有经济意义。

检测参数与测量条件和测量方法是不可分割的整体。不同的测量条件和测量方法,可以得出不同的检测参数值。测量条件中,一般有温度条件、速度条件、负荷条件等。多数检测参数的测得需要汽车走热至正常工作温度,只有少量检测参数可在冷温下进行。除了温度条件外,速度条件和负荷条件也很重要。如发动机功率的检测,需要在一定的转速和节气门开度下进行;汽车制动距离的检测,需要在一定的制动初速度和载荷(空载或满载)下进行。对检测参数的测量方法也有规定,如:汽油车排气污染物的测量,采用怠速法,规定各排气组分均应采用不分光红外线吸收型监测仪进行;柴油车自由加速度的测量,采用滤纸烟度法,规定采用滤纸式烟度计进行;等等。

没有规范的测量条件和测量方法,无法统一尺度,因而测得的检测参数值也就无法评价汽车的技术状况。所以,要把检测参数及其测量条件、测量方法看成是一个不可分割的整体。

三、检测参数标准

为了定量地评价汽车、总成及机构的技术状况,确定维修的范围和深度,预报无故障工作里程,单有检测参数是不够的,还必须建立检测参数标准,提供一个比较尺度。这样,在检测到检测参数值后,与检测参数标准值对照,即可确定汽车是否可继续运行还是需要维修。

汽车检测参数标准的制定,既要有利于汽车技术状况的提高,还要以经济为基础。如果标准制定得严格,汽车的整体技术状况必定能够得到提高,但是维护与修理费用也会相应提高;反之,若标准制定得宽松,维护与修理费用下降,但整体技术状况也下降。

与其它标准一样,汽车检测参数标准可分为国际标准、国家标准、行业标准、地方标准和企业标准等几类。

1. 国际标准

国际标准是由国际某区域或国家的汽车组织制定的相关国际通用标准。如 OBD-Ⅱ《汽车微机随车故障自诊断系统欧洲统一标准》、SAE-J1850《汽车微机随车故障自诊断系统美国统一标准》等。

2. 国家标准

国家标准是国家制定的标准,一般由某行业部委提出,由国家技术监督局发布,全国各级有关单位及个人都必须执行,具有强制性和权威性。如 GB18285—2005《点燃式发动机汽车排气污染物排放限值及测量方法(双怠速法及简易工况法)》、GB3847—2005《车用压燃式发动机和压燃式发动机汽车排气污染物排放限值及测量方法》、GB7258—2004《机动车运行安全技术条件》等。

3. 行业标准

这种标准也称为部委标准,是部级或国家委员会级制定并发布的标准,在部委系统内贯彻执行,在一定范围内具有强制性和权威性,有关单位和个人必须执行。如 JT/T201—1995《汽车维护工艺规范》、JT/T198—1995《汽车技术等级评定标准》等。

4. 地方标准

这种标准是省级、市地级、市县级制定并发布的标准,在地方范围内贯彻执行,也在一定范围内具有强制性和权威性,有关单位个人必须贯彻执行。省、市地、市县三级除贯彻执行上级标准外,可根据本地具体情况制定地方标准或率先制定上级没有制定的标准。地方标准中的限值可能比上级标准中的限值要求还要严格。

5. 企业标准

这种标准包括汽车制造厂推荐的标准、汽车运输企业和汽车维修企业内部制定的标准、检测仪器设备制造厂推荐的参考性能标准三种类型。

汽车制造厂推荐的标准,是汽车制造厂在汽车使用说明书中公布的汽车使用性能参数、结构参数、调整数据和使用极限等。可以把它们作为检测参数标准来使用。这类标准是汽车制造厂根据设计要求和制造水平,为保证汽车使用性能和技术状况而制定的。

汽车运输企业和维修企业的标准,是企业内部制定的标准,只在企业内部贯彻执行。该类标准除贯彻执行上级标准外,往往根据本企业的具体情况,制定一些上级标准中尚未规定的内容。企业标准中有些参数的限值比上级标准还要严格,以保证汽车维修质量和树立良好的企业形象。企业标准必须达到国家标准和上级标准的要求,同时允许高于国家标准和上级标准的要求。

在利用检测仪器进行车辆的检测时,可将检测仪器设备制造厂推荐的参考性能标准作为车辆检测的参考标准。

四、检测参数标准的组成

检测参数标准一般由初始值、许用值和极限值三部分组成。

1. 初始值

此值相当于无故障新车和大修车检测参数值的大小,往往是最佳值,在汽车使用过程中,一些机构、系统在进行恢复性作业或调整作业后,测定参数必须达到初始标准值。检测参数的初始标准一般在技术文件中给出。对于汽车的某些机构或系统,如点火系统和汽油供给系统,它的初始诊断标准是按最大经济性原则来确定的,最大经济性是各种不同条件下运行的车辆能够广泛采用的一个指标。

初始值可作为新车和大修车的诊断标准。当检测参数测量值处于初始值范围内时,表明诊断对象技术状况良好。

2. 许用值

此值是汽车维护工作中定期诊断的主要标准。这项标准能够保证汽车在确定的间隔里程内,具有最佳的无故障率水平。在汽车运用过程中,许用标准是汽车在确定的间隔里程内是否出现故障的界限,检测参数若在此值范围内,表明诊断对象技术状况发生变化,但尚属正常,无需修理,按要求维护即可继续运行;超过此值,应及时进行修理,否则汽车的技术经济性将下降,故障率将上升。

3. 极限值

检测参数测量值超过此值后,表明汽车技术状况严重恶化,必须进行修理。此时发动机的动力性、经济性和环保性大大降低,行驶安全得不到保证,有关机件磨损严重,甚至可能发生机械事故。

为了保证可比性,诊断标准的规定值应与诊断对象的运转工况相适应。在制定诊断标准时,对与汽车安全有关的检测参数,其诊断标准要严格些。在制定标准时,应根据技术、工艺、经济、安全等各方面的因素,确定出适合大多数汽车的诊断标准。

第三节　汽车故障及其诊断方法

汽车在使用过程中,其技术状况将随行驶里程的增加而变化,其动力性、经济性、可靠性、安全性能将逐渐下降,排气污染和噪声加剧,故障率增加,这不仅对汽车的运行安全、油耗、运输效率、运输成本及环境造成极大的影响,甚至还会直接影响到汽车的使用寿命。

一、汽车故障的分类

汽车故障的实质是一种不合格状态,是汽车总成或零件的技术指标变化超出了允许限度。通常可以按照故障发生的原因、故障症状、危害程度等进行分类。

1. 根据故障原因分类

根据故障发生的原因,汽车故障可分为人为故障和自然故障两种。

人为故障是指由于汽车制造和使用时使用了不合格的零部件,或违反了装配技术条件;在使用中没有遵守使用条件和操作技术规程;没有执行规定的维修制度以及由于运输、保管不当等原因,而使汽车过早地丧失了它应有的功能。

自然故障是指在使用期间,由于外部或内部不可抗拒的自然原因而引起的故障。如自然条件下的磨损、腐蚀、老化等损坏形式均为自然故障。

2. 根据故障症状分类

根据汽车使用中所表现出的故障症状不同,汽车故障可分为突发故障和渐进故障。

突发故障是指其发生前无可觉察的征兆,随机发生的,往往伴随着零部件或总成、系统功能的突然丧失。

渐进故障是指由于零部件或总成的技术状况参数随工作时间或行驶里程而单调变化,因而故障的发生与否与给定的技术状况参数极限值的大小密切相关,即其故障判据是人为界定的。

3. 根据危害程度分类

根据故障的危害程度,汽车故障可分为四类:轻微故障、一般故障、严重故障和致命故障。

轻微故障是指不会导致车辆停驶,尚不影响正常使用,亦可用随车工具在短时间内轻易排除的故障。

一般故障是指已造成车辆停驶,但不会导致主要零部件损坏,并可用随车工具和易损件或价值很低的零件在短时间内修复,或是虽未造成车辆停驶,但已影响正常使用,需要调整和修复的故障。

严重故障是指整车性能显著下降,汽车主要零部件损坏,且不能用随车工具和易损备件在短时间内修复的故障。

致命故障是指涉及人生安全,可能导致人身伤亡,引起主要总成重大经济损失,不符合制动、排放、噪声等法规要求的故障。

二、汽车故障的成因

汽车产生故障,除零部件自然磨损或疲劳、老化外,主要起因于汽车设计、制造、维护、

保养、检修等人为因素,以及车辆使用的环境因素,具体主要包括:

1. 设计或制造因素

车辆的设计中,不可避免地会出现考虑不周或不足之处,使车辆本身存在薄弱环节,在车辆使用一定里程后,相对容易出现性能或参数故障。此外,汽车零件是大批量和由不同厂家生产的,不可避免地存在质量差异。质量较差或不合格的配件装到汽车上,很容易出现问题,因此所有汽车厂家都在努力提高配件质量,消除零件本身质量缺陷。

2. 维护与保养因素

汽车空气滤清器芯、火花塞、机油等使用寿命较短,在汽车维护保养过程中,均需定期更换,否则就可能引起汽车故障。汽车上使用的燃油和润滑油等应用材料若质量存在问题,会严重影响汽车的使用性能和使用寿命,使汽车较易发生故障。汽车使用管理不善,不能按规定进行走合和定期维护,野蛮起动和野蛮驾驶等都会使汽车早期损坏和出现故障。

3. 使用环境因素

汽车使用的环境条件,对于汽车的技术状况影响很大。环境温度高、容易造成发动机过热;汽车经常在高速公路上行驶,车速高,易出故障和事故;山区道路不平,汽车振动颠簸严重,易受损伤;城市中车辆频繁起动,蓄电池和起动电路损耗较大等。这些都可能使汽车技术状况发生很大变化,加速车辆的磨损或损坏,或引起车辆发生突发性损坏。

4. 检修因素

现代汽车上高新技术应用较多,这就要求汽车使用、维修工作人员要了解和掌握先进的汽车维修技术。不会修不能乱修,不懂不能乱动,以免旧病未除,新毛病又会出现。在使用中要注意汽车的故障,有故障要及时发现、及时排除,才能使汽车在使用过程中减少出现事故。

三、汽车故障症状

汽车出现故障时,可能会出现以下一些症状:

1. 性能异常

汽车性能异常主要表现在:汽车动力性差,汽车最高行驶速度明显降低,汽车加速性能差;汽车经济性差,燃油消耗量大和机油消耗量大;汽车乘坐舒适性差,汽车振动和噪声明显加大;汽车操纵稳定性差,汽车易跑偏,车头摆振;制动跑偏、制动距离长或无制动等。

2. 使用工况异常

使用工况异常是指汽车使用中突然出现某些不正常现象:行驶中发动机突然熄火;需要制动时汽车无制动;冬季汽车发动不起来;发动机熄火后无法正常起动;行驶中转向突然失灵;汽车爆胎和汽车自燃起火等。主要原因是汽车内部故障没有被及时发现,发展成突发性损坏。

3. 外观异常

汽车整体不周正、轮胎气压过低,悬架损坏,前后桥、传动轴、车身损坏等,都可能导致汽车外观异常,表现为汽车纵向偏斜或横向歪斜等,同时导致汽车出现重心偏移、振动严重、转向不稳定和汽车跑偏等故障,影响车辆的正常使用,严重时还可能造成严重事故。

4. 异响

汽车使用中发生故障,有时最会以异响的形式表现出来。有经验者可以根据异响发生的部位和声音的不同频率分析和判断汽车故障。一般响声比较沉闷并且伴有较强烈的抖振时故障比较严重,应停车、降低发动机转速或关闭发动机来查找。有些声音是某些部位发生了故障,不影响汽车使用,一时查不出来,可将汽车就近驶入修理厂进行修理。

5. 异味

汽车行驶过程中出现的异味,主要有:制动器和离合器上的非金属摩擦材料摩擦时发出的焦臭味;蓄电池电解液的特殊臭味;汽车电气系统和导线烧毁的焦糊味;汽油泄漏产生的异味等。对于汽车运转过程中出现的异味,必须予以重视,及时查明原因,以免造成车辆的严重事故。

6. 过热

汽车行驶过程中,出现发动机过热、变速器过热、后桥壳过热和制动器过热等现象时,首先要分析产生过热的可能原因。若确系由于车辆长时间高负荷运转所致,可将车辆停驶一段时间,待车辆过热现象减弱或消失后重新使用;若车辆系统内部存在故障,则必须做进一步检查,及时诊断和排除故障。

7. 排气烟色异常

发动机排气烟色异常,说明发动机燃烧异常。发动机排黑烟,一般说明发动机混合气燃烧不完全;发动机排蓝烟,说明燃烧室烧机油;发动机排白烟,说明燃烧室中有水分。发动机排气烟色异常时,说明发动机技术状况不良,应对发动机的气缸密封性、点火正时及燃油质量等进行检查。

8. 渗漏

汽车渗漏表现主要为燃油渗漏、机油渗漏、冷却液渗漏、制动液渗漏、转向机油渗漏和制冷剂渗漏等。汽车渗漏不仅可能造成车辆无法正常行驶,还可能导致车辆出现严重损坏,或是引起汽车转向失灵、制动失灵,造成交通事故。因此必须及时予以检查和排除。

四、汽车故障变化规律

汽车故障的变化规律可用汽车的故障率随汽车行驶里程的变化关系来表示。汽车的故障率是指当汽车使用到一定里程时,在单位行驶里程内发生故障的概率,也称失效率。它是衡量汽车可靠性的一个重要参数。

图1-1所示为汽车的故障率曲线,它是以使用时间或行驶里程为横坐标,以故障率为纵坐标的一条曲线,因该曲线两头高,中间低,有些像浴盆,形象地称之为浴盆曲线,它表明了汽车故障率与汽车行驶里程这两者之间的关系。

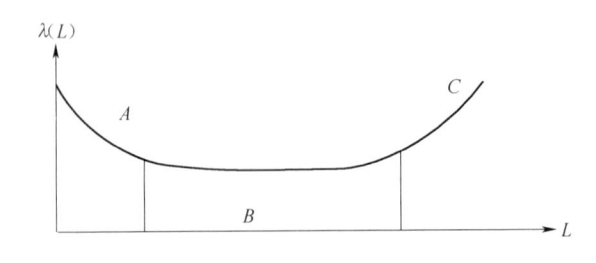

图1-1 汽车的故障率曲线

汽车故障的变化规律可分为三个阶段,初期短时间内故障比较集中出现,中期很长一

段时间较少出现故障,后期又高频率爆发故障。详细解释如下:

1. 早期故障期

汽车的早期故障期相当于汽车的磨合期。在此阶段,由于汽车零件的磨损量较大,因此故障率较高。但总的趋势是在这段时期内,随着汽车行驶里程的增加,汽车的故障率逐渐降低。

2. 随机故障期

随着早期故障期的结束,零件的磨损进入稳定时期。在此阶段,汽车及总成的技术状况处于最佳状态,故障率低而稳定,故称为随机故障期。随机故障期是汽车的有效使用时期。在随机故障期,故障的发生是随机性的,其原因一般是材料隐患、制造缺陷、润滑不良、使用不当及维护欠佳等。

3. 耗损故障期

随机故障期结束后,大部分零件磨损量过大,加之交变载荷长期作用及零件老化,各种条件均不同程度恶化,使磨损量急剧增加,汽车及各总成状况急剧变差,故障率迅速上升。此时,应及时进行维修,以免导致汽车及总成损坏、报废,甚至出现严重事故。因此,在实际使用中,必须以汽车故障率曲线为依据,制定出合理的维修周期,以恢复汽车的使用性能。

五、汽车故障的诊断方法

汽车在使用过程中,不可避免地要发生各种故障。汽车故障种类繁多,现代汽车故障诊断的方法,主要可以分为经验诊断法和现代仪器设备诊断法两类。

1. 经验诊断法

该法是指诊断人员凭丰富的实践经验和一定的理论知识,在汽车不解体或局部解体的情况下,依靠直观感觉,或借助一些简单工具,用眼看、耳听、手摸、鼻子闻和直观试验等检查手段,通过逻辑推断,并参照以往经验,进而对汽车技术状况作出判断的一种方法。

1)直观观察

直接观察指技术人员按照汽车使用者指出的故障发生的部位仔细观察故障现象,而后对故障做出判断,这是一种应用最多、最基本、最有效的故障诊断法。在观察的过程中,还要应用经验和理论,做出周密的思考和推证,不能简单草率,不能为表面现象所迷惑。有些现象对于有经验者也不是一下子就能看清楚的,那么就要多看几次,仔细观察,才能由表及里,把故障现象看透。例如对发动机排气管冒蓝色烟雾的故障,可以通过冒蓝烟的现象来判断:如在使用过程中长期冒蓝烟,发动机使用里程又很长,一般可以判断为气缸或活塞环磨损,致使配合间隙过大,由于机油盘中的机油通过活塞环与缸壁之间的间隙窜入燃烧室引起的;如果只是在发动机刚一发动时冒出一股蓝烟,以后冒蓝烟又逐渐变得比较轻微,一般可以判断为发动机气门杆上的挡油罩老化或内孔磨损,使挡油功能失效,而有少量机油沿着气门杆漏入气缸引起的。

2)异响检查

用听觉诊断汽车和发动机故障是常用、简便的方法。这种诊断方法具有不需要专用仪器设备,方便、灵活、投资少等特点,但要求诊断人员有较高的技术水平和较丰富的诊断经验,同时具有诊断速度慢、准确性差、不能进行定量分析等缺点。例如当汽车运行时,发动机以不同的工况运转,汽车和发动机这个整体发出一种嘈杂的但又是有规律的声音。当某一个部位发生故障时就会出现异常响声,有经验者可以根据发出的异常响声,立即判断汽车故障。例如发动机曲轴和连杆机构响、主传动器响、传动轴响,都可以轻易地判断出来。对于一个好的驾驶员,应在行车中锻炼听觉,听清汽车各部位发出的声音,并从中判断出异响部位及可能存在的故障。

3) 触摸检查

凭触觉来诊断汽车和发动机故障,就像中医切脉一样。以汽车传到人体上的触觉来判断故障,触觉就是故障诊断的最佳器具。例如:汽车要上高速公路行驶前,通常驾驶员都要检查四个车轮,用脚踹车轮轮胎,可凭轮胎的弹力判断出轮胎的气压;汽车在高速公路上行驶后,可用手摸制动鼓,试一试制动鼓的温度,可以初步判断制动鼓是否拖滞;用手摸散热器的上部和下部,可以判断是节温器损坏还是散热器进水口堵塞;用手指的压力检查皮带的松紧度;用手指感觉燃油泵的工作;用手摸检查高压油管的供油情况等,都是经常采用的检查方法。

4) 异味检查

汽车运行中一旦出现较大异味时,应停车进一步检查,以查清原因。例如:当汽车行驶中出现非金属材料烧糊的特殊气味,则可能是离合器摩擦片烧损或电路烧毁,要认真检查相关位置有无冒烟现象或是否发热,以确定具体故障部位;蓄电池电解液泄漏时,会发出难闻的臭味;发动机漏机油时,由于发动机运转时温度较高,会发生强烈的异味;动力转向机油、变速器油泄漏等都会发出异味,但要较仔细才能嗅到。

5) 试验法检查

所谓试验法,就是通过试来直观地验证汽车某些系统或部件性能的好坏。例如:判断汽车制动系统故障时,可在一定速度下,踏下汽车制动踏板,根据汽车制动后的反应和各制动器发出的响声等情况综合判断制动系统的故障;判断转向系统的故障时,可在汽车行驶过程中,转动转向盘,根据汽车转向的反应和发出的响声等情况综合判断转向系统的故障;判断发动机的故障时,可以使发动机用不同的转速或加减速运转,凭经验来观察发动机的运转情况,以便查出故障;发动机运转时动力性不足时,若怀疑空气滤清器堵塞,可以拆下空气滤清器芯再试发动机,如动力性在无空气滤清器情况下恢复,即可确定故障原因。

总之,经验法诊断故障,是凭借汽车维修技术人员的基本素质和丰富经验,快速准确地对汽车故障做出诊断。值得说明的是,即使是普遍使用了现代仪器设备进行检测,最终也需要进行人工经验分析、判断,所以不能轻视传统的经验诊断法。

2. 现代仪器设备诊断法

这种方法是在汽车不解体的情况下,利用各种检测仪器和设备,检测整车、总成、机构等的参数、曲线、波形、故障代码等,为分析和判断汽车技术状况提供依据。例如检测转向系统的技术参数时,可以利用前束仪转向轮的前束值,利用轮胎气压表测轮胎的气压,必要时还可用角度尺度量转向盘的转角等。

有些设备能自动分析、判断并存储、打印汽车的技术状况,具有准确性高、能定量分析、可实现快速诊断等特点。目前使用较多的检测设备有汽车计算机故障检测仪(简称解码器)、汽车示波器、万用表、点火正时灯、气缸压力表、真空表、气体分析仪、烟度计及功能比较齐全的四轮定位仪、制动试验台、发动机综合测试台等。例如:利用气缸压力表,可以测得气缸压力和各缸的压力差别,以判断各缸的密封情况等;利用万用表可以检测汽车电气系统的主要参数等;利用四轮定位仪也可测定汽车车轮定位参数;利用声级计可以测得汽车的噪声等。

汽车计算机故障检测仪本身就是一个专门的小型计算机,它能把汽车计算机(ECU)中储存的各种信息提取出来,然后进行整理、比较和翻译,以清晰的文字、曲线或图表显示出来,检测人员可以根据这些传送出来的信息,判断故障的类型和发生的部位,还可以向汽车计算机发出指令,进行静态和动态的诊断。这是一种现代汽车使用最为广泛的检测与诊断手段,也是一种最有发展前景的技术手段。

[复习思考题]

1. 试述汽车检测与故障诊断技术的内涵。
2. 汽车的检测参数主要包括哪几类?
3. 汽车检测参数的选择原则有哪些?
4. 汽车检测参数标准由哪几部分组成?
5. 汽车故障的成因主要有哪些?
6. 汽车存在故障时,主要可能出现的故障症状有哪些?

第二章 发动机的检测与故障诊断

【学习目标】

1. 了解发动机功率的常用检测及分析方法。
2. 掌握气缸压缩压力的检测及分析方法。
3. 了解曲轴箱窜气量、气缸漏气量和漏气率的检测及分析方法。
4. 熟练掌握冷却系统的常规检查方法。
5. 掌握冷却系统常见故障的诊断方法。
6. 熟练掌握润滑系统的常规检查方法。
7. 掌握润滑系统常见故障的诊断方法。
8. 熟练掌握点火系统的常规检查方法。
9. 掌握发动机点火波形的检测及分析方法。
10. 掌握汽油机燃油供给系统压力的检测及分析方法。
11. 掌握电控燃油系统喷油器的检测方法。
12. 熟练掌握柴油机燃油供给系统的常规检查方法。
13. 掌握柴油机燃油供给系统喷油器的示波器检测及分析方法。
14. 了解发动机排气污染物的主要成分、危害及检测标准。
15. 掌握汽油发动机排气污染物的检测方法。
16. 掌握柴油发动机排气污染物的检测方法。

第一节 发动机功率的检测

发动机输出的有效功率是指发动机曲轴对外输出的功率,是发动机一项综合性指标。发动机在使用过程中,随着零件磨损及老化,发动机功率将不断下降,通过检测发动机功率,可掌握发动机的技术状况,确定发动机是否需要大修或鉴定发动机的维修质量。发动机功率的检测方法有稳态测功和动态测功两种。

一、稳态测功

稳态测功是指发动机在节气门开度一定,转速一定,并且其他参数都保持不变的稳定状态下,在测功器上测定发动机功率的一种方法。稳态测功必须在专门台架上进行,它常用于发动机的研究开发和质量检测。其特点是测定的功率比较准确,但需要专门的测功设备给发动机加载,设备复杂昂贵,而且检测时必须将发动机从汽车上拆下,安装到测功试验台上进行,不适合于车辆维护时的检测。

发动机稳态测功是通过测量发动机的输出转矩和转速,由下式计算出发动机的有效功率:

$$P_e = \frac{T_{tq} \cdot n}{9550}$$

式中　P_e——发动机功率(kW);

　　　n——发动机转速(r/min);

　　　T_{tq}——发动机输出扭矩(Nm)。

由于稳态测功时需要对发动机施加外部负荷,所以也称为有负荷测功或有外载测功。需要使用的仪器设备包括转速仪、水温表、机油压力表、机油温度表、气象仪器(湿度计、大气压力计、温度计)、计时器、燃料测量仪及测功器等。常见的测功器有水力测功器、电涡流测功器和电力测功器三种。

1. 水力测功器

水力测功器是利用在水中旋转的运动物体,使水产生涡流运动,形成摩擦阻力矩。在此过程中,机械能转换成热能,使水的温度升高,从而吸收内燃机的功率。

图2-1所示为水力测功器的结构示意图。测功器圆盘1固定在转轴3上,与转轴一起在外壳内旋转,构成了测功器的转子。转子内轴承支撑在外壳2内,而外壳又由外轴承支撑在测功器底座上,它可以绕轴线自由摆动。水经过进水阀流入外壳的内腔,当内燃机飞轮

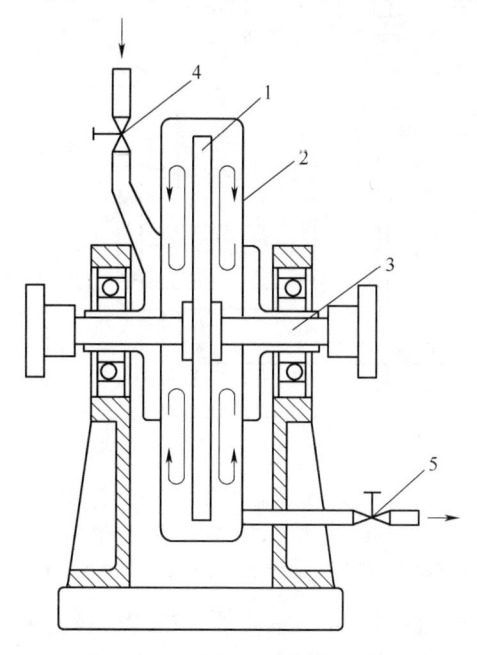

图2-1　水力测功器结构示意图

1—圆盘;2—测功器外壳;3—测功器轴;4—进水阀;5—排水阀。

带动转子在外壳中旋转时,由于转盘与水之间的摩擦作用,水也跟着一起旋转。在离心力的作用下,水被甩向外壳内壁,形成一个环形水圈,并使其动量矩增加。同时,外壳受水的冲击后绕轴系摆动。

水冲击外壳内壁,受到内壁摩擦阻力的作用降低了速度,丧失了动能,在水压的作用下,折向外壳中心流动,形成如图2-1所示的环形涡流水圈,最后使水的温度升高。由于水圈与外壳内壁的摩擦,外壳的旋转(摆动)速度比转子的转动要慢,因而水圈就要阻止转子的转动而产生一个阻力矩,此阻力矩通过联轴器直接作用在发动机的飞轮上。这就是加在发动机上的负荷,或者说水吸收了发动机的功率。这个负荷可以通过调节进、出水量来控制。水圈越厚,阻力矩越大,吸收的功率越多。

2. 电涡流测功器

电涡流测功器因结构形式不同,分为盘式和感应子式两类。现在应用最多的是感应子式电涡流测工器。图2-2为感应子式电涡流测功器的结构示意图。制动器由转子和定子组成,成平衡式结构。转子为铁制的齿状圆盘。定子的结构较为复杂,由激磁绕组、涡流环、铁芯组成。

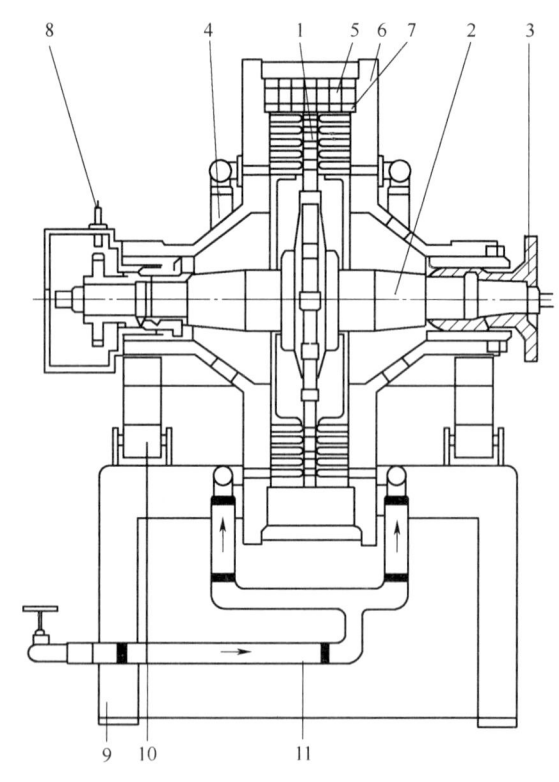

图2-2 电涡流测功器结构示意图

1—转子;2—转子轴;3—连接盘;4—冷却水管;5—激磁绕组;6—外壳;
7—冷却水腔;8—转速传感器;9—底座;10—轴承座;11—进水管。

当激磁绕组中有直流电通过时,在由感应子、空气隙、涡流环和铁芯形成的闭合磁路中产生磁通,当转子转动时,空气隙发生变化,则磁通密度也发生变化。在转子齿顶处的磁通密度大,齿根处磁通密度小,由电磁感应定律可知,此时将产生感应电动势,力图阻止磁通的变化,于是在涡流环上感应出涡电流,涡电流的产生引起对转子的制动作用,涡流环吸收发动机的功率,产生的热量由冷却水带走。

3. 电力测功器

电力测功器采用交流变频回馈加载,加载能量通过交流负载发电机回馈电网;扭矩、转速通过扭矩传感器直接测量;电量综合测量仪表检测电流、电压、频率、功率因数等;计算机自动检测、显示并完成数据处理、报表及各种曲线。电力测功器利用电动机测量各种动力机械轴上输出的转矩,并结合转速确定设备的功率。因为被测量的动力机械可能有不同转速,所以用做电力测功器的电动机必须是可以平滑调速的电动机。

电力测功器分直流电力测功器和交流电力测功器,目前用得较多的是交流电力测功器。在中小功率以及微小功率的动力机械加载测功试验中,可以兼顾各动力机械的低速及高速加载测功试验。

4. 测功方法

以电涡流测功器为例,利用其进行发动机的测功过程如下:

(1) 将发动机安装在测功器台架上,使发动机曲轴中心线与测功器转轴中心线重合。

(2) 安装仪表并接上电器线路及接通各种管路。

(3) 检查调整火花塞电极间隙及点火提前角,紧固各部螺栓螺母;柴油机要检查调整喷油器的喷油提前角、喷油压力、喷油锥角及喷雾情况。

(4) 记录下当时的气压和气温。

(5) 起动发动机,操纵试验仪器,观察仪表工作情况,记录下数据,根据记录数据计算并绘制出汽油发动机的有效功率 P_e、有效转矩 M_e 和燃油消耗率 G_e 曲线。

二、动态测功

动态测功是指发动机在节气门开度和转速等参数均处于变动的状态下,测定发动机功率的一种方法。由于动态测功时无须对发动机施加外部载荷,所以又称为无负荷测功或无外载测功。无负荷测功使用方便、省时、省力,但精度稍差。

1. 无负荷测功原理

当发动机与传动系分开时,将发动机从怠速或某一低转速急加速至节气门最大开度,此时发动机产生的动力克服各种阻力矩和本身运动件的惯性力矩,迅速达到空载最大转速。对于某一结构的发动机,其运动件及附件的转动惯量可以认为是一定值,因而只要测出发动机在指定转速范围内急加速时的平均加速度,即可得知发动机的动力性;或者说通过测量某一定转速时的瞬时加速度,就可以确定发动机功率的大小。在用发动机无负荷测功时,可以在不拆卸发动机的情况下,利用无负荷测功仪快速测定发动机的功率。

进行无负荷测功时,首先使发动机与传动系分离,并使发动机的温度与转速达到规定值,然后把传感器装入离合器壳的专用孔中,快速打开节气门(汽油机),使发动机加速,此时功率表便可显示被测发动机的功率。为了取得较准确的测量值,可重复试验几次,取平均值。

2. 无负荷测功仪的使用方法

无负荷测功仪既可以制成单一功能的便携式测功仪,又可以和其他测试仪表组合成为台式发动机综合测试仪。下面对无负荷测功仪的使用方法进行介绍。

1) 仪器自校、预热

便携式无负荷测功仪面板如图 2-3 所示,按使用说明书要求的时间对仪器进行预热。

仪器预热后进行自校。把计数检查旋钮 1 拨向"检查"位置,左边时间(T)表头指针 1s 摆动一次。把旋钮 1 拨向"测试"位置,把旋钮 3 拨向"自校"位置,再缓慢旋转"模拟转速"旋钮 2,注意转速(n)表头指针慢慢向右偏转(模拟增加转速)。当指针偏转至起始转速 n_1 = 1000r/min 位置时,门控指示灯即亮。继续增加模拟转速至 n_2 = 2800r/min 时,"T"表即指示出加速时间,以表示模拟速度的快慢。按下"复零"按钮,仪器表针回零,门控指示灯熄灭,表示仪器调整正常。否则,微调 n_1、n_2 电位器。

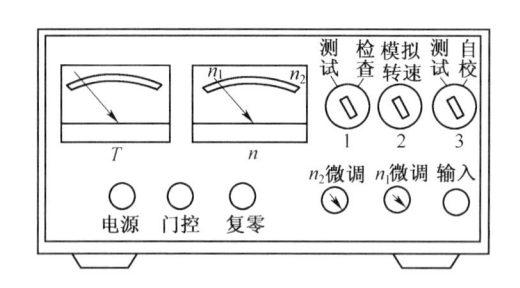

图 2-3 便携式无负荷测功仪面板

2)预热发动机,安装转速传感器

预热发动机至正常工作温度(85~95℃),并使发动机怠速正常。变速器置空挡,然后把仪器传感器两接线卡分别接在分电器低压接线柱和搭铁线路上(汽油机)。对于袖珍式无负荷测功仪,拔出天线,对正发动机即可。

3)测加速时间

操作者在驾驶室内迅速地把加速踏板踩到底,发动机转速猛然上升,当"T"表指针显示出加速时间(或功率)时,应立即松开加速踏板,切忌发动机长时间高速空转。记下读数,仪器复零。重复操作三次,读数取平均值。

袖珍式无负荷测功仪,带有伸缩天线,可收取发动机运转时的点火脉冲信号,而不必与发动机采取任何有线连接。使用时,用手拿着该测功仪,只要面对发动机侧面拉出伸缩天线,发动机突然加速运转,即可遥测到加速时间和转速。

4)确定功率

仅能显示加速时间的无负荷测功仪,测得加速时间后应对照仪器厂家推荐的曲线或表格确定发动机的功率值。

二、检测结果分析

利用测功器可以测定发动机的全功率,也可测定某一气缸的功率(断开某一缸的点火或高压油路测得的功率和全功率比较,二者之差即为该缸的单缸功率)。各单缸功率进行对比,可以判断各缸技术状况(主要是磨损情况)。另外,在单缸断火情况下,发动机转速的下降值亦可以用来评价发动机各缸的工作情况。

根据测定结果进行分析,对发动机技术状况作出判断。在用车发动机功率不得低于原额定功率的 75%,大修后发动机功率不得低于原额定功率的 90%。

若发动机功率偏低,系燃料供给系调整状况不佳,点火系技术状况不佳,应对油、电路进行调整。若调整后功率仍低,应结合气缸压力和进气歧管真空度的检查,判断是否是机械部分故障。

对个别气缸技术状况有怀疑时,可对其进行断火后再测功,从功率下降的大小诊断该缸的工作情况。工作正常的发动机,在某一转速下稳定空转时发动机的指示功率与摩擦功率是平衡的。此时,若取消任一气缸的工作,发动机转速都会有相同的下降值。要求最高与最低转速下降之差不大于平均下降值的30%。如果转速下降值低于一定规定值,说明断火之缸工作不良。转速下降值越小,则单缸功率越小,当下降值等于零时,单缸功率也等于零,即该缸不工作。

发动机单缸功率偏低,一般系该缸高压分火线或火花塞技术状况不佳、气缸密封性不良、气缸上油(机油)等原因造成,应调整或检修。

发动机功率与海拔有密切关系,无负荷测功仪所测结果是实际大气压力下的发动机功率,如果要校正到标准大气压下的功率,应乘以校正系数。

第二节 气缸密封性的检测

气缸密封性与气缸体、气缸盖、气缸垫、活塞、活塞环和进排气门等零件的技术状况有关。在发动机使用过程中,由于这些零件磨损、烧蚀、结焦或积炭,导致气缸密封性下降,使发动机功率下降,燃油消耗率增加,使用寿命大大缩短。气缸密封性是表征发动机技术状况的重要参数。

在不解体的条件下,检测气缸密封性的常用方法有:测量气缸压缩压力;测量曲轴箱窜气量;测量气缸漏气量或气缸漏气率;测量进气管真空度等。在就车检测时,需要进行其中的一项或几项检测,以确定气缸密封性的好坏及判断故障原因。

一、气缸压缩压力的检测

气缸压缩压力是指四冲程发动机压缩终了时的压力。气缸压力与机油黏度、气缸活塞组配合情况、配气机构调整的正确性和气缸垫的密封性等因素有关。所以,测量发动机气缸的压力,可以诊断气缸、活塞组的密封情况,活塞环、气门、气缸垫密封性是否良好和气门间隙是否适当等。气缸压缩压力可用气缸压力表检测。

1. 气缸压力表的结构

气缸压力表是一种气体压力表,由表头、导管、单向阀和接头等组成,如图2-4所示。气缸压力表的接头有两种形式:一种为螺纹接头,可以拧紧在火花塞上或喷油器螺纹孔中;另一种为锥形或阶梯形的橡胶接头,可以压紧在火花塞或喷油器的孔上,接头通过导管与压力表相通。

导管也有两种:一种为软导管,一种为金属硬导管。软导管用于螺纹管接头与压力表的连接,硬导管用于橡胶接头与表头的连接,如图2-5所示。

由于用气缸压力表检测气缸压缩压力(以下简称气缸压力)具有价格低廉、仪表轻巧、实用性强和检测方便等优点,因而在汽车维修企业中应用十分广泛。

2. 检测条件

利用气缸压力表检测气缸压力前,应首先检查气缸压力表外表有无损坏、密封面是否良好、表针读数是否可靠。若经检查均正常,可以开始检测。由于气缸压力受很多因素影

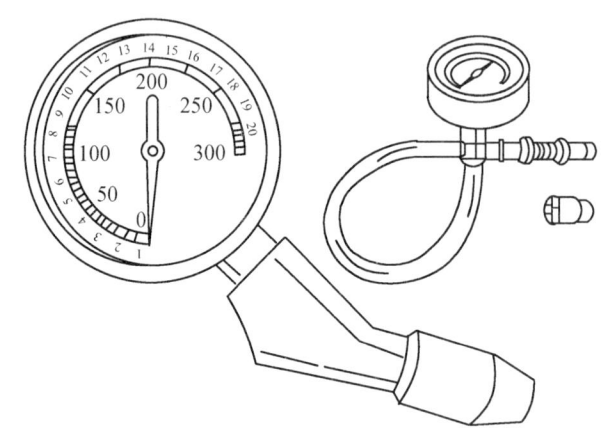

图 2-4 气缸压力表

图 2-5 气缸压力表导管

响较大,所以,气缸压力的测量,必须在下列条件下进行:
(1) 蓄电池电力充足。
(2) 用规定的力矩拧紧气缸盖螺栓。
(3) 彻底清洗空气滤清器或更换新的空气滤清器。
(4) 发动机达到正常的工作温度。
(5) 用起动机带动卸除全部火花塞的发动机运转,并且达到原厂规定的转速。

3. 检测方法

检测气缸压力时,首先要使发动机正常运转,使水温达 75℃ 以上后,按照以下步骤进行:
(1) 停机后,用压缩空气吹净火花塞或喷油器周围的灰尘和脏物。
(2) 卸下全部火花塞或喷油器,并按气缸次序放置。对于汽油发动机,还应把分电器中央电极高压线拔下并可靠搭铁,以防止电击和着火。
(3) 把气缸压力表的橡胶接头插在被测缸的火花塞孔内,扶正压紧,如图 2-6 所示。
(4) 将节气门和阻风门置于全开位置,用起动机转动曲轴 3~5s(不少于四个压缩行

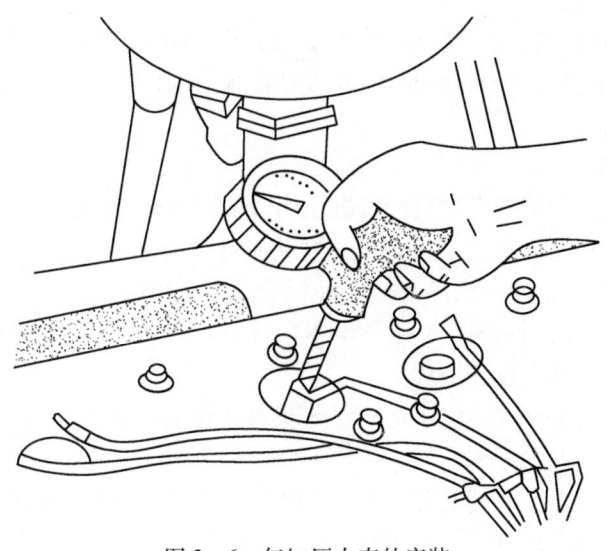

图 2-6　气缸压力表的安装

程),待压力表头指针指示并保持最大压力后停止转动。

(5) 取下气缸压力表,记下读数,按下单向阀使压力表指针回零。按上述方法依次测量各缸,每缸测量次数不少于两次。

(6) 就车检测柴油机气缸压力时,应使用螺纹接头的气缸压力表。如果该机要求在较高转速下测量,此种情况除受检气缸外,其余气缸均应工作。其它检测条件和检测方法同汽油机。

4. 检测注意事项

(1) 不能在冷车时测缸压。由于温度和大气压等因素的影响,只有在发动机达到正常的工作温度时测得的缸压才具有实质性的参考价值。

(2) 对于汽油车,在测试中必须通过拆下燃油泵熔断器或继电器的方法,使燃油泵暂不泵油,以免出现"淹缸"以及缸压偏低的情况。

(3) 测试过程中,必须将节气门、阻风门全部打开。否则会由于燃烧室内进气量不足而导致缸压偏低。

(4) 由于缸压测量具有一定的偶然性,只测一次往往不准确,只有经过 2~3 次测试,然后取其平均值,测试结果才有效。

(5) 测试中起动机运转时间不能过长或过短。时间过长会过多消耗电能和损害起动机,过短则会达不到测试标准。

(6) 测量结果还与曲轴转速有关。如图 2-7 所示为发动机气缸压力与曲轴转速的关

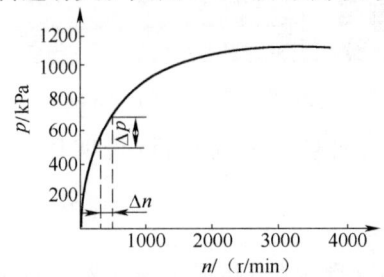

图 2-7　发动机气缸压力与曲轴转速的关系曲线

系曲线,只有当曲轴转速超过 1500r/min 以后,气缸压力曲线才变得比较平缓。但在低速范围内,即在检测条件中由起动机带动曲轴达到的转速范围内,即使较小的 $\triangle n$,也能引起气缸压力的较大变化值 $\triangle p$。

5. 检测结果分析

各汽车商对所生产的车型发动机的气缸压力,均有标准。大修竣工发动机的气缸压力应符合原设计规定。在用汽车发动机各气缸压力应不小于原设计值的 85%。每缸压力与各缸平均压力的差:汽油机应不大于 8%,柴油机应不大于 10%。

测得结果如高于原设计规定,可能是由于燃烧室积炭过多、气缸衬垫过薄或缸体与缸盖结合平面经多次修理加工过甚造成。

测得结果如低于原设计规定,可向该缸火花塞或喷油器孔内注入适量机油,然后用气缸压力表重测气缸压力并记录。

(1) 如果第二次测出的压力比第一次高,接近标准压力,说明气缸、活塞环、活塞磨损过大或活塞环对口(见图 2-8)、卡死、断裂,以及缸壁拉伤等原因造成气缸不密封。

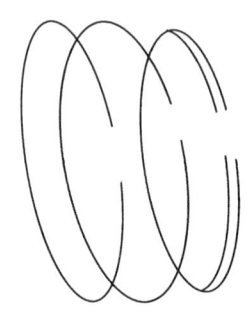

图 2-8 活塞环对口

(2) 如果第二次测出的压力与第一次相近,即仍比标准压力低,说明进、排气门不密封(见图 2-9),或是气缸衬垫密封不良(见图 2-10)。

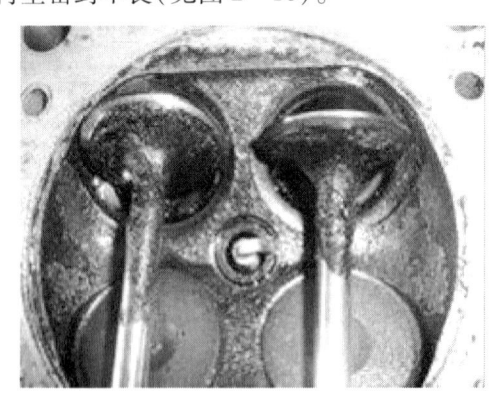

图 2-9 进、排气门不密封

(3) 如果两次检测某相邻两缸压力均较低,说明该两缸相邻处的气缸衬垫烧损窜气。

6. 故障部位的检查

以上仅为对气缸不密封部位的故障分析或推断。为了准确地测出故障部位,可在测完气缸压力后,针对压力低的气缸,采用如下简易方法进行检查:

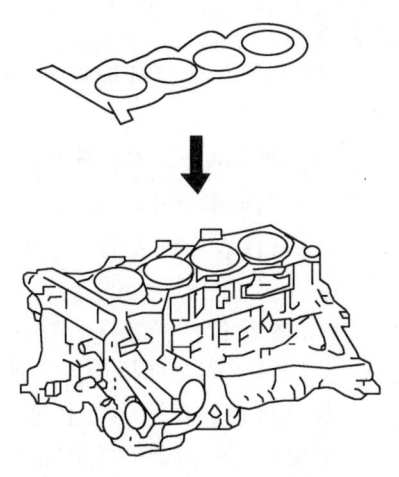

图 2-10　气缸衬垫密封不良

（1）卸下空气滤清器，打开散热器盖和加机油口盖，用一根胶管，一头接压缩空气气源，另一头通过锥形橡胶头插在火花塞孔内。

（2）摇转发动机曲轴，使被测气缸活塞处于上止点位置，然后将变速器挂低挡，拉紧驻车制动，打开压缩空气（600kPa 以上）开关，注意倾听漏气声。

（3）如在进气口处听到漏气声，说明进气门不密封；如在排气消声器处听到漏气声，说明排气门不密封；如在散热器加水口处看到有气泡或听到出气声，说明气缸衬垫不密封造成气缸与水套沟通；如在相邻气缸火花塞口处听到漏气声，说明气缸衬垫在该两缸之间处烧损窜气；如在加机油口处听到漏气声，说明气缸活塞配合副不密封。

7. 利用气缸压力测试仪检测

气缸压缩压力也可用气缸压力测试仪检测，常用的气缸压力测试仪主要有压力传感器式气缸压力测试仪、起动电流式或起动电压降式气缸压力测试仪等多种类型。

（1）利用压力传感器式气缸压力测试仪检测

利用压力传感器式气缸压力测试仪检测气缸压力时，须先拆下被测缸的火花塞，旋上仪器配置的压力传感器，用起动机转动曲轴 3～5s，由传感器取出气缸的压力信号，经放大后送入 A/D 转换器进行模数转换，再送入显示装置即可获得气缸压力。

（2）利用起动电流或起动电压降式气缸压力测试仪检测

利用起动电流或起动电压降式气缸压力测试仪检测时，通过测起动电源（蓄电池）的电压降，也可获得气缸压力。这是因为起动机工作时，蓄电池端电压的变化取决于起动机电流的变化。当起动电流增大时，蓄电池端电压降低，即起动电流与电压降成正比。起动电流与气缸压力成正比，因此起动时蓄电池的电压降与气缸压力也成正比，所以通过测蓄电池电压降可以获得气缸压力。用该测试仪检测气缸压力时，无需拆下火花塞。

二、曲轴箱窜气量的检测

发动机气缸各密封件在使用过程中不断磨损，密封性能不断下降，燃气将从密封不良处窜入曲轴箱。窜入气体数量越大，表明气缸与活塞、活塞环间的密封程度越低。因此，可以通过检测曲轴箱窜气量来检测气缸的密封性能。特别是在发动机不解体的情况下，使用该方法诊断气缸活塞摩擦副的工作状况具有明显的作用。

1. 曲轴箱窜气量的检测方法

曲轴箱窜气量的检测一般采用专用气体流量计进行,如图 2-11 所示,具体检测步骤如下:

(1) 打开电源开关,按仪器使用说明书的要求对检测仪进行预调。

(2) 密封曲轴箱,即堵塞机油尺口、曲轴箱通风进出口等,将取样头插入机油加注口内。

(3) 起动发动机,待其运转平稳后,仪表箱仪表的指示值即为发动机曲轴箱在该转速下的窜气量。

曲轴箱窜气量除与发动机气缸活塞组技术状况有关外,还与发动机转速和负荷有关。因此在检测时,发动机应加载,节气门全开(或柴油机最大供油量),在最大转矩转速(此时窜气量达最大值)下测试。发动机加载可在底盘测功机上实现,测功机的加载装置可方便地通过滚筒对发动机进行加载,以实现发动机在全负荷工况下从最大转矩转速至额定转速的任一转速下运转,因此,可用曲轴箱窜气量检测仪检测出各种工况下曲轴箱的窜气量。

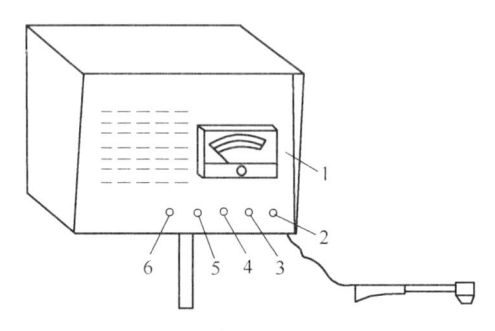

图 2-11 曲轴箱窜气量检测仪
1—指示仪表;2—预测按钮;3—预调旋钮;4—挡位开关;5—调零旋钮;6—电源开关。

2. 曲轴箱窜气量诊断参数标准

对曲轴箱窜气量还没有制定出统一的国家诊断标准,有些维修企业自用的企业标准一般是根据具体车型逐渐积累资料制定的。由于曲轴箱窜气量还与缸径大小和缸数多少有关,很难把众多车型统一在一个诊断参数标准内。有些国家以单缸平均窜气量作为诊断参数。综合国内外情况,单缸平均窜气量值可参考以下标准:

汽油机:新机 2~4L/min,达到 16~22L/min 时需大修。

柴油机:新机 3~8L/min,达到 18~28L/min 时需大修。

曲轴箱窜气量大,一般是因气缸、活塞、活塞环磨损量大,使各部分间隙大,或活塞环对口、结胶、积炭、失去弹性、断裂及缸壁拉伤等原因造成,应结合使用、维修和配件质量等情况来进行深入诊断。

三、气缸漏气量和漏气率的检测

1. 气缸漏气量的检测

气缸的密封性可用检测气缸漏气量的方法进行评价。检测气缸漏气量时,发动机不运转,活塞处在压缩终了上止点位置,从火花塞孔处通入一定压力的压缩空气,通过测量气缸内压力的变化情况,来表征整个气缸组的密封性,即不仅表征气缸活塞摩擦副,还表征进排气门、气缸衬垫、气缸盖及气缸的密封性。该方法仅适用于对汽油机的检测。

国产气缸漏气量检测仪如图 2-12 所示。该仪器由调压阀、进气压力表、测量表、校正孔板、橡胶软管、快速接头和充气嘴等组成，此外还须配备外部气源、指示活塞位置的指针和活塞定位盘。外部气源的压力相当于气缸压缩压力，一般为 600～900kPa。压缩空气按箭头方向进入气缸漏气量检测仪，其压力由进气压力表 2 显示。随后，它经由调压阀、校正孔板、橡胶软管、快速接头和充气嘴进入气缸，气缸内的压力变化情况由测量表 3 显示。检测方法如下：

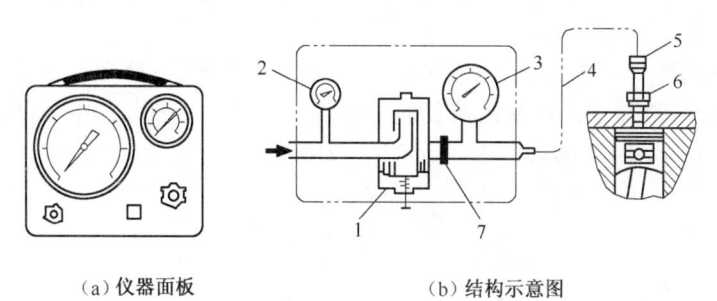

(a) 仪器面板　　　　(b) 结构示意图

图 2-12　气缸漏气量检测仪

1—调压阀；2—进气压力表；3—测量表；4—橡胶软管；5—快速接头；6—充气嘴；7—校正孔板。

（1）先将发动机预热到正常工作温度，然后用压缩空气吹净缸盖，特别要吹净火花塞孔上的灰尘，拧下所有火花塞，装上充气嘴。

（2）将仪器接上气源，在仪器出气口完全密封的情况下，通过调节调压阀，使测量表的指针指在 392kPa 位置上。

（3）卸下分电器盖和分火头，装上指针和活塞定位盘。

（4）摇转曲轴，先使第 1 缸活塞处于压缩终了上止点位置，然后转动活塞定位盘，使刻度"1"对正指针。变速器挂低速挡，拉紧驻车制动器，以保证压缩空气进入气缸后，不会推动活塞下移。

（5）把 1 缸充气嘴接上快速接头，向 1 缸充气，测量表上的读数，便反映了该缸的密封性。在充气的同时，可以从进气口、排气消声器口、散热器加水口和加机油口等处，观察并仔细听有无漏气，以便找到故障点。检测漏气时，如果从进气管处漏气，说明进气门泄漏；从排气管处漏气，说明排气门泄漏；从曲轴箱通风口漏气，说明活塞、活塞环及气门密封不严；散热器内有气泡，说明气缸垫漏气或气缸体、气缸盖有裂纹。

如果相邻两气缸漏气量较多，则说明气缸垫漏气。此时可将活塞移到压缩下止点（即压缩行程起始处），此时测出的漏气量与压缩上止点处的漏气量差值大小说明活塞、活塞环口和气缸的漏气量大小。因为上止点磨损量最大，下止点处气缸基本没有磨损，所以此差值能够表征气缸磨损量的大小，并且这种测量方法也排除了进、排气门泄漏的影响。

（6）摇转曲轴，使指针对正活塞定位盘下一缸的刻度线，按以上方法检测下一缸漏气量。

（7）按以上方法和点火次序，检测其它各缸的漏气量。为使数据可靠，各缸应重复测量一次，取两次测量值的算术平均值。

（8）仪器使用完毕后，调压阀应退回到原来的位置。

2. 气缸漏气率的检测

气缸漏气率的检测，无论在使用的仪器、检测的方法，还是判断故障的方法上，与气缸漏气量的检测是基本一致的,只不过气缸漏气量检测仪的测量表标定单位为 kPa 或 MPa,而气缸漏气率测量表的标定单位为百分数。一般说来,当气缸漏气率达 30%～40%时,如果能确认进排气门、气缸衬垫、气缸盖和气缸套等是密封的,则说明气缸活塞摩擦副的磨损临近极限值,已到了需换活塞环或镗磨气缸的程度。

第三节　冷却系统的检测与故障诊断

汽车发动机的冷却系统为强制水冷系统,由水泵、散热器、冷却风扇、节温器、补偿水桶、发动机机体和气缸盖中的水套以及其他附属装置等组成,如图 2-13 所示。其主要作用是使发动机在所有工况下都保持在适当的温度范围内。

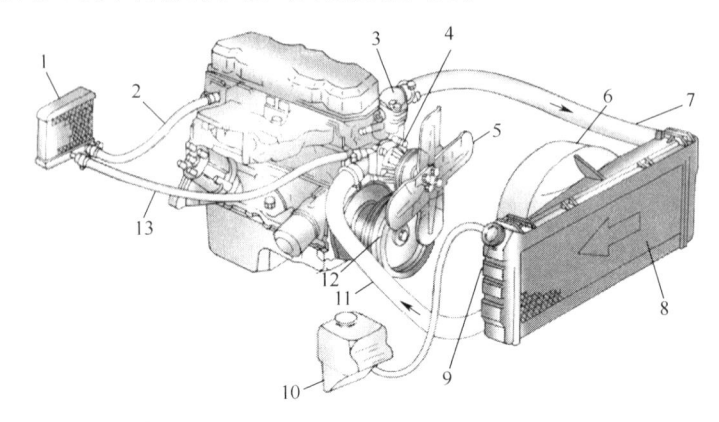

图 2-13　冷却系统的组成

1—暖风机芯;2—暖风进水管;3—节温器;4—水泵;5—风扇;6—导风罩;7—散热器进水管;
8—散热器;9—散热器盖;10—补偿水桶;11—散热器出水管;12—风扇皮带;13—暖风出水管。

一、冷却系统的常规检查

1. 风扇皮带的检查

如图 2-14 所示,用大拇指以一定的力按下风扇皮带,检查所产生的挠度(一般为 10～

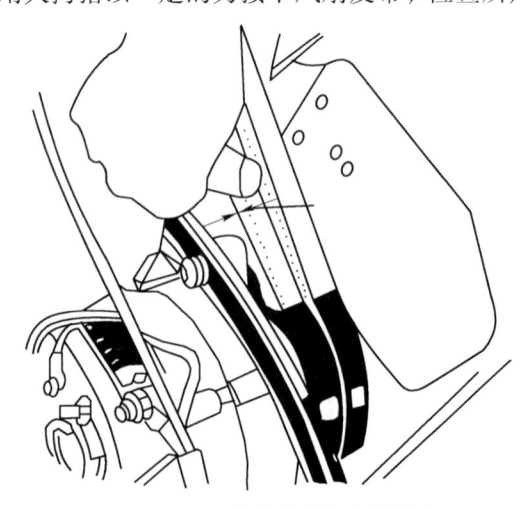

图 2-14　风扇皮带张紧度的检查

15mm),如不符合规定应予以调整。

对于设有张紧轮结构的发动机,可松开固定螺母,拧转调节螺钉,上下移动张紧轮,达到所需要的张紧度;对于风扇和发电机共用一根皮带驱动的发动机,可移动发电机支架,改变其皮带轮位置,达到所需要的张紧度。

用肉眼观察传动皮带是否有裂纹、开层和磨损、擦伤等,如有必要,应更换传动皮带有的柴油机风扇皮带是两根,必须同时更换,以免其松紧不一,用力不均,引起故障。

2. 风扇的检查

检查风扇叶片固定情况是否正常、叶片是否变形、导风罩是否变形,如图 2-15 所示。检查风扇的风量,其方法是在发动机运转时,将一张薄纸放在散热器前面,若薄纸被牢牢吸住,说明风量足够,否则应调整风扇叶片的角度。

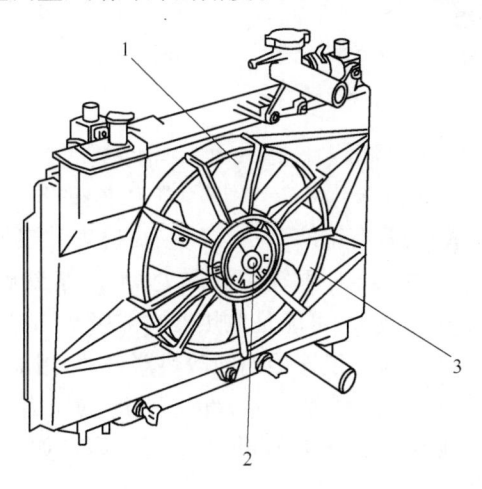

图 2-15 散热器风扇
1—风扇叶片;2—风扇电机;3—导风罩。

检查电动风扇温控开关工作是否正常。一般当散热器温度升到 93~98℃时,风扇开始转动;当散热器温度下降到 88~93℃时,风扇停止转动。

3. 硅油风扇离合器的检查

硅油风扇离合器的安装位置如图 2-16 所示。对于装有硅油风扇离合器的发动机,可在冷车和热车两种状态下对其进行检查。

冷机状态下,起动发动机运转 1~2min,让主、从动盘之间的剩余硅油流回贮油室,待停机后,再用手拨动刮风扇,风扇叶片应该轻松转动。这说明该车的硅油风扇离合器工作正常、无故障。

在发动机工作温度达到 90℃左右时,观察冷却风扇,其转动应趋于正常。当在 90℃时关闭发动机后,用手拨动风扇叶片,应有较大的阻力,否则说明硅油风扇离合器有故障。

4. 散热器的检查

检查散热器盖上的密封垫是否有老化变形、弯曲、起泡,散热器盖上的压力阀和真空阀是否有变形、损伤和锈蚀,弹簧是否有变形、弹力失效等,如有上述现象应予更换;检查散热器盖上有无水垢积存,如有应予以清除,并同时清除散热器加水口表面上的水垢,以保持阀门的正常工作。

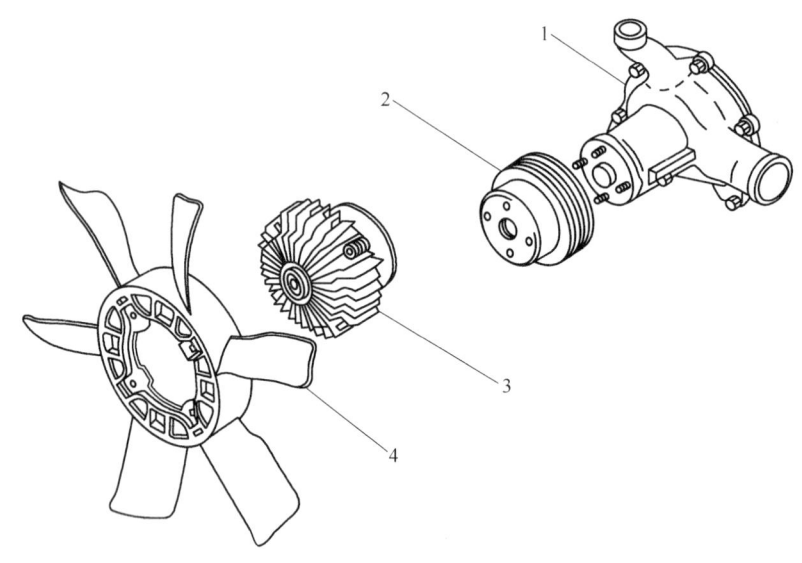

图 2-16 硅油风扇离合器的安装位置
1—水泵;2—带轮;3—硅油离合器;4—风扇叶片。

检查散热片之间有无堵塞,若有堵塞,应予以疏通;检查散热器表面有无凹陷、裂纹,若有凹陷,可用拉平的方法予以修复,对于轻微渗漏处,可用烙铁施焊修补。当发动机工作时,若散热器不同位置温度相差较大,可能是散热器内部堵塞,应进行清洗。

如图 2-17 所示,将冷却系检测仪连接到到散热器盖上,用加压手柄向散热器盖施加压力,直至散热器盖上的压力阀打开、释放压力为止。此时的压力应和散热器盖顶面上所打印的压力数值相符,同时应能保持此压力 1min 以上无泄漏。如检查结果不符合规定,应更换散热器盖。

图 2-17 散热器盖的检查

向散热器注满水,将冷却系检测仪连接到到散热器上,用加压手柄向冷却系统施加 118kPa 的压力,如图 2-18 所示。然后,检查压力是否下降。如果压力下降,说明冷却系统可能存在泄漏,应对散热器及相应原冷却系软管等进行检查。

5. 水泵的检查

检查泵体及皮带轮有无磨损及损伤,必要时应予以更换;检查水泵有无漏水,若有漏水,则应检查水封是否密封不严;在发动机停转时,用手转动一下,泵轴应无卡滞、松旷或叶轮与泵壳碰擦现象,否则应对水泵轴承进行检查。

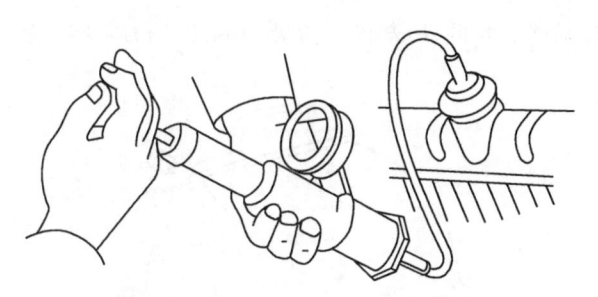

图 2-18 散热器的检查

在发动机运转过程中,检查水泵的泵水能力。检查时用手握住散热器的进水管,然后由怠速加速到高速,如感到进水管内水的流速随发动机转速的增加而加快,说明水泵工作正常。否则,说明水泵的泵水能力不足。

也可在起动发动机后,打开散热器盖,使发动机缓慢加速,查看加水口冷却水的循环状态;或是拆下通往散热器上水室接头的胶管,起动发动机后观察气缸水套内和散热器中的水被水泵泵出的距离。通过以上检查,确认水泵工作状态是否正常。

6. 节温器的检查

起动发动机并使其运转,若发动机温度升高很快,温度至 80~90℃ 时,温度升高明显减慢,说明节温器工作正常;若发动机长时间达不到正常工作温度,说明无小循环,节温器大循环阀门关闭不严;若发动机工作时,温度一直升高,说明无大循环,说明节温器大循环阀门无法正常开启。

也可在发动机工作过程中,检查缸体与散热器水箱出水管之间有无明显温差。当发动机水温在节温器开启温度以下时,有明显温差;当达到节温器开启温度后,应无明显温差。否则说明节温器不能正常开启或关闭。

也可将节温器拆下,将其和温度计放入水中加热,如图 2-19 所示,观察节温器打开及全开时的温度与升程,应符合规定要求。

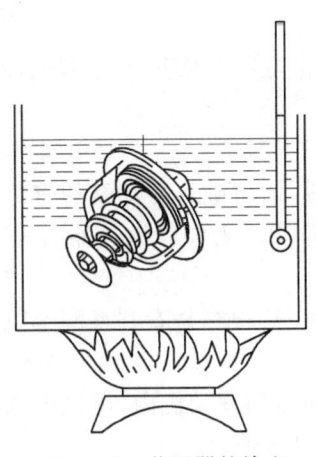

图 2-19 节温器的检查

7. 冷却液液位的检查

检查发动机冷却液液位时,要等发动机冷却后,检查冷却液贮液灌中的液位。如图 2-20 所示,若液位在储液罐上高位线与低位线之间,则表明液量充分。如果液位低,则需添加冷却液。随着发动机温度的高低,冷却液贮液灌中的液位也随之变化。

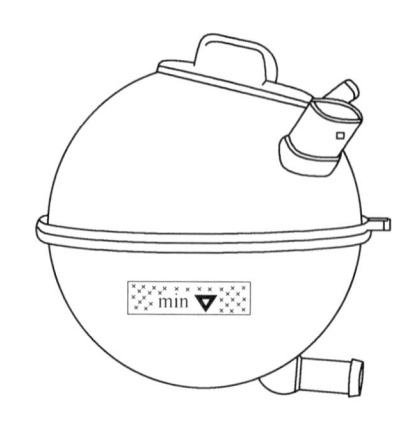

图 2-20 冷却液液位的检查

如果加冷却液后,在短时间内液位下降,则冷却系统可能有泄漏。需检查散热器、软管、发动机冷却液补偿桶盖、散热器旋塞以及水泵。如果仍然没有发现泄漏,则要对冷却系统进行加压测试。

二、冷却系统的故障诊断

冷却系常见故障是冷却液泄漏、发动机温度过高、发动机温度过低和发动机升温缓慢等。

1. 冷却液泄漏

1) 故障现象

一般发动机的冷却系是全封闭的,在正常情况下,不需经常添加冷却液。如果冷却液液面下降很快,即表明冷却系有泄漏故障。

2) 故障原因

冷却液泄漏的原因可能是:散热器盖及密封垫损坏;冷却系统外部渗漏;冷却系统内部渗漏等。

3) 故障诊断与排除

(1) 散热器盖及其密封垫损坏,将破坏冷却系的密封,在发动机工作时冷却液蒸发溢出或汽车摇晃造成冷却液洒出损失。为检验散热器盖是否密封,可对散热器盖进行加压检查。

(2) 由于冷却液加有染料着色,很容易看到渗漏部位。常见的渗漏点是软管、软管接头、散热器芯和水泵等部位。

(3) 若冷却液从冷却系内渗漏到发动机内,可检查缸盖螺栓是否拧紧,缸垫是否密封良好,缸盖是否翘曲,缸盖、缸体是否破裂。

2. 发动机温度过高

1) 故障现象

发动机温度过高时主要有以下故障现象:冷却液温度警报灯闪烁;水温表指针长时间在红区;冷却液沸腾。在上述情况下,发动机动力不足。

2) 故障原因

导致发动机温度过高故障的主要原因有：冷却液量不足，水泵损坏或堵塞，散热器或缸体内水套结垢多、堵塞；节温器失效、卡死或堵塞；散热器风扇电机或散热器双温热敏开关出现故障；混合气过浓或过稀，燃烧室积炭过多等。

3) 故障诊断与排除

(1) 首先对冷却液液位进行检查，若液位正常，则应分别对水泵、节温器、散热器等进行检查。

(2) 若风扇不能正常工作，应对温控开关或散热器风扇进行检查。

(3) 发动机超负荷、低速挡行驶时间过长，点火过早过晚都会引起发动机过热。必要时应检查点火提前角并予以调整。

(4) 汽车使用条件如气候、风向、道路、负荷等因素也影响发动机温度。

3. 发动机温度过低

1) 故障现象

发动机温度过低时主要有以下故障现象：发动机升温缓慢；发动机行驶乏力、油耗增加；发动机工作很长时间或全部工作时间内，冷却水温达不到正常工作温度范围。

2) 故障原因

发动机温度过低故障的原因主要可能是：节温器失效，卡在全开位置；散热器风扇电机发生故障、风扇电机只能以高速挡运转；水温表或水温传感器失效；环境温度太低且逆风行驶等。

3) 故障诊断与排除

(1) 首先检查节温器是否失效，冷却液在低温状态下也进行大循环。

(2) 若节温器正常，则应检查风扇及温控开关是否出现故障，导致风扇在低温时依然转动。

(3) 若以上检查均正常，则应检查水温表或水温传感器是否出现故障，导致读数不准。

(4) 若环境温度太低且逆风行驶，发动机温度低属正常现象。

第四节　润滑系统的检测与故障诊断

发动机润滑系统主要由机油泵、机油滤清器、油底壳、集滤器等组成，如图2-21所示。发动机润滑系统的主要作用是在发动机工作时，连续不断地把数量足够的清洁润滑油输送到全部传动件的摩擦表面，并在摩擦表面之间形成油膜，实现液体摩擦，从而减小摩擦阻力、降低功率消耗、减轻部件磨损，达到提高发动机工作可靠性和耐久性的目的。

一、润滑系统的常规检查

1. 机油油面的检查

发动机机油对发动机性能有重要的影响，所以每天都应检查发动机机油量。

(1) 检查前，应把车辆停放在水平地面上，起动发动机空转5min。

(2) 停止运转发动机，等待3min后，拔出机油油尺擦干净，重新插入油尺并再次取出，记录油尺上的油面位置。正确油面位置应在上位和下位之间，如图2-22所示。

(3) 用手捻搓机油尺上的机油，检查其黏度，看有无汽油味和水泡等。油面高度太高

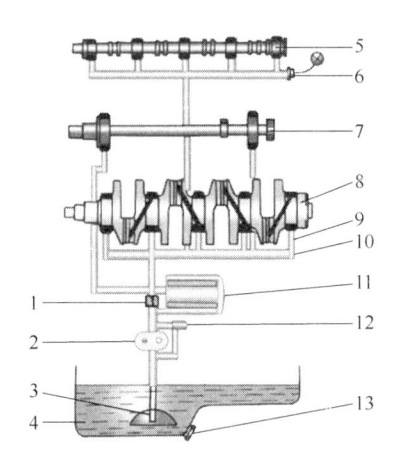

图 2-21 润滑系统的组成

1—旁通阀；2—机油泵；3—集滤器；4—油底壳；5—凸轮轴；6—限压阀；7—中间轴；
8—曲轴；9—分油道；10—机油滤清器；11—溢流阀；12—放油塞。

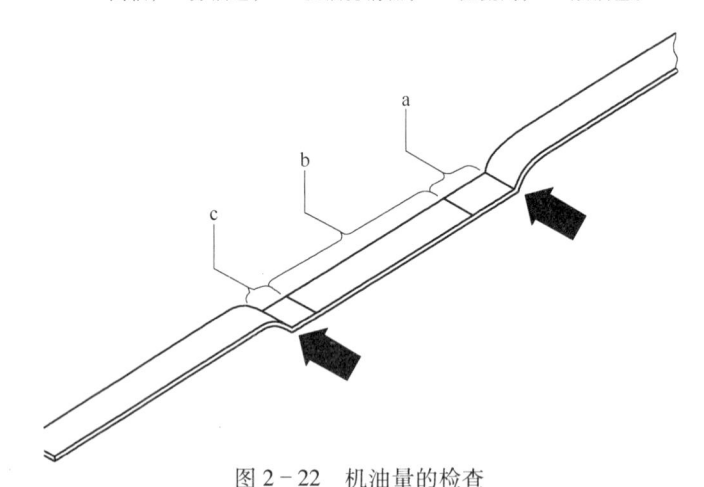

图 2-22 机油量的检查

a—不必添加机油；b—可以添加机油；c—必须添加机油。

时，应及时查明原因予以排除，其原因可能是冷却水或汽油进入曲轴箱内所致。

2. 机油压力的检查

拆下发动机润滑油道上的油压传感器（汽车仪表盘上的机油压力表），装上油压表，起动发动机使其在规定转速下运转，油压表上的指示值即为润滑系的机油压力。状况正常的发动机在常用转速范围内，汽油机机油压力应为 196~392kPa；柴油机机油压力应为 294~588kPa。

3. 机油消耗量的检查

机油消耗量可用油尺测定法或质量测定法进行检测，工作正常的发动机，机油消耗量为 0.1~0.5L/100km。

1）油尺测定法

将机油加注至油底壳规定高度，在油标尺上画上清晰刻线，行驶一定里程后，按原测试条件加注机油至油尺的刻度线，加注量即为汽车行驶里程所消耗的机油量。

2）质量测定法

放出原有机油，将已知质量的机油加注至油底壳规定的液面高度，行驶一定里程后，放出机油,原加注的机油与放出的机油质量之差,即为汽车行驶里程所消耗的机油量。

4. 机油品质的检查

机油品质可通过理化性能检测法进行检测,常用的理化性能检测法有机油不透光度分析法、介电常数分析法、铁谱分析法等。理化性能检测法可以定量评价机油品质,但需相应的检测设备,检测成本较高。

在汽车维修企业中,经验法是对机油品质进行检查比较实用的方法。常用的检查方法主要有直观检查法和滤纸法。

1) 直观检查法

用机油尺取数滴机油观察,可大致分辨出机油污染情况。若机油显示雾状、油色混浊和乳化,说明机油已被水严重污染;若机油呈灰色,闻有燃油气味,则表示机油已被燃油稀释;若机油放置一段时间后,上层油色变淡,则说明机油添加剂已失去作用;若用手指捻搓机油,有细粒感,则表示含杂质较多。

2) 滤纸法

取数滴机油滴于专用滤纸上,油滴逐渐向四周浸润扩散,最终形成中央有深色核心的、颜色深浅不同的多圈环形油斑,如图 2-23 所示。油斑从内到外依次为沉积环、扩散环、油环。

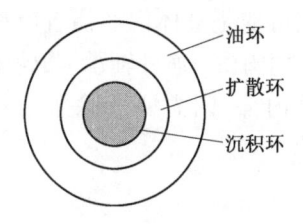

图 2-23 滤纸法

沉积环在斑点的中心,是油内粗颗粒杂质沉积物集中的地方,由沉积环颜色的深浅可粗略判断油被污染的程度。在沉积环外围的环带叫扩散环,它是悬浮在油内的细颗粒杂质向外扩散留下的痕迹,颗粒越细,扩散得越远。扩散环的宽窄和颜色的均匀程度是重要因素,它表示油内添加剂对污染杂质的分散能力。油环在扩散环的外围,油环颜色由浅黄到棕红色,表示油的氧化程度。

斑点形态的鉴别与判断。将滴过油的滤纸连同框架平放在无风尘的地方,静置,观察斑点扩散形态。

一级:油斑的沉积区和扩散区之间无明显界限,整个油斑颜色均匀,油环淡而明亮,油质良好。

二级:沉积环色深,扩散环较宽,有明显分界线,油环为不同深度的黄色,油质已污染,机油尚可使用。

三级:沉积环深黑色,沉积物密集,扩散环窄,油环颜色变深,油质已经劣化。

四级:只有中心沉积环和油环,没有扩散环,沉积环乌黑沉积物密而厚稠,不易干燥,油环成深黄色和浅褐色,油质已经氧化变质。

当机油达到斑点试验三、四级品质时,就需进行更换。

二、润滑系统的故障诊断

润滑系统常见故障是机油压力过高、机油压力过低、机油消耗过多、机油变质等。

1. 机油压力过高

1) 故障现象

发动机在正常温度和转速下工作时,压力表指示的发动机油压力值超过了规定值,说明润滑系统存在机油压力过高故障。

2) 故障原因

机油压力过高故障的主要原因可能是:机油黏度过大;限压阀技术状况不良或调整不当;气缸体内通往各摩擦表面的分油道堵塞;发动机曲轴主轴承、连杆轴承、凸轮轴轴承间隙过小;机油压力表或油压传感器不良或失效等。

3) 故障诊断与排除

(1) 若发动机油压力过高,应熄火排除故障,否则容易冲裂机油滤清器盖或机油传感器。

(2) 检查机油压力过高故障时,可首先抽出机油尺,凭经验判断机油黏度。

(3) 若机油黏度正常,可换用新机油压力表及压力传感器后重新检查。

(4) 如机油限压阀安装在发动机外表,可拆检限压阀。

(5) 若压力仍高时,故障原因可能是缸体内通往各摩擦表面的分油道堵塞。对于新车或大修后的发动机,还可能是曲轴主轴承、连杆轴承、凸轮轴轴承间隙过小。

(6) 如机油限压阀在发动机内部,则需要拆除发动机油底壳后,对限压阀进行检查调整。

2. 机油压力过低

1) 故障现象

发动机在正常温度和转速下工作时,压力表指示的发动机机油压力低于标准值,油压报警蜂鸣器报警、油压报警指示灯亮,说明润滑系统存在机油压力过低故障。

2) 故障原因

机油压力过低故障的主要原因可能是:机油油量不足;机油黏度低于规定值;限压阀技术状况不良或调整不当;机油泵齿轮磨损,使供油压力过低;机油滤清器堵塞;曲轴主轴承或凸轮轴轴承间隙过大;机油压力表或传感器失效;机油泵内形成空气间隙,失去泵油功能等。

3) 故障诊断与排除

(1) 观察机油压力表或报警指示灯,发现机油压力过低或为零时,应立即停车熄火检查,否则会很快发生烧瓦抱轴等机械事故。

(2) 检查机油压力过低故障时,应先拔出机油尺,检查油底壳内机油量及机油品质,若油量不足,应及时添加;若机油中含水或燃油时,应通过拆检,查出渗漏部位;若机油黏度过小,则应更换合适牌号的机油。

(3) 若机油量充足,再检查机油压力传感器的导线是否松脱。

(4) 若导线连接良好,在发动机运转时,拧松机油压力传感器或主油道螺塞,若机油从连接螺纹孔处喷出有力,则为机油压力表或其传感器故障。

(5) 若机油喷出无力,则应立即熄火,检查集滤器、机油泵、限压阀、粗滤器滤芯是否堵塞且旁通阀是否无法打开,各进出油管、油道是否漏油。

(6) 若以上检查均正常,则应检查曲轴轴承、连杆轴承或凸轮轴轴承的间隙是否过大,间隙增大会直接影响机油压力。

3. 机油消耗过多

1) 故障现象

汽车百公里机油消耗超过0.1~0.5L的限度或发动机积炭增多、排气管冒蓝烟,说明润滑系统存在机油消耗过多故障。

2) 故障原因

机油消耗过多故障的主要原因可能是:活塞与缸筒间隙变大;气门杆油封失效或气门导管磨损等;扭曲活塞环方向装反,或其开口转到一起;活塞环磨损过甚或弹力不足,活塞环端隙、边隙或背隙过大;曲轴箱通风不良;润滑系各零部件的油向外渗漏;曲轴后油封密封不良等。

3) 故障诊断与排除

(1) 首先观察发动机外部是否有漏机油现象,应特别注意曲轴前端和后端、凸轮轴后端是否漏油。

(2) 若发动机气缸盖罩、气门室盖、油底壳衬垫和发动机前、后油封等多处有机油渗漏,应对曲轴箱通风装置进行检查。

(3) 若曲轴箱通风受阻,就会引起曲轴箱内压力升高,出现机油渗漏现象。因此应清理曲轴箱管道,尤其是曲轴箱通风阀处的积炭和结胶。

(4) 若排气管冒蓝烟,则为烧机油造成的。当发动机大负荷、高速运转时,排气管大量冒蓝烟,同时机油加注口也向外冒蓝烟,则是活塞、活塞环与气缸壁磨损过甚造成的;活塞环的端隙、边隙或背隙过大;多个活塞环端隙口转到一起,扭曲环装反等,都会使机油窜入燃烧室。

(5) 若发动机大负荷运转时,排气管冒蓝烟,但机油加注口无烟,则为气门杆油封损坏,气门导管磨损过甚(尤其是进气门),使机油被吸入燃烧室。

(6) 若短时间冒蓝烟后停止,而油底壳的机油未见减少,则是湿式空气滤清器内的油面过高所致。

(7) 对于采用气压制动的汽车,若从储气筒的放污螺塞处放出较多的机油,则为空气压缩机的活塞、活塞环与气缸壁磨损过甚所致。

4. 机油变质

1) 故障现象

对发动机机油取样,若机油颜色变黑(多级机油比较容易变黑,检查时应注意区别),油面高度增加且机油呈乳浊状且有泡沫,油面高度增加且有汽油味,并伴有混合气过稀等现象,则说明机油变质。

2) 故障原因

如果机油使用时间过长,在高温和氧化作用下,加快了机油氧化和机油炭化,会使机油逐渐变质;活塞和气缸间隙变大,活塞环漏气,燃油下泄量大,会稀释机油;缸垫密封不严或缸体有裂纹、砂眼等造成冷却液漏入曲轴箱,使机油和冷却液搅拌后会出现乳化现象;曲轴箱通风不良,机油中混杂有废气中的燃油,使机油变质;机油滤清器堵塞,机油未经过滤而直接通过旁通阀,润滑短路,造成机油内杂质过多。

3) 故障诊断与排除

(1) 首先检查机油中是否含有水分(乳化现象),进而检查冷却系统如缸体等是否有裂缝。

(2) 若以上检查正常,则可取机油样品数滴,滴在滤纸上,若其扩散的油迹为中心黑色杂质多,则说明机油内杂质多、变质。

(3) 用手捻取样机油,失去黏性感,说明机油内混有燃油。应检查曲轴箱通风是否良好,活塞漏气量是否过大,滤清器是否失效及油道是否堵塞等。

第五节 点火系统的检测

汽车点火系统的作用是根据发动机做功顺序,在适当的时刻提供足够强度的点火电压和点火能量,点燃混合气。汽车点火系统分为传统点火系统、电子点火系统和电控点火系统三大类。其中传统点火系统和普通电子点火系统难以适应现代汽车发动机的要求,所以应用越来越少。电控点火系统又可分为有分电器式点火系统和无分电器式直接点火系统两类。目前,无分电器式直接点火系统应用最为广泛。

一、点火系统的常规检查

1. 点火系统主要部件的检查

1) 点火线圈的检查

点火线圈主要可能出现的故障有:初级、次级绕组断路、短路、搭铁;绝缘盖破裂漏电;附加电阻烧断等。

检查时,首先查看点火线圈外表绝缘盖是否破裂;然后用欧姆表测量点火线圈的初级及次级线组的电阻。如图 2-24 所示,在"+"与"-"接线柱之间,测得的是初级绕组电阻值;在"+"与高压线插孔之间,测得的是次级绕组电阻值。如测量结果不符合标准值,则应更换点火线圈。

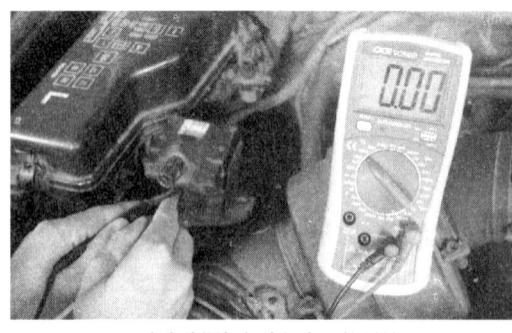

(a) 点火线圈初级线组电阻的测量　　(b) 点火线圈次级线组电阻的测量

图 2-24 点火线圈电阻的测量

2) 火花塞的检查

火花塞主要可能出现的故障有积炭、积油、间隙调整不当等。积炭的原因主要是混合气过浓,燃烧不彻底所致。积油主要出现在反复起动,积留在电极间的油滴使火花塞的击穿电压增高,起动困难。电极间隙过大,火花塞击穿电压增高,高速时易断火。电极间隙过小,火花弱小,不能可靠点燃混合气。

检查时,首先取下火花塞上的高压线,使用专用工具,拧松并取出火花塞,如图2-25所示。若积炭、积油,应予以清除;若火化塞电极烧蚀严重,应予以更换。

图2-25 取出火花塞

用塞尺检查火化塞电极间隙,如图2-26所示。若间隙过大或过小,应予以调整。对于铂金火花塞,不能调整,只能更换。

检查完毕,安装火花塞时,应先接上火花塞高压线。接线时注意不能推高压线,只能推保护罩。

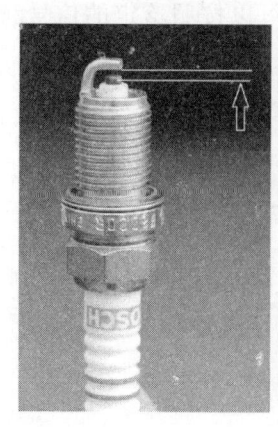

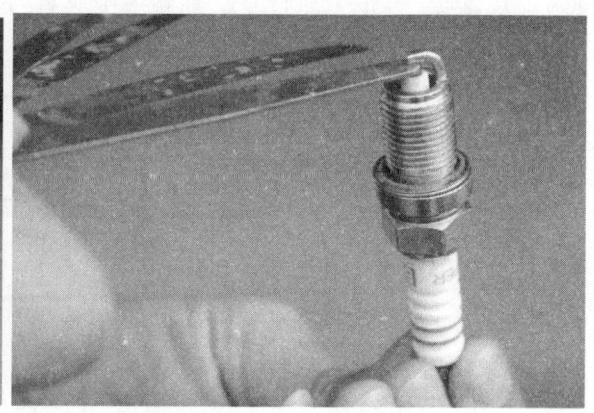

图2-26 检查火化塞电极间隙

3)高压线的检查

对于高压线,主要应检查其接线端子是否腐蚀,外皮绝缘层有无破损、老化,芯线有无断裂等。检查时,首先从火花塞上脱开高压线,操作时应捏住橡胶护套,小心地从火花塞上拆下高压线。不要抽拉或弯曲高压线,以避免损坏内部的导线。目视检查高压线表面有无龟裂、破损,如有则需更换所有高压线。

用欧姆表测量高压线电阻,如图2-27所示。每根高压线最大电阻为25kΩ,如果电阻大于最大值,则应更换所有高压线。

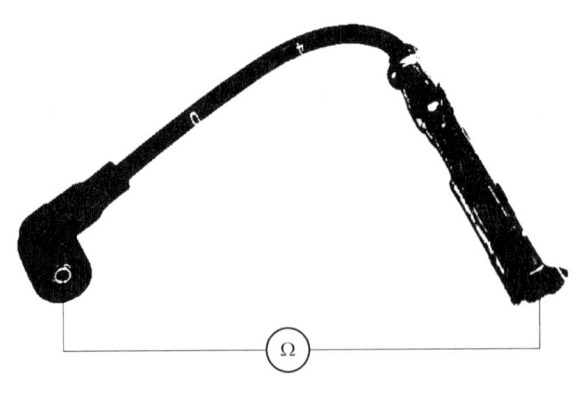

图 2-27 高压线的检查

4）分电器的检查

分电器盖、分火头应保持清洁干燥，否则可用汽油将其表面污物清除干净，待汽油挥发后即可装复使用。如果发现其高压接触面堆积有大量氧化物，可用细砂纸将其打磨清除，当发现其外壳有龟裂现象时必须更换新件。

2. 点火正时的检查

从点火开始到活塞到达上止点，曲轴转过的角度叫点火提前角。点火提前角对发动机的工作影响很大。若点火过早，则发动机不易起动，提速慢，感觉"发闷"；点火过晚，则会出现排气管放炮、发动机过热现象。若点火过早，加速时会出现爆燃，发出"嘎啦、嘎啦"清脆的金属敲击声。爆震会使发动机功率下降，并有损发动机寿命。

用点火正时灯检测点火提前角的方法简单、准确，所以在汽车检测与诊断中应用较为普遍。如图 2-28 所示，点火正时灯是一种频率闪光灯，可以按照给定的信号频率同时闪光。

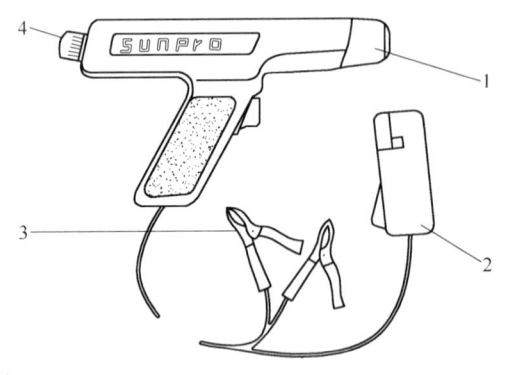

图 2-28 点火正时灯

1—闪光灯；2—点火脉冲传感器；3—电源夹；4—电位计旋钮。

一般在发动机的旋转部件（齿轮或飞轮）上，刻有正时标记，在相邻的机壳上也有一个标记，当曲轴转到两个标记对齐时，第一缸活塞正好达到上止点位置。如果没有点火提前角，每次到达上止点时，触发点亮的正时灯闪亮时，两个标记应正好对齐。如果有点火提前角，正时灯点亮时第一缸活塞还未达到上止点，即活动标记还未转到固定标记处，两个标记没有对齐。它们之间相对应的曲轴转角的角度差，就是点火提前角。

用正时灯检测点火提前角的具体步骤如下：
(1) 擦拭曲轴带轮或飞轮上的正时标记，使其清晰可见。
(2) 运转发动机至正常工作温度。
(3) 将正时灯的两个电源夹，红色的夹在蓄电池的正极，黑色的夹在负极。
(4) 将正时灯传感器卡在一缸的高压线上，同时将正时灯上的电位器旋钮旋到"0"。
(5) 在发动机怠速稳定运转的情况下，将正时灯打开并对准飞轮或曲轴上的标记，如图 2-29 所示。

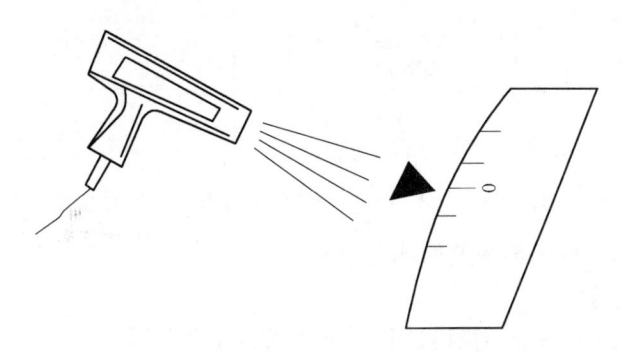

图 2-29 将正时灯打开并对准标记

(6) 调整正时灯上的电位器，使两标记对齐。此时正时灯上指示的读数即为发动机怠速时的点火提前角。

对于无分电器式直接点火系统，其点火提前角一般是不可调的。如果测得的点火提前角不符合要求，应检查相关系统及部件是否有故障并判断故障的大致部位。

二、发动机点火波形的检测

点火系统低压部分、高压部分的变化过程是有规律的。因此，把实际测得的点火系统的点火波形与正常工作情况下的点火波形进行比较分析，通常可初步判断点火系统技术状况的好坏及故障的大致部位。

用示波器的波形直观诊断点火系统故障，是汽车检测与诊断的常用手段。汽油机点火系统的技术状况，可通过汽车专用示波器或发动机综合分析仪上的示波器来观察分析。下面以 OTC3840C 汽车专用示波器为例，说明发动机点火波形的检测方法。

检测时，可按照图 2-30 所示步骤，选择点火测试菜单。

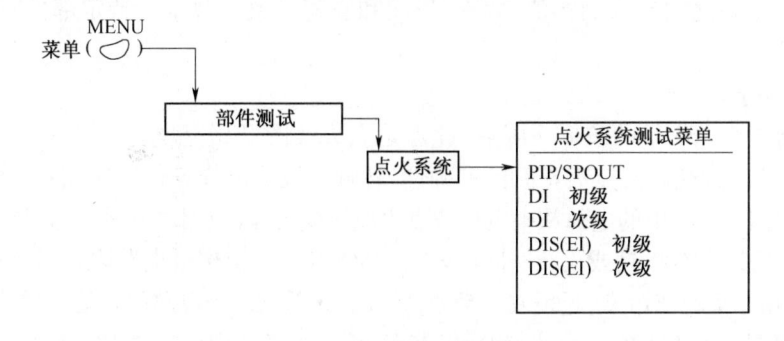

图 2-30 示波器菜单选择步骤

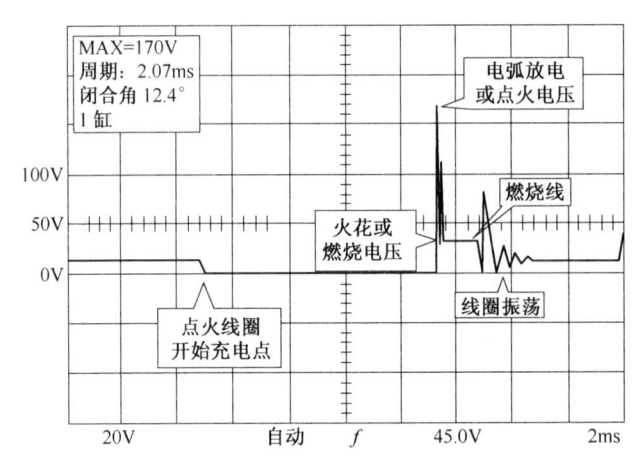

图 2-31　分电器式(DI)点火系统初级电路信号的参考波形

1. 分电器式(DI)点火系统的检测与诊断

1) 初级电路的检测

分电器式(DI)点火系统初级电路信号的参考波形如图 2-31 所示。由于便携式汽车专用示波器能够随车进行路试,因此对于汽车行驶性能故障,如发动机不能起动或起动困难、失速、失火、耸车、燃油经济性差等故障的诊断非常有效。特别是当点火次级电路不易接近和测试时,检测点火初级电路波形更为便捷。检测时,应仔细观察脉宽(闭合角)是否能随发动机负荷和转速的变化而改变。

（1）初级电路的检测目标

① 根据线圈充电时间,分析每缸的点火线圈闭合角。
② 根据点火线或燃烧电压线,分析点火线圈和次级电路性能。
③ 根据燃烧线,确定每缸空燃比(A/F)是否正确。
④ 确认火花塞是否污染或损坏。如火花塞污染或损坏,会导致点火系统失火。

（2）初级电路的检测步骤

① 将测试线一端与示波器相连,另一端连接点火线圈初级信号;将接地测试线与车身搭铁点连接。
② 接通点火开关,运转发动机;改变油门开度,使发动机加、减速,或根据需要使车辆行驶,以再现发动机在急速或车辆行驶性过程中出现的故障。
③ 确认各缸之间波形的幅值、频率、形状和脉宽一致。观察与特定部件对应的波形是否有异常。

（3）故障分析

① 观察图 2-31 中的波形下降点,此点是点火线圈开始充电点。通过此点,可以判断各缸闭合角的一致性以及点火正时的准确性,各缸的波形下降点位置应相对一致。
② 观察图 2-31 中的电弧放电电压或点火电压线,各缸应相对一致。过高的点火电压线表示由于高压线开路、不良或火花塞间隙较大,导致点火系统次级电路阻抗过高;过低的点火电压线表示由于火花塞污染、开裂或击穿等,导致点火系统次级电路阻抗比正常值低。
③ 观察图 2-31 中的火花或燃烧线,该线可反映气缸内的空燃比(A/F)情况,各缸应相对一致。若混合气过稀,燃烧电压会较高;若过浓,则电压比正常值要低。

2）次级电路的检测

分电器式(DI)点火系统次级电路信号的参考波形如图 2-32 所示,可分为三个部分：

① 次级波形点火部分。次级波形的点火部分由点火线和火花(或燃烧)线组成。点火线是一条垂直线,它反映火花跳过火花塞间隙所需要的电压。火花线是一条接近水平的线,它反映维持电流跳过火花塞间隙所需要的电压。

② 次级波形中间部分。次级波形的中间部分显示当触点断开或晶体管截止时,点火线圈初、次级侧之间的振荡消耗自身能量时剩余的线圈能量。

③ 次级波形闭合部分。次级波形闭合部分反映点火线圈的饱和度,它反映触点闭合或晶体管导通的时间。点火闭合角是此时间内分电器中分火头转动的角度(或说是磁饱和时间对应的角度)值。对一个点火线圈来讲,利用初级电流,使其达到完全磁饱和的时间,一般需要约 10~15ms。

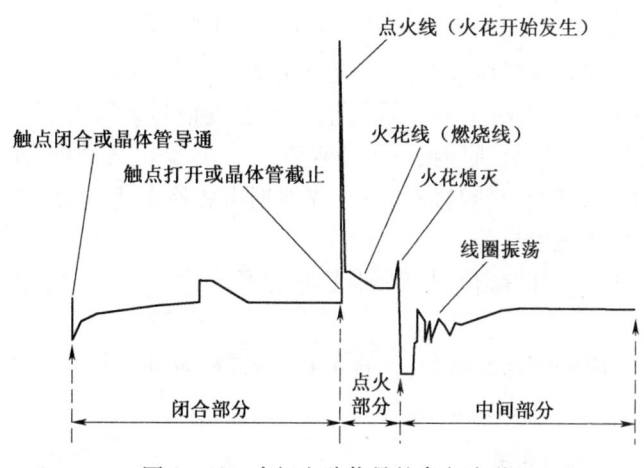

图 2-32 次级电路信号的参考波形

(1) 检测目标

通过测试点火系统次级电路信号的参考波形,可以有效地检测发动机点火系统的技术状况。具体检测目标包括：

① 分析单个气缸的点火闭合角。

② 根据点火线或燃烧电压线,分析点火线圈和次级电路性能。

③ 根据燃烧线,确定每缸空燃比(A/F)是否正确。

④ 根据燃烧线,查出造成气缸失火的火花塞。

⑤ 如图 2-33 所示,当选择阵列模式后,仪器将显示所有气缸的阵列波形。该波形主要用来检查短路或开路的火花塞高压线,以及由于积炭而引起的点火不良的火花塞。

⑥ 通过对不同气缸次级波形的比较,可以分别判断出发动机所有气缸中,存在故障的部位及故障部件。

(2) 次级电路的检测步骤

① 如图 2-34 所示,将电容型点火次级测试线的一端接至示波器的信号输入端子,另一端卡在点火线圈次级高压线上;将其接地测试线与车身搭铁点连接。

② 如图 2-34 所示,将感应传感器测试线的一端接至示波器的触发输入端子,另一端

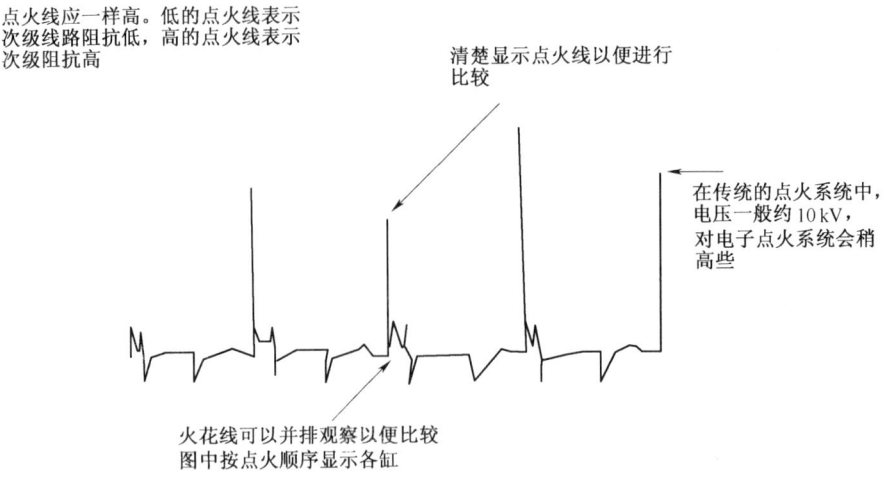

图 2-33 次级电路信号的阵列波形

的感应传感器钳卡在火花塞高压线上,并靠近火花塞。

③ 来自单个火花塞高压线上的信号仅用于作触发信号,若此信号获取点靠近分电器侧,由于分火头的跳火间隙,可能导致点火的峰值电压、燃烧电压和燃烧时间测量不准确。

④ 起动发动机,踩踏油门使其加、减速,或根据需要使车辆行驶,以再现发动机在怠速或车辆行驶性过程中出现的故障。

⑤ 确认各缸之间波形的幅值、频率、形状和脉宽一致。观察与特定部件对应的波形是否有异常。

⑥ 检测过程中,应仔细观察脉宽(闭合角)是否能随发动机负荷和转速的变化而改变。

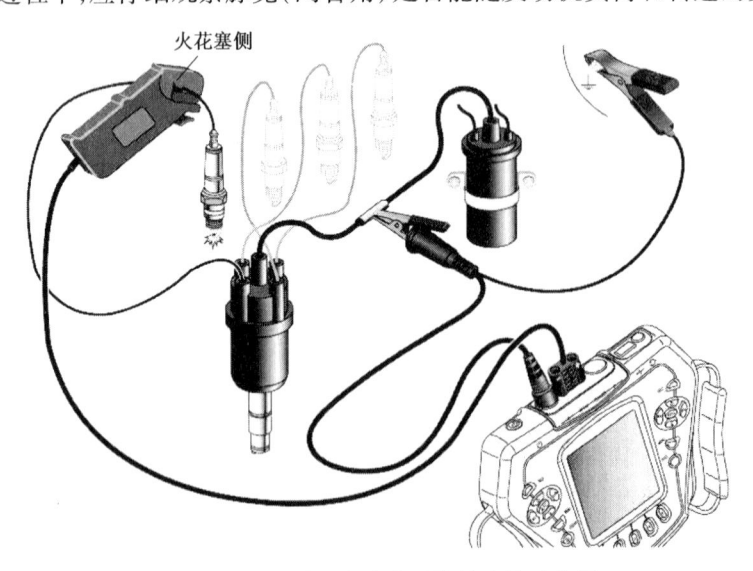

图 2-34 示波器与点火系统的连接示意图

(3) 故障分析

① 观察图 2-35 中的波形下降点,此点是点火线圈开始充电点。通过此点,可以判断各缸闭合角的一致性以及点火正时的准确性,各缸的波形下降点位置应相对一致。

② 观察图 2-35 中的电弧放电电压或点火电压线,各缸应相对一致。过高的点火电压线表示由于高压线开路、不良或火花塞间隙较大,导致点火系统次级电路阻抗过高;过低的点火电压线表示由于火花塞污染、开裂或击穿等,导致点火系统次级电路阻抗比正常值低。

③ 观察图 2-35 中的火花或燃烧线,该线可反映气缸内的空燃比(A/F)情况,各缸应相对一致。若混合气过稀,燃烧电压会较高;若过浓,则电压比正常值要低。

④ 观察图 2-35 中的燃烧线,应相当清晰且没有过多的杂波。过多的杂波表示该缸可能由于点火提前角过早、喷油器不良、火花塞污染或其它原因,导致了失火。长的燃烧线(超过 2ms)表示混合气过浓,而较短的燃烧线(小于 0.75ms)则表示混合气过稀。

⑤ 观察图 2-35 中燃烧线后的振荡,至少有 2 次,最好是 3 次以上,它表示点火线圈良好。

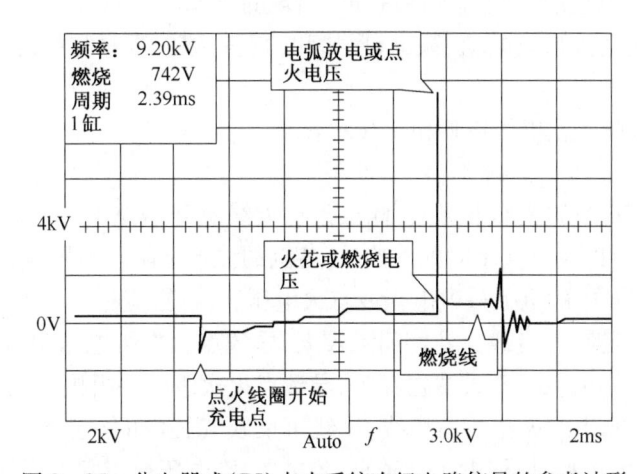

图 2-35 分电器式(DI)点火系统次级电路信号的参考波形

2. 无分电器(DIS)点火系统的检测与诊断

1)初级电路的检测

无分电器(DIS)点火系统初级电路信号的参考波形如图 2-36 所示。由于点火系统次级电路的燃烧过程,可以通过初级和次级线圈的互感作用,返回到初级电路,所以点火系统初级电路波形的检查,对于确定与电子点火线圈相关的点火故障是非常有效的。

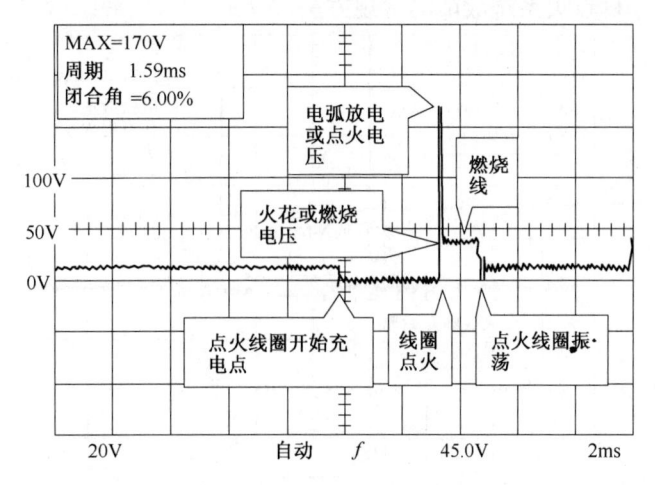

图 2-36 无分电器(DIS)点火系统初级电路信号的参考波形

(1) 初级电路的检测目标

① 根据线圈充电时间,分析每缸的点火线圈闭合角。

② 根据点火线或燃烧线,分析点火线圈和次级电路性能。

③ 根据燃烧线,确定每缸空燃比(A/F)是否正确。

④ 确认火花塞是否污染或损坏。如火花塞污染或损坏,会导致点火系统失火。

(2) 初级电路的检测步骤

① 将测试线一端与示波器相连,另一端连接点火线圈初级信号;将接地测试线与车身搭铁点连接。

② 接通点火开关,运转发动机;改变油门开度,使发动机加、减速,或根据需要使车辆行驶,以再现发动机在怠速或车辆行驶性过程中出现的故障。

③ 确认各缸之间波形的幅值、频率、形状和脉宽一致。观察与特定部件对应的波形是否有异常。

④ 必要时可调整触发电平以便稳定显示。

(3) 故障分析

① 观察图 2-36 中的波形下降点,此点是点火线圈开始充电点。通过此点,可以判断各缸闭合角的一致性以及点火正时的准确性,各缸的波形下降点位置应相对一致。

② 观察图 2-36 中的电弧放电电压或点火电压线,各缸应相对一致。过高的点火电压线表示由于高压线开路、不良或火花塞间隙较大,导致点火次级电路阻抗过高;过低的点火电压线表示由于火花塞污染、开裂或击穿等,导致点火次级电路阻抗比正常值低。

③ 观察图 2-36 中的火花或燃烧线,该线可反映气缸内的空燃比(A/F)情况,各缸应相对一致。若混合气过稀,燃烧电压会较高;若过浓,则电压比正常值要低。

④ 观察图 2-36 中燃烧线后的振荡,至少有 2 次,最好是 3 次以上,它表示点火线圈良好。

2) 次级电路的检测

无分电器(DIS)点火系统次级电路信号的参考波形如图 2-37 所示。次级波形可以提供关于发动机每个气缸燃烧质量的信息,如有必要时,甚至可以在行驶条件下进行此项测试,因此是检测发动机点火系统故障的常规方法。

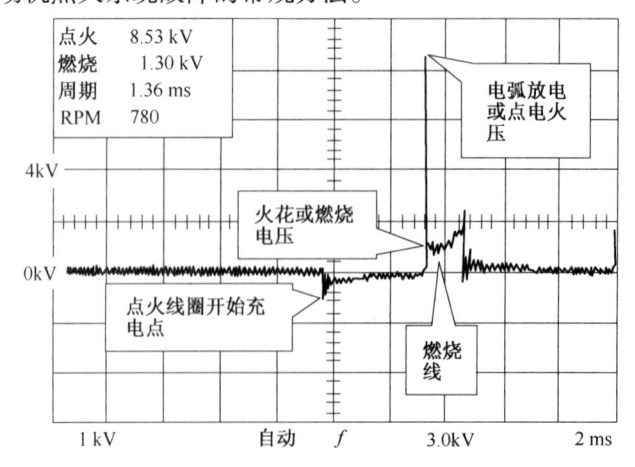

图 2-37 无分电器(DIS)点火系统次级电路信号的参考波形

一般在高能点火(HEI)系统中,火花塞点火电压大约15kV,且远低于30kV。点火电压会随火花塞间隙、发动机压缩比和空燃比(A/F)而变化。在使用双缸同时点火方式的无分电器点火系统中,处于排气上止点的气缸,火花塞点火时的峰值电压,远小于做功缸火花塞点火时的峰值电压,一般在5kV左右。检测时,应注意观察脉宽(闭合角)是否能随发动机负荷和转速的变化而改变。

(1) 次级电路的检测目标

① 根据线圈充电时间,分析每缸的点火线圈闭合角。

② 根据点火线,分析点火线圈和次级电路性能。

③ 根据燃烧线,确定每缸空燃比(A/F)是否正确。

④ 确认火花塞是否污染或损坏。如火花塞污染或损坏,会导致点火系统失火。

(2) 次级电路的检测步骤

① 如图2-38所示,将电容型点火系统次级电路测试线的一端接至示波器的信号输入端子,另一端卡在要测的点火线圈次级高压线上;将其接地测试线与车身搭铁点连接。

② 起动发动机,踩踏油门使其加、减速,或根据需要使车辆行驶,以再现发动机在怠速或车辆行驶性过程中出现的故障。

③ 确认各缸之间波形的幅值、频率、形状和脉宽一致。观察与特定部件对应的波形是否有异常。

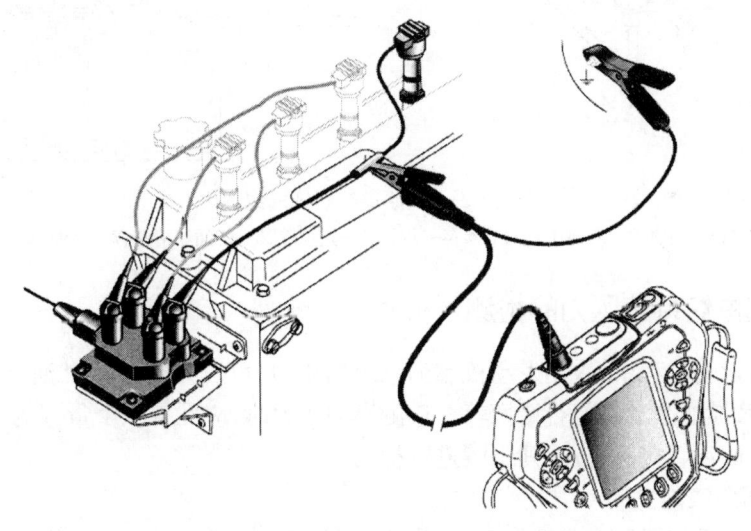

图2-38 示波器与点火系统的连接示意图

(3) 故障分析

① 观察图2-37中的波形下降点,此点是点火线圈开始充电点。通过此点可以判断各缸闭合角的一致性以及点火正时的准确性,各缸的波形下降点位置应相对一致。

② 观察图2-37中的电弧放电电压或点火电压线,各缸应相对一致。过高的点火电压线表示由于高压线开路、不良或火花塞间隙较大,导致点火系统次级电路阻抗过高;过低的点火电压线表示由于火花塞污染、开裂或击穿等,导致点火次级电路阻抗比正常值低。

③ 观察图2-37中的火花或燃烧线,该线可反映气缸内的空燃比(A/F)情况,各缸应相对一致。若混合气过稀,燃烧电压会较高;若过浓,则电压比正常值要低。

④ 观察图 2-37 中的燃烧线,应相当清晰且没有过多的杂波。过多的杂波表示该缸可能由于点火提前角过早、喷油器不良、火花塞污染或其它原因,导致了失火。长的燃烧线(超过 2ms)表示混合气过浓,而较短的燃烧线(小于 0.75ms)则表示混合气过稀。

⑤ 观察图 2-37 中燃烧线后的振荡,至少有 2 次,最好是 3 次以上,它表示点火线圈良好。

第六节　汽油机燃油供给系统的检测

燃油供给系统主要由油箱、燃油泵、燃油滤清器、压力调节器及进回油管路及控制系统组成,如图 2-39 所示。其作用是根据各传感器提供的信号控制喷油时间和喷油压力。发动机燃油供给系统技术状况的好坏,直接影响着发动机的动力性、经济性、排放性和可靠性。

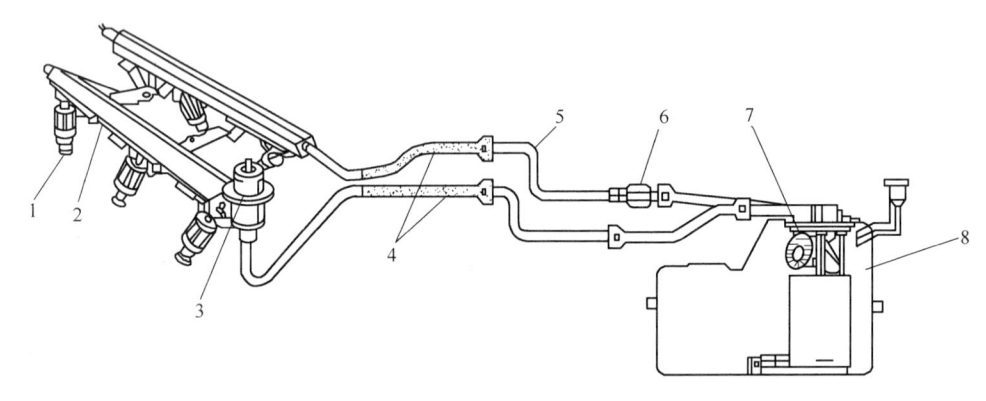

图 2-39　燃油供给系统的组成
1—喷油器;2—油轨;3—燃油压力调节器;4—软管;5—进油管;6—燃油滤清器;7—燃油泵;8—油箱。

一、燃油供给系统压力的检测

在发动机运转过程中,检测发动机燃油系统的压力,可以判断电动燃油泵、燃油压力调节器有无故障,燃油滤清器是否堵塞等。检测燃油压力时,应准备一个量程为 1MPa 的燃油压力表及专用的油管接头,按下列步骤进行检测。

1. 燃油压力表的安装

(1) 将燃油系统泄压。起动发动机,在发动机运转过程中拔下电动燃油泵继电器(或拔下燃油泵电源插头),待发动机自行熄火后,再转动起动开关,起动发动机 2~3 次,燃油压力即可基本释放。然后,关闭点火开关,装上电动燃油泵继电器(或插上燃油泵电源插头)。

(2) 拆下蓄电池负极搭铁线。

(3) 拆除燃油系统泄压孔螺栓。拆除螺塞时,要用一块棉布包住油管接头,以防汽油喷溅。如图 2-40(a)所示,可以将燃油压力表和油管一起安装在测压孔接头上;也可以安装在燃油滤清器油管接头上,或用三通接头接在燃油管道上便于安装和观察的任何部位,如图 2-40(b)所示。

(4) 擦干溅出的燃油,重新装上蓄电池负极搭铁线。

（a）　　　　　　　　　　　　　（b）

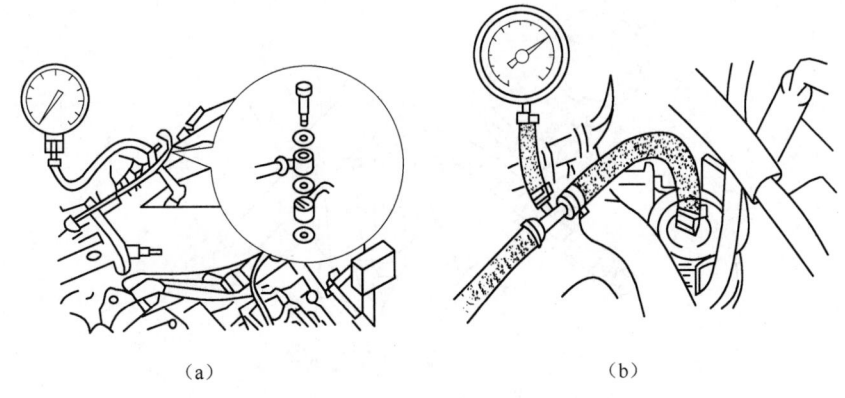

图 2-40　油压表的安装

2. 静态压力的检测

（1）拔下燃油泵继电器,用导线将燃油泵的供电端子短接。

（2）打开点火开关,但不要起动发动机,让燃油泵运转。

（3）测量此时的燃油压力,其值应符合本车型技术要求的规定值。

（4）将点火开关转到"OFF"位置,拔掉短接导线。

3. 保持压力的检测

测量燃油系统静态燃油压力结束 5min 后,再观察燃油压力表显示的燃油压力。此时的压力称为燃油系统保持压力,其值应符合本车型技术要求的规定值。

4. 动态压力的检测

（1）起动发动机,让发动机怠速运转,测量燃油压力,如图 2-41(a)所示。其值应符合本车型技术要求的规定值。

（2）缓慢踩下加速踏板,测量在节气门接近全开时的燃油压力,其值应符合本车型技术要求的规定值。

（3）拔下燃油压力调节器上的真空软管,并用手堵住,如图 2-41(b)所示。让发动机怠速运转,测量此时的燃油压力。该压力应与节气门全开时的燃油压力基本相等。

（a）　　　　　　　　　　　　　（b）

图 2-41　动态压力的检测

5. 燃油泵最大压力和保持压力的检测

（1）将燃油系统泄压。

（2）拆下蓄电池负极搭铁线。

（3）将燃油压力表接在燃油管路上,并将出油口塞住,如图 2-42 所示。

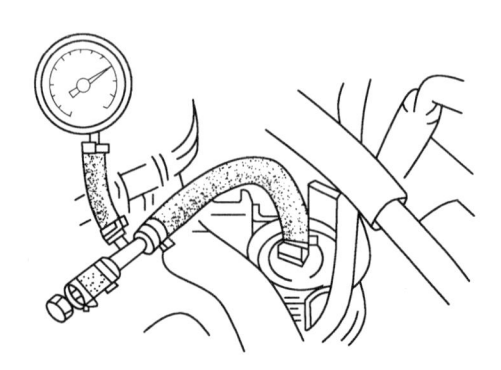

图 2-42 燃油泵最大压力的检测

（4）接上蓄电池负极搭铁线。

（5）拔下燃油泵继电器，用导线将燃油泵的供电端子短接。

（6）打开点火开关，但不要起动发动机，让燃油泵运转 10s 左右，同时读出燃油压力表的读数，该压力即为燃油泵的最大压力。其值应符合本车型技术要求的规定值（通常比发动机运转时的燃油压力高 200~300kPa）。

（7）将点火开关转到"OFF"位置，5s 后再观察燃油压力表的读数，此时的压力即为燃油泵的保持压力。其值应符合本车型技术要求的规定值。

（8）拆下燃油压力表。

6. 燃油压力调节器保持压力的检测

（1）将燃油系统泄压。

（2）拆下蓄电池负极搭铁线。

（3）将燃油压力表接在燃油管路上。

（4）接上蓄电池负极搭铁线。

（5）拔下燃油泵继电器，用导线将燃油泵的供电端子短接。

（6）打开点火开关，但不要起动发动机，让燃油泵运转 10s 左右。

（7）将点火开关转到"OFF"位置，拔下短接导线。

（8）用包上软布的钳子将燃油压力调节器的回油管夹紧。

（9）5min 后观察燃油压力，该压力即为燃油压力调节器的保持压力。

（10）拆下燃油压力表。

7. 检测结果分析

（1）若发动机运转过程中油压过低，可能是燃油泵供油不足、油压调节器损坏、燃油滤清器堵塞、管路或喷油器泄漏所致。

（2）在怠速运转过程中，夹住油压调节器回油管，此时油压表的指示压力应提高 2~3 倍，否则说明燃油泵供油不足。

（3）若保持油压过低，重新建立油压，夹住油压调节器回油管，如果 5min 后保持油压正常，说明油压调节器回油口关闭严。

（4）如果夹住回油管后保持油压仍低于标准值，则夹住油压调节器的进油管，若此时保持油压不再回落，则为燃油泵单向阀不良。燃油泵单向阀损坏时，发动机熄火后，油压表的指示压力迅速回落到"0"。

(5) 若系统油压过低,拔下油压调节器的真空管后有油滴出,说明油压调节器膜片破裂。

(6) 如果燃油压力过高,可能是油压调节器有故障,或是回油管堵塞。

二、喷油器的检测

1. 喷油器的直观检查

(1) 起动发动机,在发动机怠速运转时用手触摸喷油器,应有振动感,如图2-43所示。用起子接触喷油器,在起子另一端应能听到"嗒哒"声(电磁阀开、关声),并与发动机的转速相符。如不正常,应对喷油器或其供油信号电压进行检查。

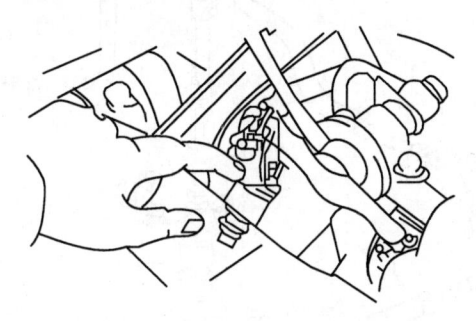

图2-43 用手感觉喷油器的工作状况

(2) 将点火开关置于"OFF"位置,拔开全部喷油器的导线插接器。在油路上安装油压表,起动发动机或短接燃油泵电源,使燃油泵运转,以建立油压。

(3) 逐个给喷油器提供12V电压,同时听喷油器处的响声是否正常。对于低电阻型的喷油器,在提供12V电压的电路中,应串联一只阻值约10Ω的电阻,以保护喷油器线圈。

(4) 喷油器通电时,系统油压应下降,否则说明该喷油器有脏堵现象;若在喷油器没有喷油时油压下降,则说明该喷油器有泄漏。拆下所有喷油器观察,如果喷油器喷孔处有黑痕,可能是该喷油器存在泄漏,应进一步进行检查。

2. 喷油器线圈电阻的检测

(1) 断开点火开关,拔开喷油器的导线插接器,用万用表电阻挡测量喷油器线圈的电阻值,如图2-44所示。

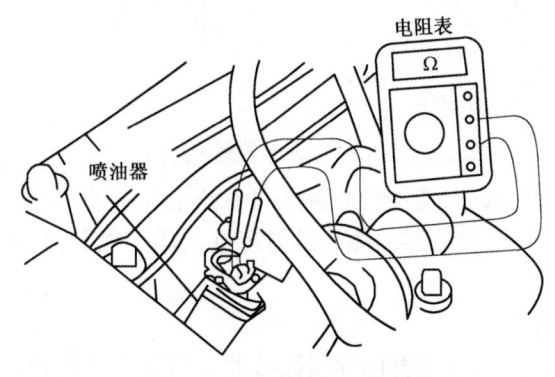

图2-44 喷油器电阻的检测

(2) 低阻值型喷油器线圈的电阻为2~3Ω;高阻值型喷油器线圈的电阻为13~18Ω。

如阻值不在规定范围内,说明喷油器损坏。

3. 喷油质量的检查

可以用喷油器试验台检测喷油器的喷油量和雾化质量。如无喷油器试验台,也可采用以下简易方法进行检测。

(1) 断开点火开关,将燃油分配管和喷油器一同拆下,用软管将燃油分配管的进口与燃油滤清器的出口可靠地连接起来,同时将另一根软管连接油压调节器的回油口与回油管,如图2-45所示。

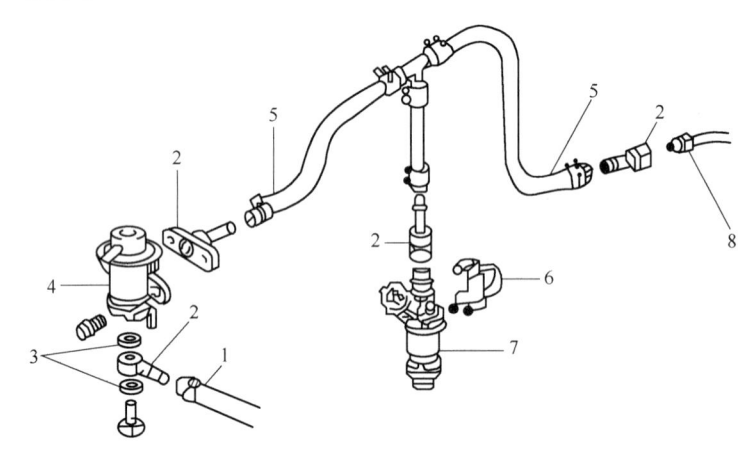

图2-45 组装喷油器测试件

1—回油管;2—管接头;3—垫圈;4—燃油压力调节器;5—软管;6—油管连接卡;7—喷油器;8—进油管。

(2) 将点火开关置于"ON"位置,短接燃油泵使之运转,建立起系统油压。观察喷油器有无漏油。泄漏量每2min不允许超过一滴,否则应更换喷油器。

(3) 将喷油器放置在一个较高的量筒上,给喷油器提供12V的电压(注意:供电电流不应超过1A),持续时间为15s。观察喷油的雾化情况,参考图2-46,判断喷油器喷油的雾化质量。同时测量并记录喷油量。每个喷油器重复测试2~3次。

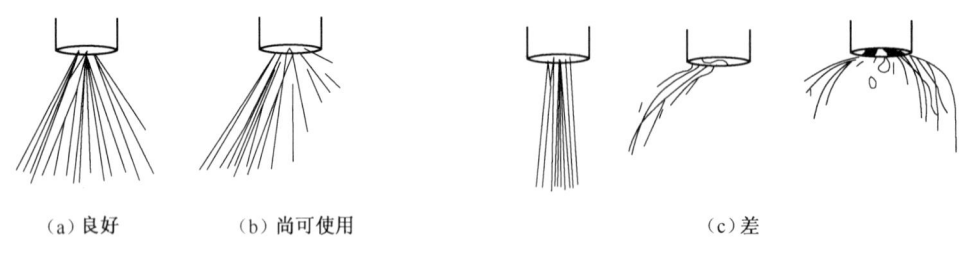

(a) 良好　　(b) 尚可使用　　(c) 差

图2-46 喷油器喷油状况

(4) 各喷油器的喷油量,以及各喷油器之间喷油量的误差,均应符合规定。否则,应清洗或更换喷油器。如果所有喷油器的喷油量均超过或低于规定值,则应对系统的油压进行检测。

4. 喷油器电路的检查

(1) 断开点火开关,拔开喷油器的导线插接器。用导线将发光二极管的两端与喷油器导线插接器内的两个端子相连。

(2) 起动发动机,发光二极管应闪亮。否则,喷油器控制电路存在故障,应进一步进行检查。

5. 喷油器的示波器检测

根据驱动方式的不同,喷油器可以分为饱和开关型、峰值保持型、脉冲宽度调制型、PNP四类。不同类型喷油器的波形不同。其中饱和开关型喷油器目前最为常用,下面主要对这种喷油器的示波器检测及分析方法进行介绍。

1)检测步骤

(1)将通道A的红色测试线与来自发动机电控单元的控制信号端子相连;示波器接地线与喷油器接地线相连。

(2)起动发动机,将发动机转速提高至2500r/min。保持节气门开度,以使发动机以上述转速稳定运转2~3min。直到发动机充分暖机后,燃油系统进入闭环反馈控制状态。

(3)关闭A/C等所有附加电器装置,将变速杆置于"P"或"N"位置,观察加速时喷油器开启时间的变化。

(4)提高发动机转速,使其在2500r/min的转速下稳定运转。通过真空管入口,向进气管中喷入丙烷,使混合气变浓,观察油器开启时间的变化;把丙烷输入端移离真空管,人为制造真空泄漏,使混合气变稀,观察此时喷油器开启时间的变化。

(5)使用杂波捕捉模式,观察喷油器开启时间的突变。按HOLD键冻结波形,以便仔细检查。实测波形如图2-47所示。

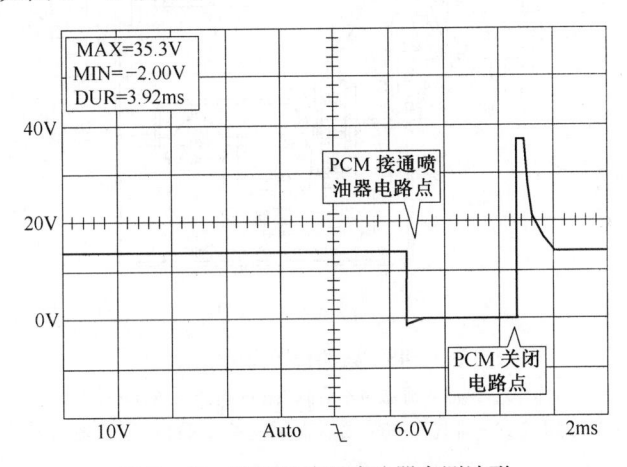

图2-47 饱和开关型喷油器实测波形

2)波形分析

(1)在发动机加速时,如果系统工作正常,喷油器的开启时间应相应地增加。

(2)加入丙烷,混合气变浓,喷油器的开启时间应减小;人为制造真空泄漏,使混合气变稀,此时喷油器开启时间应增加。否则,说明系统仍工作在开环怠速模式下,或氧传感器工作不良。

(3)一般来讲,发动机在2500r/min的转速下稳定运转,混合气浓度从最浓至最稀变化时,喷油器的开启时间在0.25~0.5ms之间变化。发动机在怠速时,喷油器的开启时间在1~6ms之间变化。冷机起动或节气门全开时,喷油器的开启时间在6~35ms之间变化。

(4)不同发动机关断尖峰值不同,正常的范围是30~300mV。有些喷油器的峰值被钳位二极管限制在30~60V,可以用尖峰上的平顶代替顶点来确认峰值。在这种情况下匝数少的喷油器并不减少峰值的高度,除非线圈的匝数过少。如果所测波形有异常,应更换喷油器。

第七节　柴油机燃油供给系统的检测与故障诊断

采用柱塞式喷油泵的柴油机燃油供给系统如图2-48所示,主要包括喷油泵、喷油器和调速器等主要部件及燃油箱、输油泵、油水分离器、燃油滤清器、喷油提前器、低压油管等辅助装置。其功用是根据柴油的工况要求,定时、定量、定压地将雾化良好的柴油按一定的喷油规律喷入燃烧室,并使其与空气迅速而良好地混合与燃烧。

燃油供给系统是柴油机最重要的系统之一,其中许多零件的制造精度很高,容易在使用过程中产生磨损及其它损伤。因此,在柴油机的使用过程中,要定期或不定期地对其燃油系统及其主要部件进行必要的检测。

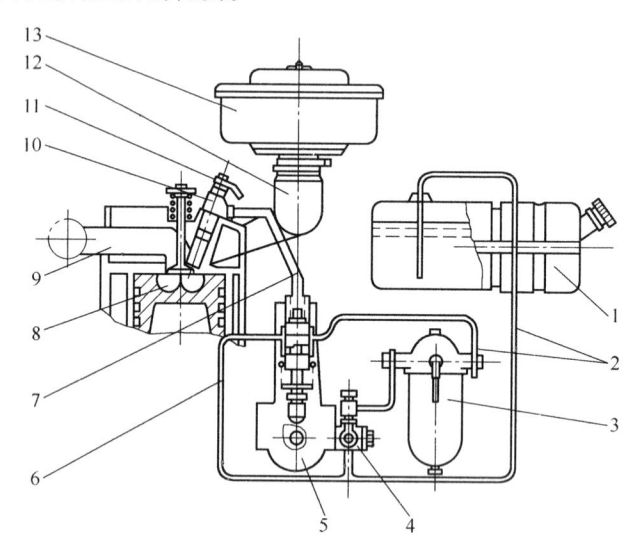

图2-48　柴油机燃油供给系统
1—油箱;2—低压油管;3—燃油滤清器;4—输油泵;5—喷油泵;6、11—回油管;7—高压油管;
8—燃烧室;9—排气管;10—喷油器;12—进气管;13—空气滤清器。

一、柴油机燃油供给系统的常规检查

1. 输油泵的检查

1）输油泵工作情况的检查

（1）检查输油泵的工作情况,应在柴油管路畅通无阻、密封而无空气的情况下进行。检查时拧松喷油泵上的放气螺钉,并在按下柴油机起动按钮的同时,观察放气螺钉处的流油情况。若柴油向外喷出,说明输油泵工作正常;若喷油不畅或不喷油,即是输油泵泵油不良或不泵油。

（2）也可用手堵住手油泵的接头孔,抽动手油泵拉钮,检验活塞与手油泵体的密封性。若感到吸力较大,可不必拆卸手油泵,并继续使用。否则,应分解手油泵零件,对有关零件进行修复或更换。若不堵手油泵接头孔,抽动手油泵很重,说明有卡滞,应分别对其进行清

洗、查明原因并予以排除。

（3）输油泵推杆行程的大小，决定着喷泵供油量的大小。检查时可用直尺靠近推杆抵在附件箱底座上，再用手往复拉动推杆至两端极限位置，同时观察直尺上的最大数值与最小数值之差，此差值即为推杆工作行程。若测得的值不符合此规定，应更换新推杆。

2）输油泵主要零部件的检查

（1）检查活塞式输油泵时，可先拆下泵体上的螺塞，用手推动挺杆部件和活塞弹簧，感觉其滑动性。若推动阻力很大，说明有卡滞，应推出活塞进行清洗，并检查活塞不应有锈蚀、划伤等现象。

（2）清洗后，再复装检查活塞与泵体的配合间隙。先用手推动活塞，若推压感到很轻松，可用量规测出泵体活塞孔径与活塞外径之差，即得出配合间隙。以 6135 柴油机为例，其配合间隙为 0.005~0.025mm，使用极限为 0.060mm。间隙过大时，应视情给予镶套或更换新件。

（3）输油泵进、出油阀磨损过甚或关闭不严密时，会使输油泵吸油和泵油能力下降，甚至不能向喷油泵输油。为此，应根据它们的磨损程度确定修复或更换。当磨损轻微时，可用研磨剂在平台上以"8"字形走向进行研磨修复。

3）输油泵的性能检测

输油泵在维修复装后，需要进行性能测试，主要包括密封性试验、吸油能力试验和供油能力试验。以 6110 柴油机为例，对其性能测试内容及方法进行介绍。

（1）密封性试验。如图 2-49 所示，旋紧手油泵的手柄并堵住出油口，并保持气压不变。将输油泵浸入清洁的煤油或柴油中。从进油口接入 196MPa 压力的压缩空气，如果有气泡从某处漏出，说明某处密封性差。但是输油泵体与推杆之间有轻微的漏气，可视为正常。

（2）吸油能力试验。如图 2-49 所示，将输油泵装在喷油泵上，旋紧手油泵手柄。在进油口接头上安装一个内径为 8mm、长度为 2m 左右的塑料管，使输油泵进油口高于油箱油面 1m；在出油口接上容器，然后以 60~100 次/min 的手动泵油速度泵油，应在 30 次内吸上油，并从输油泵出油口处压出。若在 60 次以上才能泵出油，则应进行检修。

（3）供油量试验。将输油泵连同喷油泵一起安装在喷油泵试验台上。输油泵出油口接上压力调节阀后插入容器内，开动试验台并把压力调至 157kPa，然后驱动输油泵以 1000 次/min 泵油，在 15s 内供油量标准为 300ml 左右。若少于 200ml，应查明原因并进行修理。

2. 喷油泵的检查

1）柱塞偶件的检验

柱塞偶件的结构如图 2-50 所示，检验时将喷油泵中的出油阀取出，将阀座与出油阀衬垫仍留在里面，旋上出油阀座，将喷油泵试验台上的高压油管接在出油阀座上，并排净内部的空气。将柱塞调整到最大供油量位置。用喷油泵试验台上的手柄泵油至 20MPa 时停止供油，测量油压降至 10MPa 时所经历的时间。对于柱塞偶件，要求此时间不应少于 18s。各个柱塞偶件的密封性指标差应不大于最大数值的 15%。

也可用滑动性能试验，对柱塞偶件的磨损程度进行简单的检查。检测时，将柱塞、套筒洗净后装成一体，并使其倾斜 60°，然后将柱塞拉出 35~40mm，柱塞应能在本身重力作用下沿套筒缓缓下滑到原位。

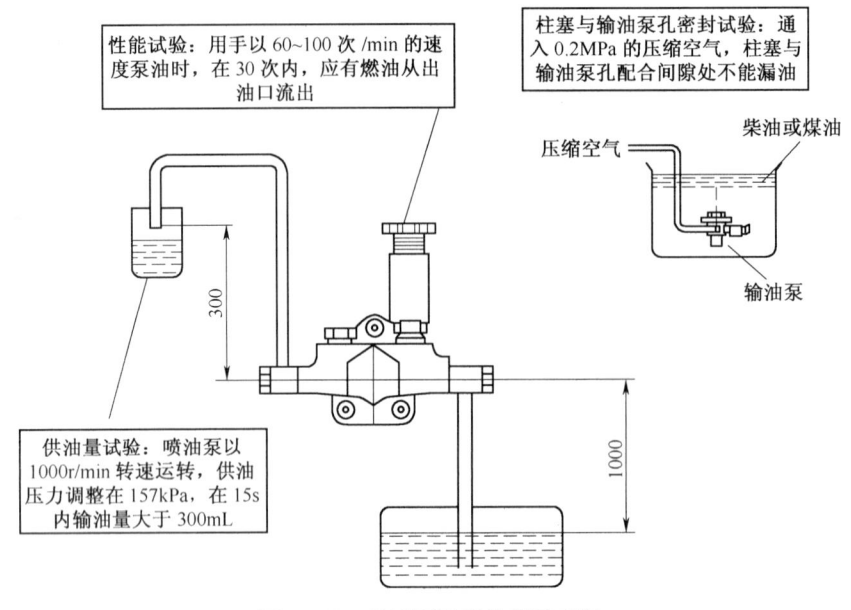

图 2-49 输送油泵性能检测示意图

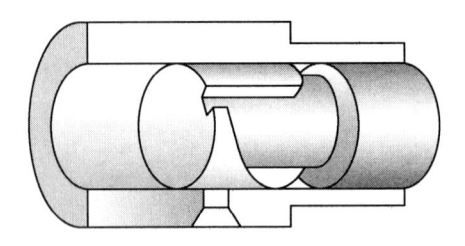

图 2-50 柱塞偶件的结构

密封性试验的另一种方法是：用一只手握住套筒，并用手指堵住套筒端面的的出油孔和进油孔，另一只手拉出柱塞时，应感到有明显的吸力；放开柱塞时，柱塞应能迅速而自动地回至原位。将柱塞转到几个不同的位置，反复试验几次，均应符合要求。

2) 出油阀偶件的检验

出油阀偶件的结构如图 2-51 所示。出油阀偶件的密封锥面应光泽明亮、完整连续。若锥面出现接触不均匀或接触宽度超过 0.5 mm 时，应对其进行研磨修理或将其做报废处理。

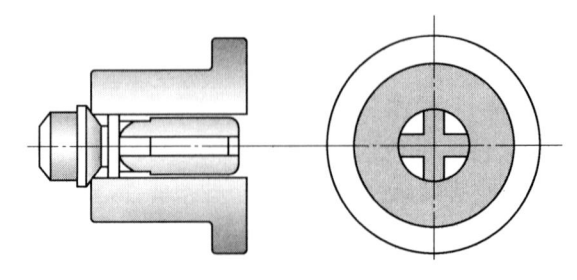

图 2-51 出油阀偶件的结构

进行出油阀偶件的密封性试验时，可采用简单的专用夹具。将出油阀偶件装入专用夹具中,并用专用夹具连同出油阀偶件一起接在喷油器试验器的高压油管上。拧松调节螺钉,使出油阀落在阀座上,以检验密封锥面的密封性。其试验标准为:油压从 25MPa 降至 10MPa,所经历的时间不应小于 60s。然后,旋进调节螺钉,使出油阀顶起 0.30~0.50mm,以检验减压环带与导向孔之间的密封性。其试验标准为:油压从 25MPa 降至 10MPa,所经历的时间不应小于 2 s。

也可用简易的方法检验出油阀偶件的密封性。用拇指和中指轻轻夹住出油阀座,食指按住出油阀,用嘴吸住出油阀的下平面孔,若能吸住,说明锥面是密封的。然后用手指抵住出油阀下座孔,当减压环带进入阀座导向孔时,轻轻按下出油阀,若感觉到空气压缩力,松手时出油阀能弹上来,则表明减压环带的密封性是良好的。同一喷油泵的出油阀偶件的密封性应基本一致。

进行出油阀偶件的滑动性能试验时,可将在柴油中浸泡后的出油阀偶件,沿轴线垂直方向抽出阀体约 1/3,然后松开,阀体应能够靠本身的重力下落到阀座的支撑面上。

3) 供油间隔角的检查

喷油泵各缸供油间隔角的均匀性,将决定柴油机各缸供油提前角的一致性。供油间隔角的检查方法如下:

(1) 如图 2-52 所示,在一缸出油阀接头上安装一个内径为 2~3mm 的透明玻璃管。

(2) 油门处于全开位置,转动喷油泵凸轮,注意观察玻璃管内液面。

(3) 当液面微一闪动,立即停止转动喷油泵凸轮,这就是第一缸柱塞供油开始角,记录此时刻度盘的读数。

(4) 用同样办法,依次检查并记录其它各缸柱塞的供油起始角。前后两缸供油开始角的读数差,即为这两缸的供油间隔角。

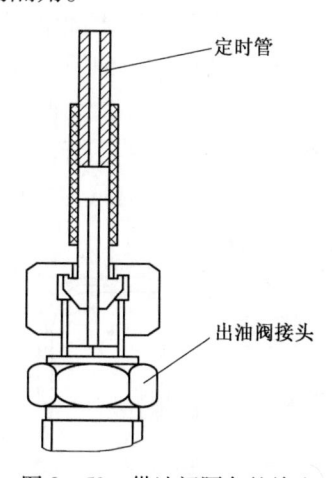

图 2-52 供油间隔角的检查

3. 供油正时的检测

供油正时是指喷油泵正确的供油时间,一般用供油提前角表示。供油提前角是指喷油泵 1 缸柱塞开始供油时,该缸活塞距压缩行程上止点的曲轴转角。柴油机具有一个最佳供油提前角是非常重要的。所谓最佳供油提前角,是指在转速和供油量一定的情况下,能获得最大功率、最小耗油率和最佳排气净化的供油提前角。柴油机的供油提前角应能随转速和负荷的变化而变化。转速升高或供油量增大时,供油提前角也应相应增大。有些喷油泵上装有供油提前调节器,可在初始供油提前角的基础上,随转速变化而自动调节。

供油自动提前角的检测有人工经验法、频闪法、缸压法等几种。

1) 人工经验法

用人工经验法检测并校正供油正时,可用手摇把摇转柴油机曲轴,使 1 缸处于压缩行程,当飞轮上的上止点标记与发动机外壳上的标记对准时,停止转动。

检查喷油泵联轴器从动盘上的刻线记号是否与泵壳前端面上的刻线对齐,如图 2-53 所示。若二者对齐,说明喷油器供油时刻正确;若从动盘上的刻线记号位于泵壳前端固定刻线之前,则第 1 缸供油迟;反之,则第 1 缸供油时间早。

当 1 缸供油过早或过晚时,只要停车松开喷油泵联轴器固定螺钉,使喷油泵凸轮轴逆时针转动方向或顺时针转动方向转动少许,反复调试几次,直至供油时刻正确为止。

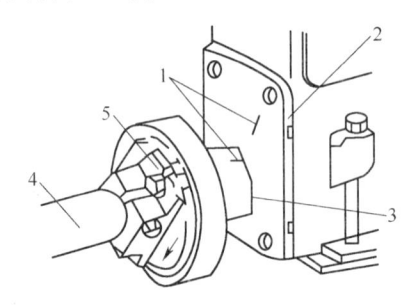

图 2-53 喷油泵第 1 缸开始供油记号

1—1 缸开始供油;2—泵壳上的轴承盖;3—联轴器从动盘;4—驱动轴;5—联轴器主动盘。

2) 频闪法

用频闪法检测并校正供油正时,需要使用柴油机供油正时仪。柴油机供油正时仪的组成及原理与汽油机点火正时仪基本相同。检测时,供油正时仪的油压传感器串接于 1 缸高压油管与喷油器之间或外卡于高压油管,如图 2-54 所示。油压传感器将油压脉冲信号转变为电信号,并触发正时灯闪烁。闪光 1 次,则 1 缸供油 1 次,二者具有相同的频率。用正时灯对准 1 缸压缩上止点标记,并与供油时刻同步闪光时,若看到飞轮或曲轴带轮上的供油提前记号位于固定记号之前,说明 1 缸供油时活塞尚未到达上止点。

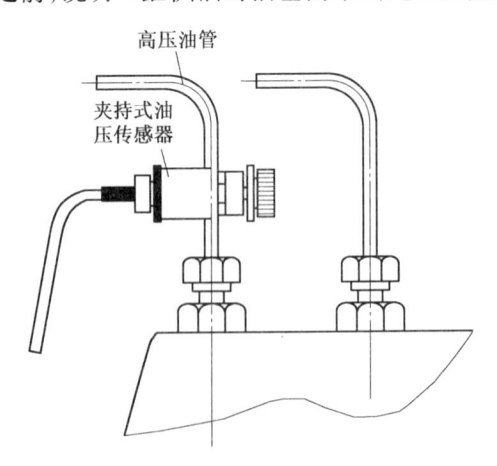

图 2-54 柴油机外卡式油压传感器

供油时刻在活塞到达上止点前,为测得供油提前角的大小,可调整正时灯上的电位计,使频闪时刻延迟于供油时刻,逐渐使转动部件上的供油提前角标记接近固定标记,并使这两个标记对齐,闪光延迟时间即为供油提前时间,经仪器转换为供油提前角数值后,即可在指示装置上显示出来。

调整供油提前角时,可松开喷油泵万向节固定螺钉,使活动标记与固定标记对齐后紧固,起动发动机路试。

4. 喷油器的检查

1）喷油器针阀偶件磨损分析

喷油器的针阀偶件磨损,主要发生在密封锥面、轴针与喷孔、针阀雾化锥体及导向面等几个部位。

针阀偶件磨损后,一些燃油会在未达到针阀偶件开启压力之前就从密封锥面漏出,造成漏油、滴油,从而导致高温燃气易窜入针阀体内,使燃油在导向面上结胶,导致针阀卡死;轴针与喷孔磨损后,燃油通过时的流速降低,影响喷雾锥角,造成雾化不良;针阀导向面磨损使喷油量减少,供油时间迟滞。

2）喷油器的检验与调试

喷油器的检验与调试一般是在喷油器试验器上进行的。为保证试验的准确性,试验器的油箱内应加注经过滤清的柴油,并放净空气。同时,应保证试验器本身具有良好的密封性。

（1）密封性检验。如图2-55所示,将喷油器装在试验台上,缓慢均匀地用手柄压油,同时旋进喷油器的调压螺钉,经调整使喷油器在规定压力下喷油。停止压油后,观察油压自20MPa降至18MPa所经历的时间,此时间应不少于9s。

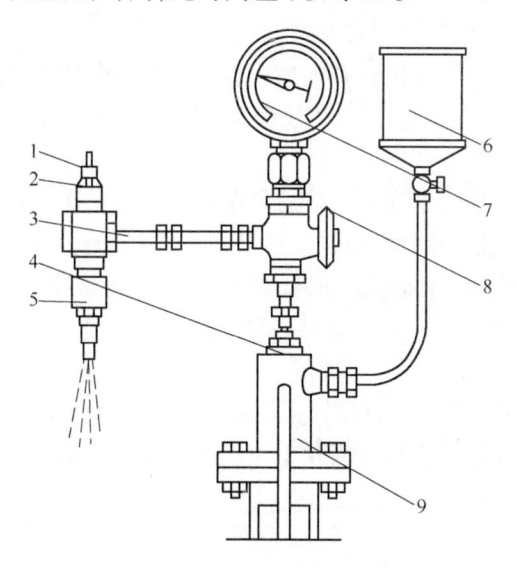

图2-55 在试验台上检查调整喷油器
1—调整螺钉;2—锁紧螺母;3—高压油管;4—放气螺钉;5—喷油器;
6—油箱;7—压力表;8—开关;9—油泵。

（2）喷油压力的检验与调整。将喷油器装在试验器上,缓慢均匀地用手柄压油,当喷油器刚开始喷油时,压力表所指示的最高压力即为喷油压力。若喷油压力不符合规定,应进行调整。旋入喷油器调压螺钉,喷油压力增高;旋出喷油器调压螺钉,喷油压力降低。同一台发动机各缸喷油器的喷油压力应基本一致,误差不应大于 0.25MPa。

(3) 喷雾质量的检验。在试验时,以 60~70 次/min 的频率压动手柄,使喷油器喷油。喷油器喷出的燃油应呈雾状,没有明显可见的油滴和油流,以及浓稀不均的现象;断油应干脆,喷射时应伴有清脆的响声;喷射前后不允许有滴油现象。经多次喷油后,喷口附近应是干的或稍有湿润。

(4) 喷雾锥角的检验。喷油器喷出燃油的雾化锥角不应偏斜,其锥角角度和形状应符合标准要求。

(5) 喷油器的通过能力检验。在喷油器试验台上,将各个喷油器用同一个高压油管逐个接到预先调整好的喷油泵的同一个分泵上,在标定转速下测量每分钟的喷油量。各个喷油器的喷油量相差不得超过平均值的 5%。

5. 喷油压力波形的检测

柴油机燃油系统工作性能的好坏,很大程度上取决于喷油泵和喷油器的工作质量。喷油泵和喷油器的工作质量可通过高压油管中的压力变化情况以及针阀的升程情况反映出来。在不解体的情况下,可以利用发动机分析仪或汽车示波器等仪器,进行喷油压力的检测。将测得的压力波形与标准波形比较,以判断柴油机燃油系统的技术状况。

按照使用仪器的品牌、型号的不同,具体操作步骤有所不同,下面以 OTC3840C 汽车专用示波器为例,对柴油机喷油压力波形的检测方法进行简要介绍。

1) 示波器的连接

(1) 清洁高压油管。压电传感器应安装在高压油管的直管部分。认真清洁用于安装测量传感器的高压油管,必要时可用砂纸(最好是无油的)清洁油管,以保证油管本身与压电传感器及接地夹接触良好。

(2) 安装压电传感器。压电传感器的适配器,应尽可能安装在高压油管上靠近喷油器的直管部分,压电元件不应在油管上弹动或移动,也不应由于与其它油管或任何其它材料过近而接触。

(3) 安装接地夹。接地夹卡在压电传感器附近,确保接地夹不与压电传感器自身及相邻油管接触。接地线应比信号线短,以便使传感器的重量和线缆负荷由地线承担。

(4) 将适配器引线连接至示波器。传感器夹在高压柴油管上,通过一个适配器连接至示波器通道输入端。

2) 压力波形检测

(1) 选择示波器菜单。将发动机转速稳定在 800~1000r/min。按照图 2-56 所示步骤,从主菜单中选择部件测试,再从下级菜单中选柴油机测试菜单。

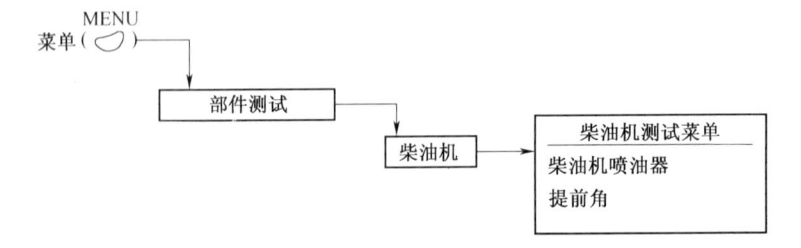

图 2-56 示波器菜单选择步骤

(2) 读取压力波形。进入柴油机压力波形检测界面。柴油机喷油压力波形如图 2-57 所示。

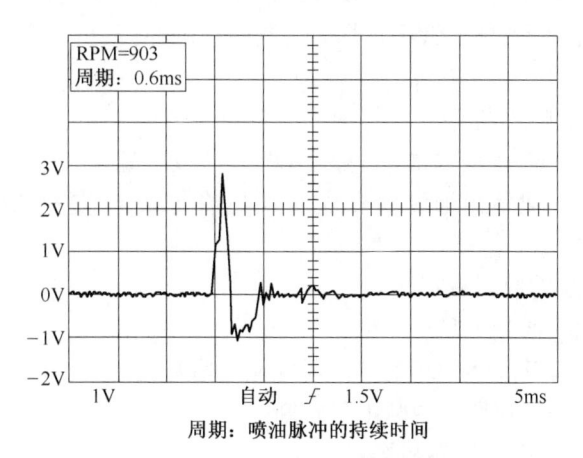

图 2-57 柴油机喷油压力波形

如图 2-58 所示，喷油压力波形显示了柴油机燃油系统在不同阶段的实际工作情况。多缸发动机各缸的喷油压力波形，若在同一阶段的曲线不一致，必然对发动机的工作性能产生影响。可将各缸的压力波形同时取出，以多种形式进行对比观测。

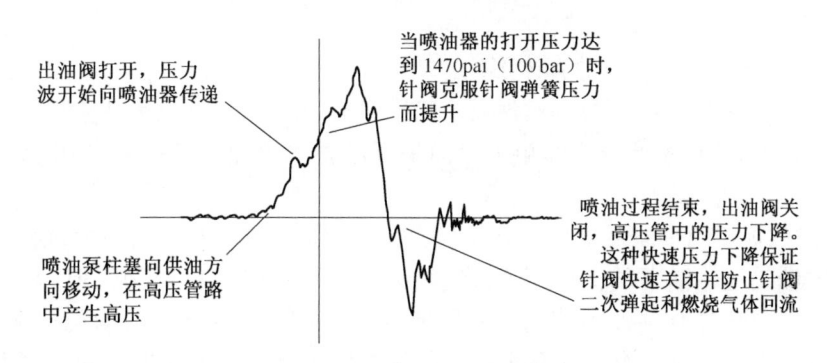

图 2-58 喷油压力波形分析

二、柴油机燃油供给系统的故障诊断

柴油机的供油油路主要包括低压油路、高压油路和回油油路。从燃油箱到喷油泵这段油路是低压油路，油压是由输油泵建立的；从喷油泵到喷油器这段油路是高压油路，油压是由喷油泵建立的。

柴油机燃油供给系统发生故障时，将对发动机的动力性、经济性和工作可靠性产生直接影响。柴油机燃油系统的常见故障有柴油机不能起动或起动困难、柴油机动力不足、柴油机怠速不稳、柴油机工作粗暴、柴油机"飞车"等。

1. 柴油机不能起动或起动困难

柴油发动机不能起动或起动困难的常见故障现象有：起动机能够正常工作，而发动机无发动征兆；或有发动征兆但不能够起动。无发动征兆是指发动机无起动迹象，排气管无烟冒出；发动机有发动征兆是指发动机有起动迹象，排气管冒烟，但不能够起动。

1）起动机工作正常但柴油机无起动迹象

起动柴油机时,起动系统工作正常,发动机使用柴油牌号正确,发动机转速达到起动要求,但发动机仍无起动迹象,排气管不冒烟。为判断故障原因,可分别对低压油路和高压油路进行检查。

（1）低压油路的故障诊断

松开喷油泵放气螺塞,按动输油泵上的手油泵,若放气螺塞处无油流出,说明燃油没有进入喷油泵;若放气螺塞处流出泡沫状柴油,说明燃油夹带空气进入喷油泵,长时间按动手油泵不能排净空气。

出现上述故障现象的原因有：

① 燃油箱内无油或油量不足。
② 燃油箱开关未打开或燃油箱盖上的通气孔被堵塞。
③ 燃油箱内的上油管被堵塞或从上部折断。
④ 燃油箱至输油泵间的油管被堵塞。
⑤ 燃油箱至输油泵间有漏气部位。
⑥ 输油泵的滤网被堵塞。
⑦ 输油泵的溢流阀不密封或卡滞。
⑧ 燃油箱内的输油管破裂或松动。
⑨ 柴油滤清器的滤芯被堵塞。

可按照以下步骤判断故障的具体部位：

① 松开喷油泵放气螺塞,按动输油泵上的手油泵,若放气螺塞处无油流出,说明燃油箱中无油或油路堵塞。首先检查燃油箱中存油是否足够、燃油箱开关是否打开,燃油箱盖空气孔是否堵塞。

② 若良好,可扳动手油泵试验。若拉出手油泵拉钮时,明显感到有吸力,松手后又自行回位,说明燃油箱至输油泵的油路堵塞;若拉出手油泵拉钮时感觉正常,但压下去比较费力,说明输油泵至喷油泵的油路堵塞。如果上、下拉动手油泵拉钮时,均无正常的泵油阻力,说明手油泵失效。应检查手油泵出油阀是否关闭不严。在寒冷地区的严寒季节,柴油牌号选用不当或油中有水分,也容易造成结冰而堵塞油管。

③ 若松开喷油泵放气螺塞,扳动手油泵,放气螺塞处流出泡沫状柴油,而且长时扳动手油泵也是如此,说明燃油箱至输油泵之间的管路漏气,供油系中渗进空气发生了气阻。应首先检查油管有无破裂;如无破裂,应检查输油泵至燃油箱的每一段油管接头是否松动,或燃油箱上的油管是否从上部断裂等。

（2）高压油路故障诊断

首先确认喷油泵与发动机连接可靠,高压油路连接正常,高压油管无破裂松动现象。松开喷油泵放气螺塞,按动输油泵上的手油泵,若放气螺塞出油正常,但各缸喷油器无油喷出,则为高压油路故障。

诊断高压油路故障时,应首先确定故障出自喷油泵还是喷油器。可以在发动机转动时,用手触试各缸高压油管,若感到有喷油"脉动",说明故障不在喷油泵而在喷油器;若无"脉动"或"脉动"很弱,说明故障在喷油泵。

由喷油泵引发的故障原因主要有：

① 油门拉杆处于不供油位置。
② 油量调节叉或扇形齿轮固定螺钉松动或脱落,使柱塞滞留在不供油位置上。
③ 柱塞与套筒偶件配合间隙过大。
④ 供油拉杆卡滞,使柱塞不能转动或转动量过小。
⑤ 出油阀密封不良、粘滞或其弹簧折断。

由喷油器引发的故障原因主要有:
① 针阀因积炭或烧结而不能开启。
② 针阀喷油孔被堵塞。
③ 压力弹簧调整不当。

可按照以下步骤判断故障的具体部位:
① 检查高压油管有无漏油,并旋松各缸高压油管接头以排出空气。
② 检查齿条式各调节机构扇形小齿轮的固定螺钉是否松动。
③ 若上述均正常,可在发动机转动时,用手触试各缸高压油管。若有喷油脉动,说明故障不在喷油泵而在喷油器,应对喷油器进行检查;若无喷油脉动或脉动强度很弱,说明故障在喷油泵,应拆检喷油泵。

2) 起动发动机有发动征兆但不能发动

发动机起动时排气管冒烟,但不能发动,或起动后又熄火。故障现象说明柴油已进入燃烧室,但不具备燃烧条件,不能够燃烧或燃烧不彻底。根据故障现象可以分为两种情况,一种是排气管冒白烟(发动机若在低温起动时排气管冒白烟,但在温升后排烟正常,这是正常现象);另一种是排气管冒黑烟。

(1) 排气管冒白烟

柴油发动机起动时排气管冒白烟,起动困难,虽有起动迹象,但不能发动,或起动后又熄火。出现这种故障现象一般有两种原因:一是气缸中进了水或柴油中有水,燃烧后排气管排出大量水蒸气,形成白烟;二是因为混合气形成条件差,气缸内温度较低,燃油不能很好地形成混合气,未完全燃烧便排出去,形成白烟。

由气缸进水引发的故障原因主要有:
① 柴油中有水。
② 气缸垫被冲坏或缸盖螺栓未按规定标准力矩拧紧。
③ 气缸体或缸盖存在裂纹。

由燃油燃烧不良引发的故障原因主要有:
① 低温起动预热装置失效,发动机温度过低。
② 喷油泵供油不正时,混合气形成条件较差,燃油不能很好地形成混合气燃烧。
③ 空气供给量不足,部分柴油没有燃烧便排出去,形成灰白色烟雾。
④ 供油量不足,燃油的燃烧速率低,发动机不能起动或起动后不久又熄火。
⑤ 供油量过多,气缸温度低。
⑥ 喷油器雾化不良,气缸温度低。
⑦ 喷油器针阀卡在开启位置。
⑧ 气缸压力不足,柴油达不到自燃所要求的温度。

如果排出白烟,可用手接近排气管消声器出口处。若发现手上留有水珠,说明有水进入燃烧室。可按以下步骤进行检查：

① 拔出机油尺，观察曲轴箱机油油面是否升高，机油中是否有水（机油颜色发白，说明机油被乳化），并在起动发动机时观察散热器上部有无气泡冒出。

② 若机油中有水，或在起动发动机时散热器上部有大量气泡冒出，应检查气缸垫有无烧穿漏水、气缸盖螺栓有无松动、气缸体及气缸盖有无破裂漏水等。

③ 否则，应检查柴油中是否有水。可将燃油箱及柴油滤清器排污塞打开，放出水及沉淀物。

如果发动机起动困难，排气管冒白烟，且经诊断确定气缸中没有进水，则应重点对柴油机的燃烧条件进行检查。具体检查步骤如下：

① 检查起动预热装置是否失效。
② 检查进气道是否堵塞。
③ 检查和调整喷油正时。
④ 检查喷油器喷油雾化是否不良。
⑤ 检查气缸压力是否过低。
⑥ 检查喷油泵供油是否过多或过少。

（2）排气管冒黑烟

起动时排气管冒黑烟，柴油发动机不能起动。出现这种故障现象，说明燃油已经进入燃烧室，但由于工作条件的原因，未能充分燃烧，燃油以炭化颗粒的形式由排气管排出。产生这种现象的主要原因有：

① 空气滤清器或进气道堵塞，造成进气不良。
② 喷油泵连接失准或调整不当，使供油时间过早。
③ 喷油泵供油量过多。
④ 喷油泵各缸供油量不均匀度太大。
⑤ 喷油器喷雾质量不佳或后滴。
⑥ 柴油质量低劣。
⑦ 气缸压力过低。

可按照以下步骤判断故障的具体部位：

① 首先检查进气道是否畅通。拆下空气滤清器，观察排气烟色。若排黑烟现象好转，说明故障是空气滤清器脏污所致。

② 检查供油时间是否过早，若过早应予以调整。

③ 在发动机运转时，可进行逐缸断油试验。当某缸断油时，若发动机转速明显降低，黑烟明显减少，说明该缸供油量过多；若发动机转速变化小而黑烟消失，说明该缸喷油器喷雾质量差。

④ 用上述方法仍不能排除故障时，应检查各缸喷油是否一致。检查喷油泵供油量及供油均匀度时，应在喷油泵试验台上进行。

⑤ 若以上各项均无问题，应对有故障的气缸进行气缸压力检查，以判断气缸的密封情况。

2. 柴油机动力不足

柴油发动机动力不足，是指发动机达不到其额定功率和最高转速。其故障现象主要有:柴油机运转均匀、转速提不高、排烟少;柴油机运转不均匀、排白烟;柴油机运转不均匀、排黑烟;柴油机"游车"。

1) 柴油机运转均匀、转速提不高、排烟少

(1) 故障现象

① 运转均匀,排量减少,且无力。

② 急加速时,转速不能迅速提高,且排黑烟。

(2) 故障原因

① 调速杆系调整不当。

② 喷油泵油量调节齿杆达不到最大供油位置。

③ 喷油泵扇形小齿轮松动。

④ 喷油泵出油阀密封不良。

⑤ 喷油泵柱塞磨损过量、粘滞或弹簧折断。

⑥ 喷油泵滚轮或凸轮磨损过量。

⑦ 喷油泵供油品质不良,供油量不足。

⑧ 输油泵供油不足。

⑨ 气缸压力不足。

(3) 故障诊断与排除

① 拧松放气螺塞,若放气螺塞处有很多气泡排出,说明燃油系统中有空气。应检查输油泵进油管接头到燃油箱之间管路及各接头处有无漏气现象。若有漏气,应给予修复。

② 将加速踏板踩到底,检查供油调速杆是否能达到最大供油位置。若不能,应进行调整。

③ 检查油管是否有凹陷节流现象。若有上述现象,应予以更换。检查输油泵滤网是否堵塞。

④ 拆下输油泵后检测其工作性能。输油泵性能达不到技术要求应更换。

⑤ 将限压阀拆下,在其弹簧后端面垫上一块垫片之后装复。起动发动机,若动力有所好转,则为限压阀弹簧过软,低压油路油压偏低。

⑥ 用压力表检测高压油泵出油压力,若出油压力不足,则故障为出油阀密封不良,柱塞、滚轮或凸轮磨损严重,应对高压泵进行检修和调试。

⑦ 检查调速弹簧弹力是否符合标准,若不符合标准,应拆下喷油泵检修调速器,并重新调试喷油泵。

⑧ 检查供油提前装置是否缺油,各运动件是否灵活、弹簧是否变形。若出现上述情况,应进行维修或更换。

⑨ 若以上检查均正常,应检测气缸压力。若气缸压力过低,应对发动机曲柄连杆机构进行检修。

2) 柴油机运转不均匀、排白烟

(1) 故障现象

① 发动机运转无力。

② 运转不均匀且排出灰白色烟雾或白雾。

③ 刚起动排白烟,温度升高后排黑烟。

（2）故障原因

① 喷油时间过迟。

② 气缸进水。

③ 气缸压力过低。

④ 柴油内有水。

（3）故障诊断与排除

① 若柴油机无力,排灰白色烟雾,应检查喷油泵联轴节固定螺钉是否松动、喷油时间是否过迟。

② 用干净玻璃片挡住排气管口几秒后,取出观察玻璃片上是否有水珠。若有水珠,说明气缸内进水。

③ 若发动机动力不足,且冷却液温度过高,可拆下散热器,起动发动机怠速运转,观察散热器处气泡涌出情况。若发动机在运转过程中,有很多气泡不断涌到散热器盖处,说明发动机个别气缸的气缸垫已被冲坏。

④ 逐缸进行人工断油试验,当某缸高压断油时发动机转速没有明显变化,表明该缸为故障缸。拆下故障缸的喷油器,如果喷油器上有水珠,说明此气缸渗水,应更换缸垫。

⑤ 若散热器盖处无水泡冒出或气泡量少,则说明故障原因是柴油中有水。

⑥ 若起动时排白烟,温度升高后排黑烟,表明气缸压力不足,应对发动机进行检修。

3）柴油机运转不均匀、排黑烟

（1）故障现象

① 发动机运转不均匀。

② 排气管排黑烟。

③ 加速无力并伴有敲击声。

（2）故障原因

① 空气滤清器堵塞。

② 喷油泵出油阀磨损或弹簧折断。

③ 喷油泵个别柱塞粘住或扇形齿松动。

④ 喷油泵个别凸轮或挺杆滚轮磨损过量。

⑤ 喷油泵挺杆调整螺钉调整不当或松动。

⑥ 喷油器工作不良。

⑦ 增压器工作不良。

⑧ 气缸压缩压力过低。

（3）故障诊断与排除

① 拆下空气滤清器后,发动机烟色正常或黑烟量明显减少,表明滤清器堵塞,应加以清洁或更换。

② 检查涡轮增压器进、排气口是否有漏气现象。若有应及时检修。检查进入涡轮增压器的空气流量是否正常。若涡轮增压器转速慢,进气不足,应检修或更换增压器。

③ 用逐缸断油法诊断。某缸断油后,若发动机转速明显降低,黑烟量减少,敲击声减弱或消失,表明气缸供油过多;若发动机转速变化小而黑烟消失,表明该缸喷油器雾化品质差;若无变化,表明该缸不工作。

④ 检查故障缸的喷油泵柱塞副是否工作良好,扇形齿轮固定螺钉是否松动,柱塞弹簧是否折断等。若均正常,应拆检喷油器。

⑤ 若上述各项均正常,应检测故障缸的气缸压缩压力是否过低。

4)柴油机"游车"

(1)故障现象

① 发动机运转过程中,出现转速忽高忽低周期性地变化。

② 转速提不高,加速无力。

(2)故障原因

① 调速器故障。

② 调速器内部机油过脏或过少。

③ 油量调节齿杆卡滞。

④ 油量调节齿杆与扇形齿轮齿隙过大,或柱塞调节臂与油量调节拨叉配合间隙过大。

⑤ 喷油泵凸轮轴轴向间隙过大。

⑥ 油量调节齿杆或拨叉的拉杆销子松旷。

(3)故障诊断与排除

① 检查供油齿杆的松紧度,若不能前后自如移动或移动范围较小,应将齿杆与调速器连接处拆离,做进一步检查。

② 若齿杆移动灵活,表明故障在调速器;若仍只能在小范围内移动,表明个别柱塞有移动阻滞、咬住、弹簧折断的现象,应逐个检查排除。

③ 检查调速器内机油是否过脏或过少,各连接处是否松旷、变形,飞块收张是否一致。若有上述现象,应给予维修。

④ 检查喷油泵凸轮轴轴向间隙是否过大。若间隙过大,应进行维修。

⑤ 若上述各项均正常,应进一步检查是否因挺杆上升或下降时的不正常摆动,造成柴油机"游车"。

3. 柴油机运转不平稳

柴油发动机怠速不稳,运转过程中工作粗暴,或是出现"飞车"现象。

1)柴油机怠速不稳

(1)故障现象

柴油发动机不论是在冷机或热机条件下,怠速转速都不稳定。机体严重抖动,转速时高时低,甚至不能维持正常运转而熄火。

(2)故障原因

① 怠速转速太低。

② 燃油系统中有空气。

③ 喷油泵工作不正常。

④ 喷油不正时。

⑤ 喷油器堵塞或工作不正常。

⑥ 发动机支撑座胶垫松动、断裂。

(3)故障诊断与排除

① 检查发动机支撑座胶垫是否松动、断裂,从而引起发动机抖动。如有,则加以紧固或

更换。

② 起动发动机并观察发动机转速表。若转速表指示的转速值较低并伴有机体抖动现象,应检查怠速限位螺钉是否松动失调。

③ 若怠速限位螺钉正常,可稍加油使发动机转速提升到规定怠速转速,若发动机能够稳定运转,说明故障为怠速调整不当所致。

④ 在发动机怠速运转时,观察高压油管接头是否有燃油泄漏现象。若有泄漏,则是该缸工作不良,导致发动机怠速不稳,应修复或更换高压油管。

⑤ 发动机怠速运转时,松开放气螺塞,观察出油情况。如果有很多气泡自放气螺塞孔冒出,说明燃油中有空气。检查燃油箱至输油泵之间是否有漏气现象,并予以排除。

⑥ 若怠速仍不稳,可在怠速时用手分别触摸各缸高压油管,感觉各缸喷油脉冲的强弱。如果个别缸的喷油脉冲较弱,应进一步对该缸进行人工断油。若断油时发动机转速无明显变化,说明该缸工作不良,应将该缸喷油器拆下校验。

⑦ 急加速时,若发动机有明显的金属敲击声,说明喷油时刻可能过早;若发动机转速迟滞一下后才缓慢提高,说明喷油过迟。喷油不正时,应重新进行调整。

⑧ 若以上检查均正常,应检测发动机各缸的气缸压力。各缸的压力差不应大于规定值。

2) 柴油机工作粗暴

柴油机工作粗暴是指在工作时,气缸内混合气的温度和压力急剧升高,致使燃烧室壁、活塞、曲轴等机件产生强烈振动,并通过气缸壁传到外部而产生强烈的敲击声。

(1) 故障现象

① 发动机发出有节奏的金属敲击声,急加速时响声增大,排气管冒黑烟。

② 气缸内发出低沉不清晰的敲击声。

③ 敲击声没有节奏并排黑烟。

(2) 故障原因

① 喷油泵喷油时间失准。

② 喷油器雾化不良。

③ 进气通道或空气滤清器堵塞。

④ 各缸喷油不均。

⑤ 喷油器滴油。

⑥ 选用的柴油牌号不当。

⑦ 发动机支架螺栓松动、支架断裂、胶垫老化、破损脱落。

(3) 故障诊断与排除

当柴油机产生类似敲缸声时,应首先确定是着火敲击还是机件敲击。

① 进行急减速试验。着火敲击声在急减速时暂无,随后会又出现;机件敲击声会连续发响。

② 如果响声均匀,说明各缸工作情况基本相同。故障原因主要与喷油正时、进气、柴油性能等方面有关。

③ 进行急加速试验。若响声尖锐,排气管冒黑烟,通常是喷油时间过早,应调迟;若加速困难、声调低沉、排气管冒白烟,是喷油时间过迟,应调早。

④ 若调整喷油正时的效果不明显,则应检查空气滤清器是否堵塞、进气通道是否畅通。若进气通道畅通,但仍有响声,则应检查柴油牌号是否适当。

⑤ 如果响声不均匀,说明各缸工作情况不一致。可用单缸断油法找出工作不良的气缸。

⑥ 若怀疑某气缸喷油器工作不良,可换用其它喷油器试验。若这时声响消失,表明故障在喷油器。

⑦ 若怀疑某缸供油量过大,可用减油法试验。若是某缸供油量过大,减油后,响声和排烟应消失。若减油后故障现象减弱,但并不消失,只有断油后才完全消失,则说明故障原因在喷油时间过早。

3）柴油机"飞车"

柴油机的转速失去控制,快速旋转不止的现象称为"飞车"。若汽车运行中出现"飞车"现象,应立即采取断油或断气等措施,使发动机在最短时间内熄火。否则,会造成严重事故。

(1) 故障现象

柴油机在运转过程中,尤其是全负荷或超负荷运转过程中,突然卸荷后,转速自动升高,超过额定转速而失去控制。

(2) 故障原因

产生"飞车"的原因主要有两个方面:一方面是喷油泵调速器本身的故障,使其失去正常的调速特性;另一方面是在柴油机在运转过程中,有额外的柴油或机油进入燃烧室燃烧。

与喷油泵调速器的有关的故障有:

① 加速踏板拉杆或喷油泵供油调节齿杆卡滞,使其卡在额定供油位置上。

② 油量调节齿杆和调速器拉杆脱节。

③ 柱塞的油量调节齿圈固定螺钉松动,使柱塞失去控制。

④ 调速器的高速限制螺钉或最大供油量调整螺钉调整不当。

⑤ 调速器内机油过多或机油太脏、黏度过大,使飞块甩不开。

⑥ 调速器因飞块组件卡滞、锈蚀、松旷或解体等原因失去效能或效能不佳。

与燃烧室进入额外的柴油或机油有关的故障有:

① 气缸窜机油,使机油进入燃烧室燃烧。

② 油浴式空气滤清器存油过多,被吸入燃烧室。

③ 带增压器的柴油机,由于增压器油封损坏,机油进入燃烧室燃烧。

(3) 故障诊断与排除

无论是正在行驶或是怠速运转的汽车,一旦出现"飞车",首先要采取措施设法立即熄火,避免事故发生。若汽车在行驶中,千万不要脱挡或踩下离合器,应紧急制动直到发动机熄火。对于正在空转的发动机,则立即采用断油或断气的方法,使发动机熄火。

发动机熄火后,可按照以下步骤诊断与排除故障:

① 反复踩动加速踏板或移动喷油泵操纵臂,从喷油泵外部或拆下侧盖,从内部检视供油拉杆的轴向活动情况。若供油拉杆不能轴向活动,故障可能是由于供油拉杆在其支承孔内因缺油、锈蚀等原因卡滞而不能回位上造成的。

② 打开调速器上盖,检查调速器飞块组件与供油拉杆的连接是否脱开;调速器内机油

是否加得太多或机油黏度太大;调速器飞块组件是否卡滞、锈蚀、松旷或散架。

③ 拆下喷油泵调速器总成,在试验台上进行检修并调试合格后再装机。

④ 若供油系良好,应检查气缸有无额外进入的燃油或机油,如空气滤清器或增压器的机油是否渗入气缸;气缸密封性如何,是否窜入机油等。

第八节 发动机异响故障的检测与诊断

发动机正常运转时,其响声是一种平稳而有节奏、协调的声音。若发动机在工作中产生超出规定的响声,则称其为发动机异响。发动机异响常见为气体冲击金属异响和金属冲击金属异响,如图2-59所示。

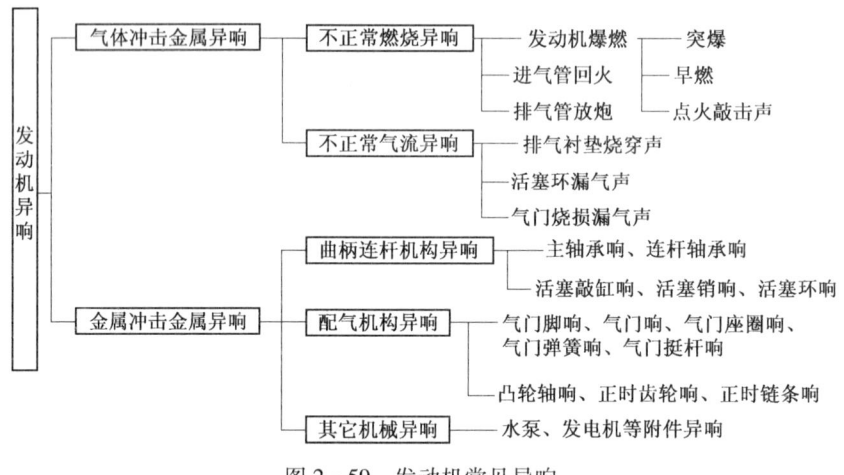

图2-59 发动机常见异响

一、异响诊断依据

在判断是否为发动机异响时,可借助下列各种变化和现象作出正确的诊断。

1. 工作循环

与发动机工作循环有关的声响故障及判断中,若发动机曲柄连杆机构或配气机构中的某些运动件发响,则会明显地与工作循环有关(如活塞敲缸响、气门脚响、连杆轴颈响、活塞销响)。

2. 负荷

有些声响故障是与发动机负荷有关,负荷越大异响就越明显。根据异响随负荷变化的规律和特点就可判定故障的性质和位置。例如:发动机稳定在怠速运转,就可听到清晰的活塞敲缸响;而不严重的连杆轴承响则需要急抖节气门才能听到;活塞敲缸响和连杆轴承响都有在单缸断火后异响减弱或消失的特点,利用这一特点不仅能确定故障的性质,而且还能找出故障的位置。

3. 温度

有些声响故障与发动机温度有关。某些声响将会因为发动机温度升高而减轻甚至消失(如活塞敲缸响),有些声响将因温度升高而加重。

4. 转速

大多数常见的异响,表现在发动机的转速变化状态上。例如:有些声响在发动机急加速时出现(主轴承和连杆轴承发响);有些在发动机急减速时更为明显(如曲轴折断、活塞销衬套松旷等);活塞敲缸响在发动机的低速段最明显;连杆轴承响在发动机的中速段最明显等。

5. 振动

发动机有异响时,在发动机主要部位就会有振动,其振动频率与异响声的频率相一致。结合这个特点可基本判断故障部位。

6. 配合间隙

当润滑、温度、负荷和速度等一定时,异响是随配合间隙的增大而变得明显的。如活塞与缸套的配合间隙越大,响声也越明显。

7. 部位

异响部位一般离故障位置较近,据此可以判定是什么机构、总成或系统出现故障,从而缩小诊断故障的范围。如:异响在气门室处明显,说明气门机构有故障;在曲轴箱内异响明显,说明活塞、活塞销、连杆或曲轴轴承有故障等。

8. 连响与间响

连响提指曲轴每转一周响一次,间响是曲轴每转两周响一次。气门机构所发出的响声属于间响,活塞连杆组间隙过大发出的响声一般也是间响。这是由于摩擦副配合间隙较大,活塞在工作行程中产生的冲击所造成的。如果活塞顶部与气缸盖相撞,更换活塞环时未刮缸口或燃烧室里进入异物,所发出的撞击声一般都是连响。

9. "上缸"与"反上缸"

将某缸单缸断火后,响声减弱或消失,复火时又重新出现,称该响声"上缸";若单缸断火后响声增强或出现,称"反上缸"。配气机构所发出的响声一般不"上缸"。活塞、活塞销、连杆衬套及轴瓦由于配合间隙过大所发出的响声一般都"上缸"。活塞有破损、连杆螺栓松脱、连杆轴瓦合金严重脱落,有时容易造成"反上缸"。

诊断异响故障时,除应注意上述现象之外,还可采用排除法进行判断。例如发动机出现异响时,若怀疑空气压缩机有问题,可松开空气压缩机的传动皮带,若在松开空气压缩机传动皮带后响声消失,说明该响声与空气压缩机及其旋转部件有关;若响声仍不消失,应考虑是主机及其他部件发响。

此外根据危害程度区分,发动机异响可分为良性异响和恶性异响两种。所谓良性异响,是指在短期内不会对机件造成明显损坏的异响。例如,气门间隙稍大所发出的碰击声,发动机怠速运转时空气滤清器发出的振动声等。所谓恶性异响,是指能很快造成机件严重损坏的响声。发动机有明显的"上缸"响声时,应引起足够的注意,特别是"反上缸"响声及汽车所发出的沉重或振动较大的响声,都属于恶性响声。若此种响声随着温度、转速及负荷的升高而增大,则应立即停车检查。

二、常见发动机异响故障的诊断

1. 曲轴主轴承异响

1) 故障现象

发动机稳定运转时声响不明显,急加速或负荷较大时,发出较沉重、有力、有节奏的"当当"声,严重时机体振抖。

2) 故障原因

(1) 因主轴颈磨损失圆造成的主轴承配合间隙过大或配合不良。

（2）机油压力太低或机油变质，润滑不良。

（3）主轴承盖螺栓松动，轴承合金脱落、烧损和轴承破裂等。

（4）曲轴弯曲

3）故障诊断

可根据以下方法及特征，确认曲轴主轴承异响故障：

（1）改变发动机转速，转速增高，响声增大，中速向高速过渡时响声明显，急加速异响明显。

（2）低速时，用手微微抖动并反复加大节气门，同时仔细察听异响，如响声随转速升高而增大，抖动节气门时在加速的瞬间响声较明显，一般是主轴承松旷。

（3）如在急速或低速时响声较明显，高速时杂乱，可能是曲轴弯曲。

（4）如在高速时有较大振动，油压显著降低，一般是主轴承松旷严重、烧损或减摩合金脱落。

（5）负荷增大时，响声加大，负荷变化时响声较明显。

（6）发动机温度变化时，异响变化不明。

（7）单缸断火时，响声不变（末道主轴承响，响声减弱），相邻两缸均断火时，响声明显减弱。

（8）发动机跳火1次，发响2次，即每工作循环响2次。

（9）润滑不良时，响声加重，一般有明显的油压降低现象。

（10）反复抖动节气门，从加机油口（或曲轴箱通风管口）处听诊，可听到明显的沉重有力的金属敲击声。

（11）用听诊器触在油底壳或曲轴箱与曲轴轴线齐平的位置上听诊，响声最强的部位即为发出异响的主轴承。

（12）主轴承异响往往会伴随有油压降低现象，严重时发动机振抖，尤其是在高速或大负荷时。

2. 连杆轴承异响

1）故障现象

发动机急速运转时无异响或响声较小，急加速时有较重且短促的"当、当、当"明显连续的敲击声。这是连杆轴承响的主要特征，严重时急速也能听到明显响声。连杆轴承响比主轴承响清脆、缓和、短促。

2）故障原因

（1）连杆轴承或轴颈磨损，使配合间隙过大或配合不良。

（2）油压过低，或机油变质，或连杆轴颈油道堵塞，致使润滑不良。

（3）连杆轴承盖螺栓松动或折断。

（4）连杆轴承尺寸不符，引起转动或断裂。

（5）连杆轴承减摩合金脱落或烧毁。

3）故障诊断

可根据以下方法及特征，确认连杆轴承异响故障：

（1）改变发动机转速，急速时声响较小，中速时较为明显，稍稍加大节气门有连续的敲击声，急加速时敲击声随之增加，高速时因其他杂音干扰而不明显。

（2）使发动机急速运转，然后由急速向低速、由低速向中速、再由中速向高速加大节气门进行试验,同时结合单缸断火法,并在加机油口处听诊,响声随转速的升高而增大,抖动节气门时,在加油的瞬间异响突出。响声严重时,在任何转速下均可听到清晰、明显的敲击声。

(3) 负荷增大,响声加剧。

(4) 发动机温度变化时,响声通常不变,但有时也受机油温度的影响。

(5) 单缸断火,响声明显减弱或消失,但复火时又能立即出现,即响声"上缸"。但当连杆轴承松旷过甚时,单缸断火声响无明显变化。

(6) 点火1次,发响2次,即每工作循环响2次。

(7) 连杆轴承响声在油底壳侧面较大。如用听诊器触在机体上听诊,响声不十分清晰,但在加机油口处或曲轴箱通风管口处直接察听,可清楚听到连杆轴承敲击声。

(8) 连杆轴承响伴随有油压明显降低现象,严重时机体振抖,这有别于活塞销响和活塞敲缸。可用手将螺丝刀或听诊器抵住缸体下部或油底壳处,当触及相应的故障缸位时有明显振动感。

3. 活塞敲缸

活塞敲缸是指活塞上下运动时在气缸内摆动或窜动,其头部或裙部与气缸壁、缸盖碰撞发出的响声。通常专指活塞与气缸壁间隙较大,活塞上下运动时撞击气缸壁发出的响声。发动机敲缸包括冷态敲缸、热态敲缸。冷敲缸或热敲缸较为严重时,也会导致冷热均敲缸。

1) 活塞冷态敲缸

(1) 故障现象

发动机怠速或低速运转时,在气缸的上部发出清晰而明显的、有节奏的"哒、哒、哒"的连续不断的金属敲击声,严重时响声变沉重,即为"当、当、当"声响。

(2) 故障原因

① 活塞与气缸壁配合间隙过大。

② 活塞裙部腐蚀,或气缸磨损过大。

③ 油压过低,气缸壁润滑不良。

(3) 故障诊断

可根据以下方法及特征,确认活塞冷态敲缸故障:

① 怠速或低速时比较清晰,中速以上运转时异响减弱或消失。

② 负荷加大,响声加大。

③ 一般冷车时响声明显,热车后响声减弱或消失,即冷敲缸,严重时冷热均敲缸,并伴有振抖。

④ 将发动机置于异响明显的转速下,进行单缸断火试验,响声明显减弱或消失。

⑤ 曲轴转1圈,发响1次,且有节奏性,转速提高响声加快。

⑥ 润滑不良响声加重。

⑦ 将听诊器或听诊杆触在机体上部两侧进行听诊。若响声较强并稍有振动,再结合断火试验,即可确定出异响气缸。

⑧ 伴随现象。排气管排蓝烟、缸压降低等。用手将螺丝刀或听诊器抵紧气缸侧部触试,有明显振动感。

2) 活塞热态敲缸

(1) 故障现象

发动机冷态不响,热车后怠速发响,并伴有机体轻微抖动,且温度越高,响声越大,即为热态敲缸。热态敲缸要及时排除,否则转化成拉缸事故。

(2) 故障原因

热态敲缸的故障原因为连杆轴颈与主轴颈不平行、连杆弯曲、连杆衬套轴向偏斜等造成的活塞偏缸,活塞配合间隙过小、椭圆度过小或反椭圆、活塞变形等造成的活塞过紧,活塞环端隙、背隙过小造成的活塞环卡滞等。

(3) 故障诊断

可根据以下方法及特征,确认活塞热态敲缸故障:

① 怠速或低速时比较清晰,转速越高响声越大。

② 负荷加大,响声加大,且温度越高响声越大。

③ 若发动机低温时不响,而温度升高后在怠速时发出急剧而有节奏的"嗒、嗒"声,单缸断火时,其声响变化不大,则为活塞变形或活塞环装配过紧所致。

④ 若发动机低温时不响,而温度升高后在中、高速时发出急剧而有节奏的"嘎、嘎"声,单缸断火时,其声响变化不大,则为连杆变形或连杆装配不当所致。

⑤ 发动机热起动后即敲缸,且单缸断火声响加大,表明该缸敲缸现象严重,也可能已经产生了拉缸,应立即停机检修,以免造成更为严重的故障。

4. 活塞销异响

1) 故障现象

发动机在怠速、低速和从怠速向低速抖动节气门时,发出响亮、尖脆而有节奏的"嘎、嘎、嘎"金属敲击声,类似两个钢球相碰的声音,呈上下双响。略将点火时间提前,声响加剧,在同样转速下比活塞敲缸响连续而尖锐。

2) 故障原因

(1) 活塞销与销孔、连杆衬套磨损严重,配合间隙过大。

(2) 卡环松旷、脱落。

(3) 润滑不良等。

(4) 活塞销断裂。

3) 故障诊断

可根据以下方法及特征,确认活塞销异响故障:

(1) 转速变化时,响声也随之周期性变化,加速时声响更大,在发动机转速稍高于怠速时比较明显,比轴承响清脆。

(2) 抖动节气门,从怠速向低速加速时,响声能随转速的变化而变化,且在转速升高的瞬间,发出清脆、连续而有节奏的响声。

(3) 温度上升,响声没有减弱,甚至更明显。有时冷车时响声小,热车时响声大。

(4) 单缸断火时,响声减弱或消失。复火时响声会明显出现 1 响或连续 2 响。严重时,在响声较大的转速下进行断火试验时,往往响声不消失且变得杂乱。

(5) 用螺丝刀或听诊器抵触在发动机上侧部或气缸盖上察听,同时变换转速,在气缸壁上部听诊比在下部明显。若响声不明显,可略将点火时间提前,这时响声会较前明显,特点是上下双响,声音较脆。

(6) 若转速越高,响声越大,单缸断火时响声反而杂乱,则故障为活塞销与衬套间隙过大。

（7）急速运转时,响声为有节奏而较沉重的响声,提高转速声响不减,同时伴有机体轻微抖动,断火试验响声加重,则说明活塞销自由窜动。

（8）若急加速时声响尖锐而清晰,断火试验响声减轻或消失,则很可能是活塞销折断。

5. 气门脚异响

1）故障现象

急速时,在气门室处发出连续不断的有节奏的"嗒嗒嗒"声,响声清脆有节奏,易区分。若有多只气门脚响,则声音杂乱,且断火试验响声无变化。

2）故障原因

（1）气门脚润滑不良,或因磨损、调整不当造成气门间隙过大。

（2）气门间隙处两接触面不平。

（3）气门杆与气门导管配合间隙过大。

（4）摇臂轴配合松旷。

3）故障诊断

可根据以下方法及特征,确认气门脚异响故障：

（1）转速增高响声增大,节奏加快。急速、低速时响声明显,中速以上变得模糊杂乱。

（2）负荷、温度、缸位对气门脚响无影响,断火试验响声无变化。

（3）急速下在气门室或气门罩处听诊异响非常明显,气门脚响清脆有节奏,在发动机周围就能听到较为清晰的响声。

（4）将气门室盖拆下,在急速时用适当厚度的厚薄规插入气门间隙处,若响声消失或减弱即可确诊为该气门间隙过大。

（5）也可用厚薄规检查或用手晃试气门间隙,间隙最大的往往是最响的气门。

（6）为进一步确诊是气门脚响还是气门落座响,可在气门间隙处滴入少许机油,如瞬间响声减弱或消失,说明是气门脚响；如响声无变化,说明是气门落座响。

6. 液压挺杆异响

1）故障现象

发动机急速运转时发出有节奏的金属敲击声,中速以上响声减弱或消失。用听诊器听查,凸轮轴附近响声明显,进行断火试验,响声无变化。

2）故障原因

（1）挺杆与导孔配合面磨损严重。

（2）挺杆液压偶件磨损。

（3）机油供油不足。

3）故障诊断与排除

可根据以下方法及特征,确认液压挺杆异响故障：

（1）改变发动机转速并用听诊器察听响声的变化。急速时发动机顶部响声明显,中速以上响声减弱或消失,断火试验响声无变化,即为液压挺杆响。

（2）具体部位可用听诊器根据响声变化来判断。在起动时液压挺杆有不大的响声是正常的(润滑油未充分进入液压挺杆)。

（3）在发动机转速达到2500r/min后,继续运转2min,若挺杆仍有响声,应先检查调整机油压力。若机油压力正常,则应更换液压挺杆。

7. 点火敲击响

1) 故障现象

汽油机空转急加速或负荷较大时,发出尖锐、清脆的"嘎啦、嘎啦"的金属敲击响,好像几个钢球撞击的声音,随转速升高而逐渐消失。

2) 故障原因

汽油机点火敲击响是由突爆和早燃引起的。突爆发生在火花塞点火之后,而早燃发生在火花塞点火之前,突爆可引起早燃,早燃又促进突爆,两者相互促动,因此很难进行区别。其主要原因为混合气过稀、汽油质量差、辛烷值太低、点火时间过早、压缩比过高、燃烧室积炭过多、发动机过热、负荷过大等。

3) 故障诊断

路试是诊断点火敲击响常用的可靠方法。热车后以最高挡最低稳定车速行驶,然后将加速踏板急速踩到底,如在急加速中发出"嘎啦、嘎啦"的强烈响声并长时间不消失,而当稍抬加速踏板时响声又会立即减弱或消失,再加速时又重新出现,即可确诊为点火敲击响。

第九节 发动机排放的检测

随着发动机工业的发展和发动机保有量增加,发动机排放的污染物已成为大气主要污染公害之一,它严重影响了人的身体健康,已成为严重的社会问题。因此,对发动机排放的检测,也是发动机检测中重要的检测项目。

一、发动机排气污染物的主要成分及危害

1. 发动机排气污染物的主要成分

汽油发动机排放的污染物主要是一氧化碳(CO)、碳氢化合物(HC)和氮氧化物(NO_x)。柴油发动机排放的污染物主要是NO_x和碳烟微粒(PM)。排气中还可能含有硫化物及其他一些有害气体。

2. 排气污染物的危害

1) 一氧化碳(CO)

一氧化碳是汽油烃类成分燃烧的中间产物,理论上,当混合气空燃比≥14.7时,即在氧气充足的情况下,排气中将不含CO而代之产生CO_2和未参加燃烧的O_2。但现实中由于混合气的分布并不均匀,总会出现局部缺氧的情况。当空气量不足,即混合气空燃比≤14.7∶1时,必然会有部分燃料不能完全燃烧而生成CO。

一氧化碳是一种无色、无刺激的气体,是汽车及内燃机排气中有害浓度最大的成分。一氧化碳与血液中的血红蛋白结合的速度比氧气快250倍。一氧化碳经呼吸道进入血液循环,与血红蛋白亲合后生成碳氧血红蛋白,从而削弱血液向各组织输送氧的功能,危害中枢神经系统,造成人的感觉、反应、理解、记忆力等机能障碍,重者危害血液循环系统,导致生命危险。所以,即使是微量吸入一氧化碳,也可能给人造成可怕的缺氧性伤害。

2) 碳氢化合物HC

排气中的碳氢化合物是由未燃烧的燃料烃、不完全氧化产物以及燃烧过程中部分被分解的产物所组成的。碳氢化合物总称烃类,是发动机未燃尽的燃料分解产生的气体,汽

排放污染物中的未燃烃的20%~25%来自曲轴箱窜气,20%来自汽油的蒸发,其余55%由排气管排出。

单独的HC只有在浓度相当高的情况下才会对人体产生影响,一般情况下作用不大,但它却是产生光化学烟雾的重要成分。

3) 氮氧化合物(NO_x)

氮氧化合物主要是指由排气管排出的一氧化氮NO和二氧化氮NO_2。发动机排气中的NO_x是由于燃烧室内高温燃烧而产生的,空气中的氮经过氧化首先生成NO,然后与大气中的氧相遇又成为NO_2。

高浓度的NO能引起神经中枢的障碍,并且容易氧化成剧毒的NO_2,NO_2有特殊的刺激性臭味,严重时会引起肺气肿。在二氧化氮浓度为9.4mg/m³的空气中暴露10min,即可造成人的呼吸系统功能失调。

HC与NO_x的混合物在紫外线作用下进行光化学反应,由光化学过氧化物而形成的黄色烟雾,该现象称为"光化学烟雾"。其主要成分是臭氧(O_3)、醛类、硝酸脂类等多种复杂化合物。这种光化学烟雾对人体最突出的危害是刺激眼睛和上呼吸道黏膜,引起眼睛红肿和喉炎。

4) 碳烟(PM)

碳烟是柴油发动机燃料燃烧不完全的产物,其内含有大量的黑色碳颗粒。碳烟能影响道路上的能见度,并因含有少量的带有特殊臭味的乙醛,往往引起人们恶心和头晕。为此,包括我国在内的不少国家都规定了最大允许的烟度值,并规定了测量方法。

5) 硫化物

汽车尾气中的硫化物的主要成分是二氧化硫(SO_2)。当汽车使用催化净化装置时,就算很少量的SO_2也会逐渐在催化剂表面堆积,造成催化剂中毒,不但影响催化剂的使用寿命,还危害人体健康,而且SO_2还是造成酸雨的主要物质。

6) 二氧化碳

世界工业化进程引起的能源大量消耗,导致大气CO_2的剧增。其中30%约来自汽车排气。CO_2为无色无毒气体,对人体无直接危害,但大气中的CO_2大幅度增加,因其对红外热辐射的吸收而形成的温室效应,会使全球气温上升、南北极冰层融化,海平面上升,大陆腹地沙漠趋势加剧,使人类和动植物赖以生存的生态环境遭到破坏。由于CO_2是含碳燃料燃烧的必然产物,所以对汽车产业界来说,降低CO_2排放就是要求降低汽车的油耗。

上述污染物的排放中,汽油机排放的CO、HC、NO_x均比柴油机多,碳烟的排放则柴油机高于汽油机。

二、汽油发动机排气污染物的检测

1. 汽油车排气污染物的检测标准

2005年,我国制定并颁布了GB18285—2005《点燃式发动机汽车排气污染物排放限值及测量方法》,该标准规定了点燃式发动机汽车怠速和高怠速工况排气污染物排放限值及测量方法(双怠速法及简易工况法)。它是我国目前关于点燃式发动机汽车排气污染物限值及测试方法的最新国家标准。

按照GB18285—2005《点燃式发动机汽车排气污染物排放限值及测量方法》的规定,装用点燃式发动机的新生产汽车,排气污染物排放限值见表2-1。

表2-1 新生产汽车排放污染物排放限值(体积分数)

车 型	急速 CO/%	急速 HC/×10^{-6}	高急速 CO/%	高急速 HC/×10^{-6}
2005年7月1日起新生产的第一类轻型汽车	0.5	100	0.3	100
2005年7月1日起新生产的第二类轻型汽车	0.8	150	0.5	150
2005年7月1日起新生产的重型汽车	1.0	200	0.7	200

2. 汽油发动机排气污染物的检测原理

国家对汽油发动机急速排放污染物规定了限值,并特别指出对于汽油发动机排气污染物,应采用不分光红外线分析仪(NDIR)进行检测。

发动机排气中的CO、NO、HC和CO_2等气体,都分别具有吸收一定波长范围红外线的性质,而红外线被吸收的程度与排气浓度之间有一定的关系,如图2-60所示。不分光红外线检测法就是根据这一原理,即排气吸收一定波长红外线后能量的变化,来检测排气中各种污染物的含量。在各种气体混在一起的情况下,这种检测方法具有测量值不受影响的特点。

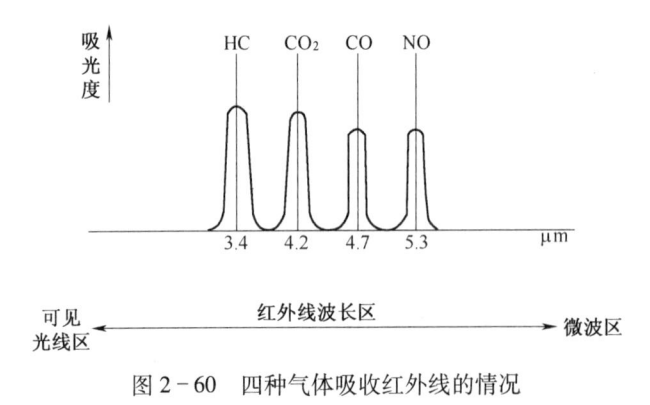

图2-60 四种气体吸收红外线的情况

3. 不分光红外线气体分析仪

利用不分光红外线检测法制成的分析仪,根据检测的气体的数目,可分为单气体分析仪、两气体分析仪、四气体分析仪和五气体分析仪。

单气体分析仪仅能检测CO或HC等气体一种气体的含量;两气体分析仪能检测CO和HC两种气体的含量;四气体分析仪能检测CO、HC、CO_2、O_2四种气体的含量和过量空气系数(λ);五气体分析仪能检测CO、HC、CO_2、O_2、NO_x五种气体的含量和过量空气系数(λ)。

五气体分析仪主要由取样探头、把手、前置过滤器、取样管及仪器主机等几部分组成,如图2-61所示。取样探头用于插入排气管内收集废气;前置过滤器用于过滤废气中的灰尘和杂质;仪器主机包括除水器、粉尘过滤器、风扇、转速传感器、油温传感器等,主要用于对气体含量进行分析、处理,结果的显示和打印等。不同厂家生产的五气体分析仪的外观及面板布置会存在部分差异,但其基本组成及功能大致相同。

图 2-61　五气体分析仪

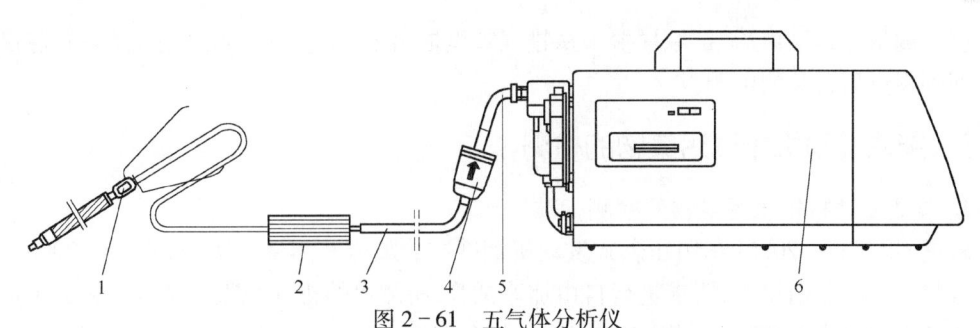

1—取样探头；2—把手；3—取样管；4—前置过滤器；5—短导管；6—仪器主机。

4. 汽油发动机污染物的检测方法

按照 GB18285—2005《点燃式发动机汽车排气污染物排放限值及测量方法》的规定，点燃式发动机汽车应在急速和高急速两种工况下测量。

急速工况是指：发动机运转；离合器处于接合位置；油门踏板与手油门处于松开位置；变速器处于空挡位置。

高急速工况是指用油门踏板将发动机转速稳定控制在50%额定转速或制造厂技术文件中规定的高急速转速时的工况。在 GB18285—2005《点燃式发动机汽车排气污染物排放限值及测量方法》中，轻型发动机的高急速转速规定为 2500±100r/min，重型车的高急速转速规定为 1800±100r/min。具体方法如下：

1）仪器准备

（1）按仪器使用说明书的要求做好各项检查工作。

（2）接通电源，按操作说明书要求预热仪器并进行自动泄漏检查。

（3）仪器自动调整到零点。

（4）把取样探头置于洁净空气中，完成分析仪抽气流量检查。如抽气流量不符合要求，应对照操作说明书，仔细检查取样探头、前置过滤器、粉尘过滤器等是否堵塞。

2）受检车辆或发动机的准备

（1）被检测车辆处于制造厂规定的正常状态，发动机进气系统应装有空气滤清器，排气系统应装有排气消声器，并不得有泄漏。

（2）发动机上应安装转速计、点火正时仪、冷却液和润滑油测温计等测量仪器。测量时，发动机冷却液和润滑油温度应不低于80℃，或者达到发动机使用说明书规定的热车状态。

3）测量步骤

（1）安装取样探头。将取样探头插入排气管中，深度不少于400mm，并固定在排气管上。

（2）高急速状态检测。发动机从急速状态加速至70%额定转速，运转 30s 后降至高急速状态。维持 15s 后，由具有平均值功能的仪器读取 30s 内的平均值，或者人工读取 30s 内的最高值和最低值，其平均值即为高急速污染物测量结果。对于使用闭环控制电子燃油喷射系统和三元催化转化器的发动机，还应同时读取过量空气系数（λ）的数值。

（3）急速状态检测。发动机从高急速降至急速状态，维持 15s 后，由具有平均值功能的仪器读取 30s 内的平均值，或者人工读取 30s 内的最高值和最低值，其平均值即为急速污染物测量结果。

（4）以上检测中，若发动机为多排气管时，取各排气管测量结果的算术平均值作为测量结果；若发动机排气管长度小于测量深度时，应使用排气加长管。

（5）测量工作结束后,把取样探头从排气管里抽出来,让它吸入新鲜空气 5min,待仪器指针回到零点后再关闭电源。

三、柴油发动机排气污染物的检测

1. 柴油发动机排气污染物的检测标准

根据 GB3847—2005《车用压燃式发动机烟度排放限值及测量方法》规定,对 2005 年 7 月 1 日起生产的在用汽车,要求进行自由加速试验,所测得的排气光吸收系数不应大于该汽车型式核准的自由加速排气烟度排放限值再加 0.5 m^{-1}。

标准规定的自由加速试验应该在车上进行,试验前不应长工时间怠速,以免燃烧室温度降低或积污。被检车辆的每个自由加速循环的起点均应处于怠速状态。对于装用重型汽车柴油机的车辆,将油门踏板放开后至少应等待 10s。在进行自由加速测量时,必须在 1s 内将油门踏板快速、连续地完全踏到底,使喷油泵在最短时间内供给最大供油量。

对每一个自由加速测量,在松开油门踏板前,发动机必须达到断油点转速。对带自动变速箱的车辆,则应达到制造厂申明的转速（如果没有该数据值,则应达到断油转速的 2/3）。关于这一点,在测量过程中必须进行检查。例如:监测发动机转速;或延长油门踏到底后与松开油门前的间隔时间,对于重型汽车,该间隔时间应至少为 2s。

2. 采用不透光式烟度计测量排气烟度

在自由加速工况下采用不透光式烟度计,从排气管中抽取一定量的排气（或者全部的排气）,通过不透光式烟度计的平行光源,检测黑烟对平行光照射的阻挡程度,来判定该试验车辆的烟度排放是否满足标准。这种试验方法称为采用不透光式烟度计测试的自由加速烟度法。

不透光式烟度计测试的是黑烟阻挡光通过的程度,计量单位是光吸收系数,以 m^{-1} 表示。典型的不透光式烟度计由主机 4、连接电缆 3、测量单元 2 及取样探头 1 等组成,如图 2-62 所示。

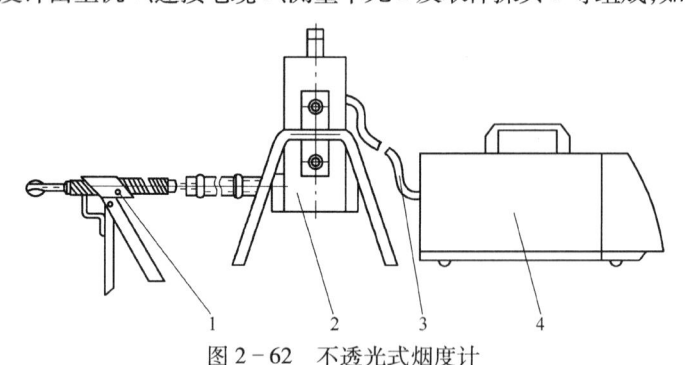

图 2-62 不透光式烟度计

具体方法如下:

1）仪器的准备

（1）检测系统连接。按操作说明书要求,完成检测仪器取样探头、测量单元及主机的连接,各连接部位不得漏气。

（2）进行仪器预热。按操作说明书要求,通电后预热仪器。

（3）仪器校准。按仪器提示步骤进行仪器校准。

2）车辆的准备

（1）必须确保发动机处于热状态,并且机械状态良好,排气系统不得有泄漏。

(2) 安装监测仪表。在被检车辆的发动机上安装转速测量仪、润滑油温度测量仪。发动机润滑油温度应不低于80℃,发动机也应处于正常运转温度。因车辆结构无法进行温度测量时可以通过其它方法使发动机处于正常运转温度。

(3) 采用至少三次自由加速过程或其它等效方法对排气系统进行吹拂。

3) 不透光式烟度计的安装要求

(1) 取样探头与排气管的横截面积之比不应小于0.05,在排气管中探头开口处测得的背压不应超过735kPa。

(2) 探头应是一根管子,其开口端向前并位于排气管或其延长管的轴线上。探头应位于烟气分布大致均匀的断面上。为此,探头应尽可能地放置在排气管的最下端,必要时放在延长管上。

(3) 取样系统应保证在发动机所有转速下,不透光式烟度计内样气的压力在限值范围内。

(4) 连接不透光式烟度计的各种管子应尽可能地短,管道应从取样点倾斜向上至不透光式烟度计,且应避免出现急弯。

4) 测量方法

(1) 应保证管插入深度不小于300mm,否则排气管应加接管,并保证接口不漏气。

(2) 发动机在每个自由加速循环的起点均处于急速状态。对重型车发动机,将加速踏板放开后至少要等待10s。

(3) 将取样探头插入汽车排气管内,汽车保持急速状态,仪器确定起动和停止试验的域值。

(4) 急速状态检测完成后操作员按仪器提示"请加速",迅速踩下车辆的油门踏板,使发动机升至高转速,当仪器出现"请减至急速,并保持"的提示后,立即松开油门踏板,使发动机恢复到急速状态。

(5) 仪器在急剧加速的过程排烟的不透光超过起动域值时,开始自动采集数据一直到不透光将到停止域值时,从采样的数据中找出最大值,作为本次的测量结果。

(6) 汽车自由加速试验至少应重复6次,如果光吸收系数示值连续4次均在$0.25m^{-1}$的带宽内,并且没有连续下降趋势,则将这4次示值的算术平均值作为测量结果。

[复习思考题]

1. 什么是稳态测功?什么是动态测功?如何进行?
2. 如何进行发动机气缸压缩压力的检测?检测过程中应注意哪些问题?
3. 发动机冷却系统的常规检查主要包括哪些内容?如何进行?
4. 发动机润滑系统的常规检查主要包括哪些内容?如何进行?
5. 如何利用点火正时灯进行点火正时的检查?
6. 如何利用燃油压力表判断汽油发动机燃油系统的技术状况?
7. 按技术操作规程,对柴油发动机喷油泵、输油泵、柱塞及出油阀偶件进行检测。
8. 如何检测及调整柴油发动机的供油正时?
9. 如何利用示波器检测喷油器的技术状况?
10. 汽油发动机排气污染物的主要成分是什么?有何危害?
11. 简述汽油发动机排气污染物的检测方法。

第三章 底盘与车身的检测与故障诊断

【学习目标】
1. 熟练掌握传动系统的常规检查方法。
2. 了解传动系统的性能检测方法。
3. 掌握传动系统常见故障的诊断方法。
4. 熟练掌握转向系统的常规检查方法。
5. 掌握转向系统的性能检测方法。
6. 掌握转向系统常见故障的诊断方法。
7. 熟练掌握行驶系统的常规检查方法。
8. 掌握离车式车轮动平衡检测方法。
9. 了解就车式车轮动平衡检测方法。
10. 掌握车轮定位的检测方法。
11. 了解转向轮侧滑和悬架的性能检测方法。
12. 掌握行驶系统常见故障的诊断方法。
13. 熟练掌握制动系统的常规检查方法。
14. 了解制动系统的性能评价指标及制动性能的检验方法。
15. 掌握制动系统常见故障的诊断方法。
16. 了解前照灯检测标准及检验方法。
17. 了解车速表误差的测量原理及检测方法。
18. 了解汽车噪声的形成原因及检测方法。

第一节 传动系统的检测与故障诊断

现在汽车上普遍采用的是机械式和液力机械式传动系统。机械式传动系统由离合器、变速器、万向传动装置、主减速器和差速器等组成。轿车上广泛采用液力机械式,以液力变矩器和自动变速器取代机械式传动系统中的摩擦式离合器和普通齿轮式变速器,其他组成部件与机械式传动系统相同。

在汽车的运行过程中,传动系统的功能会逐渐下降、传动效率逐渐降低。因此,在汽车的使用过程中,要加强传动系统的检测与故障诊断,以确保汽车正常运行和安全行驶。

一、传动系统的常规检查

1. 离合器及其操纵机构的检查

1) 储液罐液面高度的检查

检查离合器主缸储液罐内离合器液(制动液)面的高度,如图 3-1 所示。如果液面高度低于"MIN"的标记,则应补加,并要进一步检查离合器液压操纵机构是否有泄漏部位。

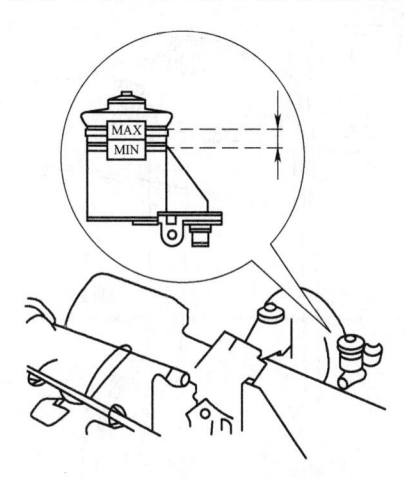

图 3-1 储液罐液面高度检查

2) 液压操纵机构的泄漏检查

检查离合器液压操纵机构是否存在泄漏现象。如图 3-2 所示,主要检查主缸与油管、工作缸与油管及油封等部位是否有离合器液的痕迹。若存在泄漏现象,应及时予以修理。

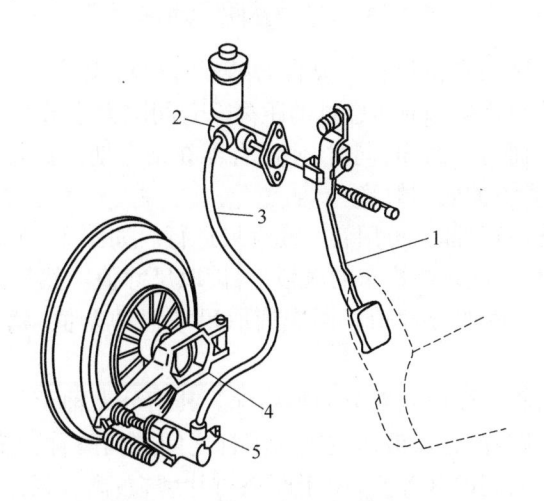

图 3-2 离合器液压操纵机构
1—离合器踏板;2—主缸;3—油管;4—分离叉;5—工作缸。

3) 离合器踏板的检查

(1) 踩下离合器踏板,检查是否存在踏板回弹无力、异响、踏板过度松动、踏板沉重等故障。若存在上述现象,应及时予以调整或修理。

（2）检查离合器的踏板高度。离合器踏板高度的检查如图3-3所示,掀起地毯或地板革,用直尺测量地面到离合器踏板上表面的距离。如果超出标准,应调整踏板高度。离合器踏板高度的调整,可以通过踏板后的限位螺栓进行。

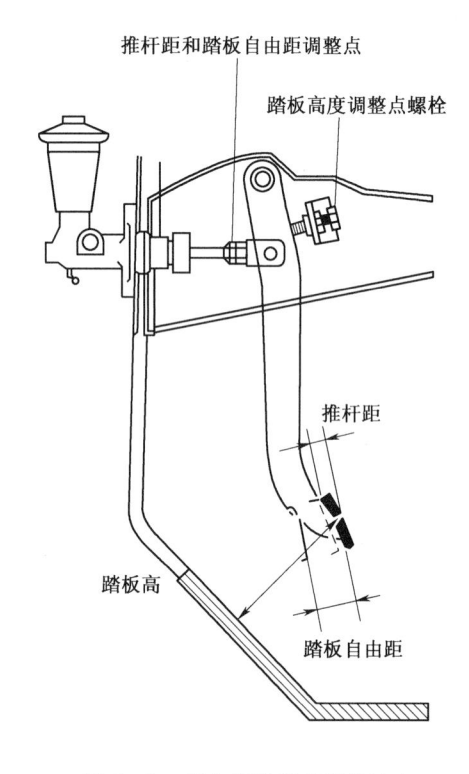

图3-3 离合器踏板高度的检查

（3）检查离合器的踏板自由行程。离合器踏板自由行程是离合器踏板从踩下到分离轴承与分离杠杆或膜片弹簧接触时所经过的距离。若间隙太小甚至没有,将使分离轴承因与分离杠杆长时间接触而迅速磨损;同时,使离合器在结合期间出现"打滑"故障。如间隙太大,离合器将出现分离不彻底的故障。

检测离合器踏板自由行程时,可用卷尺或直尺进行。如图3-3所示,将卷尺或直尺放在离合器踏板的旁边,使一端顶在汽车的底板上,读取尺寸值。然后,将离合器踏板踩到刚好将自由行程消除,再次读取尺寸值。两次读取尺寸值的差值,就是离合器踏板的自由行程。

离合器踏板自由行程主要由两部分间隙引起。其中分离轴承与膜片弹簧（分离杠杆）之间的间隙称为分离间隙;离合器液压主缸与推杆之间的间隙称为推杆间隙（某些轿车上是钢索接头与套管端头之间的间隙）。由于摩擦衬片磨损,离合器踏板自由行程将会发生改变,因此应定期检查离合器踏板的自由行程。

采用液压式操纵机构的离合器,一般是通过对主缸推杆的长度的调整,改变踏板自由行程。调整时,先将主缸推杆锁紧螺母旋松,然后转动主缸推杆,从而调整踏板的自由行程。调整后,应将锁紧螺母旋紧。有些车辆的操纵机构具有自调装置,如捷达轿车,可以免除离合器踏板自由行程的调整。

4）离合器工作情况的检查

车辆可靠驻停,拉起驻车制动手柄。起动发动机,发动机怠速运转,踩下离合器踏板,换到1挡或倒挡,检查是否有噪声、是否换挡平稳。如果存在上述现象,说明离合器分离不彻底,应进一步检查并排除故障。

2. 手动变速器的检查

1）齿轮油渗漏的检查

如图3-4所示,检查手动变速器壳体的各接触面之间有无齿轮油渗漏。检查轴和拉索伸出的区域、油封、齿轮油排放塞和加注塞有无渗漏。

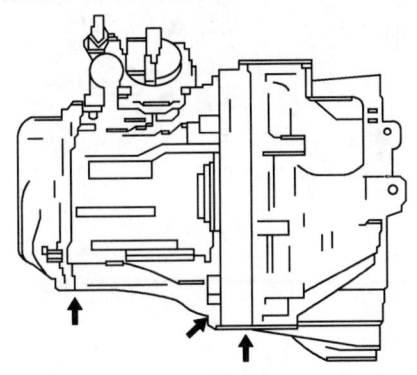

图3-4 齿轮油渗漏部位的检查

2）油位的检查

（1）手动变速器的油位检查。如图3-5所示,从手动变速器上拆下油加注塞,将手指插入塞孔,并且检查油与手指接触的位置。

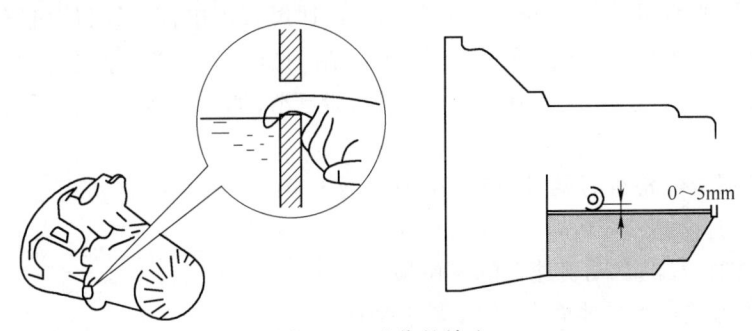

图3-5 油位的检查

（2）手动变速器的油位应不低于油加注塞孔0~5mm。如果油位低于规定动作要求,则应从油加注塞孔处添加油液。

3）油质的检查

（1）将车辆平稳地停放在举升机上,并举升至一定高度。

（2）拆下手动变速器齿轮油加注塞,排放少许齿轮油,观察油液是否出现颜色变深、浑浊、金属屑,以及有无烧焦异味等。如果油液有变质情况,应进行更换。

3. 自动变速器的检查

1）自动变速器油渗漏的检查

（1）如图3-6所示,检查自动变速器壳体的各接触面之间有无齿轮油渗漏。

（2）检查轴和拉索伸出的区域、油封、自动变速器油排放塞和加注塞有无渗漏。
（3）检查管道和软管连接区域有无渗漏。

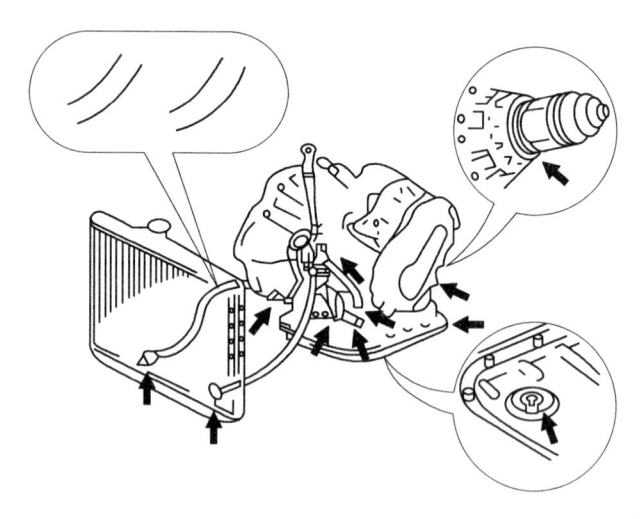

图 3-6　自动变速器油渗漏部位的检查

2）液位检查

各种型号自动变速器油面高度都有明确规定。原则上油面高度的标准为：在液力变矩器及各挡执行元件的活塞都充满油之后，油面高度应在行星排等旋转零件的最低位置之下，以免在运行中自动变速器油被剧烈地搅动而产生泡沫；但油面的高度必须高于阀体总成与自动变速器壳体的安装结合面，以免在工作中渗入空气，影响各个控制阀的正常工作。

自动变速器的油面过高，可能使油从加油管或通风管喷出，严重时使机罩内起火，控制阀体上的排油孔被堵塞，排油不畅，影响离合器、制动器平顺分离，导致自动变速器换挡不稳；自动变速器的油面过低，可能使离合器、制动器打滑，加速性能变坏，行星齿轮系统润滑不良。

自动变速器液位检查有两种方法：一种适用于带有油标尺的自动变速器；另一种适用于带有溢流管的自动变速器。

（1）带有油标尺的自动变速器的液位检查步骤。
① 将汽车停放在水平地面上，并拉紧手制动。
② 让发动机怠速运转，使自动变速器的油温达到 70~80℃，踩住制动踏板，将操纵手柄拨至倒挡（R）、前进挡（D）、前进低挡（S，L 或 2，1）等位置，并在每个挡位上停留几秒钟。
③ 在各挡位来回移动 2~3 回，使液力变矩器和所有的换挡执行元件中都充满液压油，最后挂入空挡（N 挡）或驻车挡（P 挡）位置。
④ 拔出自动变速器油尺，将油尺擦干净后再全部插入原处后拔出，检查油尺上的油面高度。如图 3-7 所示，油尺有几种不同的类型，双刻度线式、三刻度线式、四刻度线式。
⑤ 对于双刻度线式的油尺，如果自动变速器处于冷态（即冷车刚刚起动，液压油的温度较低，为室温或低于 25℃时），液压油油面高度应在油尺刻线的下限附近；如果自动变速器处于热态（如低速行驶 5min 以上，液压油的温度已达 70~80℃时），液压油油面高度应在油尺刻线的上限附近。

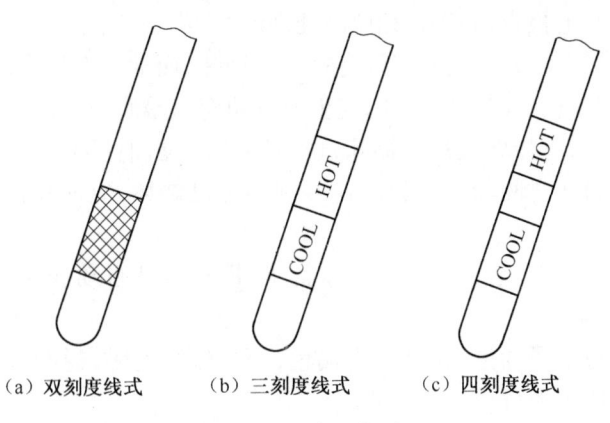

　　　　(a) 双刻度线式　　　(b) 三刻度线式　　　(c) 四刻度线式

图 3-7　油尺类型

⑥ 对于三刻度线式或四刻度线式的油尺,也应根据自动变速器的油温进行检查,冷车时油面应在冷态的刻线范围内,热车时油面应在热态的刻线范围内。

⑦ 检查完毕后,将油尺插好。

(2) 带有溢流管的自动变速器的液位检查步骤(以大众 01M 自动变速器为例)

① 检查前,应保证自动变速器控制单元不准进入应急状态,ATF 油温不能超过 30℃。

② 将车辆水平放置于举升机上,使发动机怠速运转,且操纵手柄置于驻车挡(P 挡)位置。

③ 连接故障诊断仪,输入地址码"02",进入自动变速器电控系统,选择 08 功能下 05 数据组,观察第一显示区 ATF 油温值。

④ 当油温达到 35~45℃时,溢流管处应刚好有油滴出,说明油量正好。若无油滴出,则需补加 ATF 油直至溢流管处有油滴出为止。

⑤ 更换螺塞的密封圈,用 15N·m 力矩拧紧螺塞。

3) 油质检查

自动变速器在正常工作温度下,在一定的行驶里程后(一般 10 万~20 万千米,不同车型有不同规定)必须换油。即使不行驶,若放置一年以上,也必须将自动变速器油全部更换。此外,当自动变速器油的油质变差时,也应予以更换。

检查自动变速器油的质量时,通常以其颜色、成分或气味来进行分析。纯净的自动变速器油略带桃红色或红色(德国大众公司部分车型的自动变速器油为浅黄色),自动变速器油变脏、变色或液体中含有固体粉末,都表明自动变速器可能过热或内部有机件损坏。

为检查自动变速器油的颜色,应当起动发动机,把油尺拉出,用清洁、不起毛的布擦净,以便提取观察油样。检查时将油尺上的油液滴在干净的白纸上,检查油样的颜色和气味,要仔细查看油样,并把结果按下列标准进行比较:

(1) 油样清晰且颜色正常,表明自动变速器机械状况良好。

(2) 油样呈棕褐色,但闻不出烧焦的糊味,也不含颗粒,表明自动变速器油已过期。应更换自动变速器油和滤清器滤芯。

(3) 油样呈暗棕褐色,而且较脏,含有固体颗粒,并带有烧焦的糊味,表明自动变速器一直过热,而且内部有机件损坏。对所含颗粒进行检查,黑色颗粒可能是离合器或制动带的材料,银白色带闪亮的颗粒可能是隔套或止推垫圈的材料。不管是哪一种情况,均须拆下油底壳进行进一步的检查,并进行相应的处理。

(4) 油样呈暗黑色,而且较脏,但没有烧焦的糊味,而油尺上出现固体颗粒和晶莹的亮点,表明自动变速器油已经混有防冻液,应更换自动变速器油。

(5) 油样呈黑色,有强烈烧焦的糊味,也有固体颗粒,油尺上还有黑色发亮的迹点,通常表明自动变速器过热时间较长,或离合器、制动带已烧坏,应拆开自动变速器,进行分解检查。

(6) 油样呈乳状粉红色,说明油液受水污染,即有水从自动变速器加油管或通气管进入,应更换自动变速器油。

(7) 油样中好像加了油漆,亮且呈黑褐色,而且较脏发黏,说明由于加油过多或过热,油已被氧化、变质,应更换自动变速器油。

(8) 影响油液和自动变速器使用寿命的重要因素之一是油液的温度。而影响油液温度的主要因素是液力变矩器出现故障,或是离合器、制动器分离不彻底,单向离合器滑转和油冷却器堵塞等。所以油液温度过高或急剧上升,是十分重要的危险信号,说明自动变速器内部可能存在故障,应立即进行检查。

4) 节气门拉索(杆)的检查

节气门的开度将影响自动变速器的换挡时间。发动机熄火后,节气门应全闭;当油门踩到底时,节气门应全开。节气门拉索的索芯不应松弛,索套端和索芯上限位之间的距离应在0~1mm之间。若节气门拉索调整不当,则:对于液力自动变速器来说,会导致换挡时刻不正常,造成换挡过早或过迟,使汽车加速性能变差或产生换挡冲击;对于电子控制自动变速器来说,会导致主油路压力异常,造成油压过低或过高,使换挡执行元件打滑或产生换挡冲击。

节气门拉索的常见形式如图3-8所示。限位标记进入套管,说明节气门拉索过紧;限位标记距套管过远,说明节气门拉索过松。

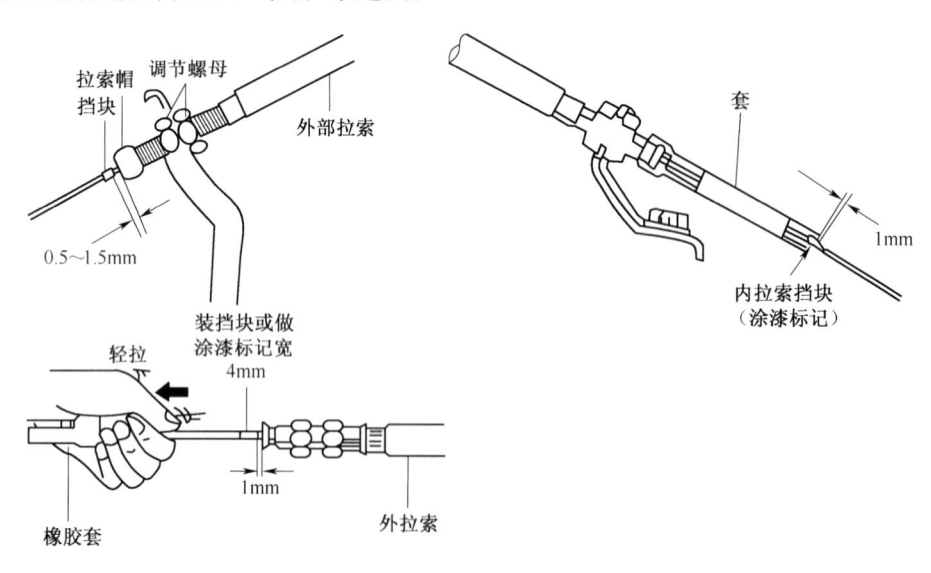

图3-8 节气门拉索

在自动变速器和发动机修理后,装复节气门拉索时,均应按规定要求检查和调整气门拉索。具体的检查及调整步骤如下：

（1）推动油门踏板连杆，检查油门是否全开。如油门没有全开，则应调整油门踏板连杆。

（2）把油门踏板踩到底，将调整螺母拧松，调整油门拉线，使橡皮套与拉线止动器间的距离为0～1mm，拧紧调整螺母。

（3）重新检查调整情况，必要时再次调整。

5）变速杆位置的检查和调整

变速杆调整不当，会使得变速杆位置与自动变速器阀板中手动阀的实际位置不符，造成挂不进停车挡或前进低挡，或变速杆的位置与仪表盘上挡位指示灯的显示不符，甚至造成在空挡或停车挡时无法起动发动机。

变速杆的调整方法如下：

（1）拆下变速杆与自动变速器手动摇臂之间的连接杆。

（2）将变速杆拨至空挡位置。

（3）将手动摇臂向后拨至极限位置（停车挡位置），然后再退回两格，使手动摇臂处于空挡位置。

（4）稍稍用力，将变速杆靠向"R"位方向，然后连接并固定变速杆与手动摇臂之间的连杆。

6）空挡起动开关的检查和调整

将变速杆拨至各个挡位，检查挡位指示灯与变速杆位置是否一致，位于"P"位和"N"位时发动机能否起动，位于"R"位时倒挡灯是否亮起。发动机应只能在空挡（"N"位）和驻车挡（"P"位）起动，在其他挡位不能起动。若有异常，应对空挡起动开关进行调整。一般在空挡时，自动变速器的控制拉臂应与地面垂直。

空挡起动开关的具体调整位置因车型而异，一般调整方法如下：

（1）松开挡位开关的固定螺栓，将变速杆放在"N"位。

（2）如图3-9(a)所示，将槽口对准空挡基准线。有些自动变速器的挡位开关上刻有一条基准线，调整时应将基准线和手动阀摇臂轴上的槽口对齐，如图3-9(b)所示。也有一些自动变速器的挡位开关上有一个定位孔，调整时应使摇臂上的定位孔和挡位开关上的定位孔对准。

（3）调整完毕后，固定住位置，拧紧螺栓。

二、传动系统的性能检测

1. 传动效率的检测

发动机发出的功率P_e，经传动系统传至驱动轮的过程中，若传动系统输出功率为P_k，则传动系统的传动效率为

$$\eta_m = P_k/P_e$$

式中　P_k——驱动车轮输出功率(kW)；

　　　P_e——发动机飞轮输出功率(kW)。

从底盘测功试验台上测出驱动车轮的输出功率，与发动机飞轮的输出功率进行对比，即可计算出传动效率。

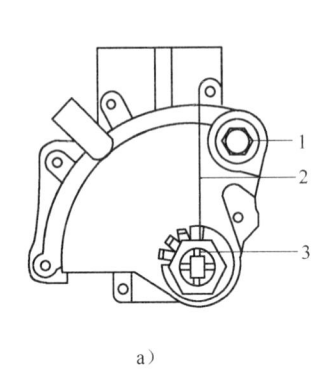

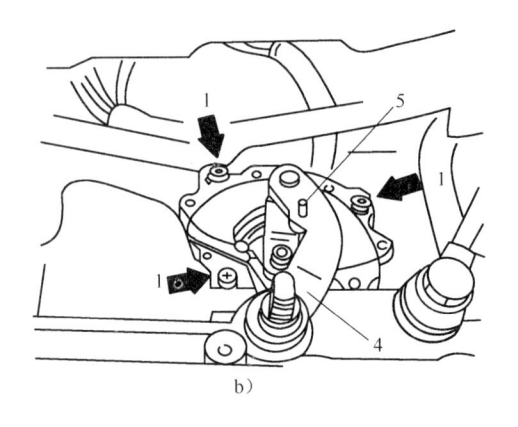

图 3-9 空挡起动开关的检查和调整

1—固定螺栓；2—基准线；3—槽口；4—摇臂；5—调整用定位销传动系统的性能检测。

汽车传动系统的机械传动效率正常值见表 3-1。当被检车辆的传动效率低于表中值时，说明消耗于离合器、变速器、万向传动装置、主减速器和差速器、轮毂轴承等处的功率增加。损耗的功率主要集中在各运动件的摩擦损耗和搅油损耗上。因此，通过正确的调整和合理的润滑，传动效率会得到提高。新车的传动效率通常不是最高，只有传动系统完全磨合后，由于配合情况良好，摩擦力减小，才使得传动效率达到最大值。此后，随着车辆继续使用，由于磨损逐渐扩大，配合情况逐渐恶化，造成摩擦损失不断增加，传动效率逐渐降低。

表 3-1 汽车传动系统机械传动效率

汽车类型	传动效率
轿车	0.90~0.92
载货汽车和公共汽车	0.90
	0.84
4×4 越野汽车	0.85
6×4 越野汽车	0.80

汽车驱动车轮输出功率或驱动力的检测，即通常所说的底盘测功，在滚筒式试验台上进行，该试验台通常称为底盘测功试验台或底盘测功机（图 3-10）。

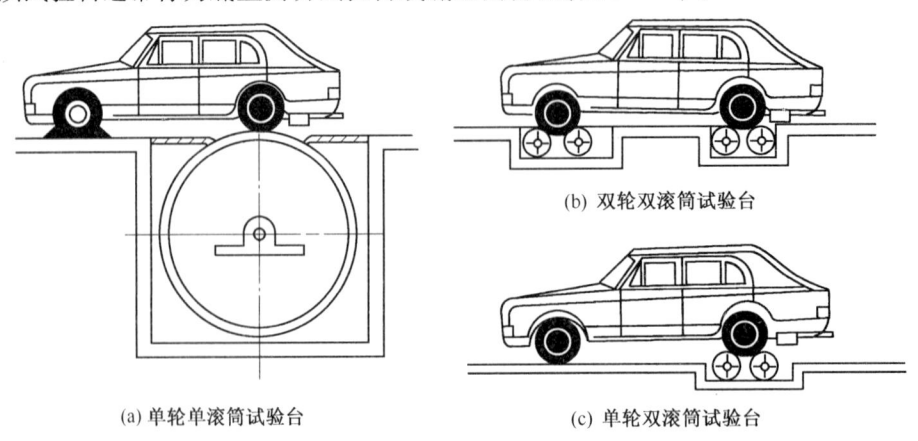

(a) 单轮单滚筒试验台

(b) 双轮双滚筒试验台

(c) 单轮双滚筒试验台

图 3-10 滚筒式底盘测功试验台

滚筒式底盘测功试验台一般由框架、滚筒装置、举升装置、测功装置、测速装置、控制与指示装置和辅助装置等组成。底盘测功试验台有单滚筒和双滚筒试验台之分,如图 3-10 所示。滚筒相当于连续移动的路面,被测车辆的车轮在其上滚动。支承两边驱动车轮的滚筒各为单个试验台,称为单滚筒试验台。单滚筒试验台的滚筒直径一般较大,一般在 1500mm~2500mm 之间。滚筒直径越大,车轮在滚筒上就越像在平路上滚动,因而测试精度高。支承两边驱动车轮的滚筒各为两个试验台,称为双滚筒试验台。双滚筒试验台的滚筒直径比单滚筒试验台小得多,一般在 185mm~400mm 之间,故测试精度相对较低。但双滚筒试验台具有安放定位方便、制造成本低等优点。

利用滚筒式底盘测功试验台测功时,一般应进行以下几方面工作。

1) 确定检测项目

利用滚筒式底盘测功试验台测功时,通常可检测以下几个项目:

(1) 发动机额定功率下驱动车轮的输出功率或驱动力。

(2) 发动机最大转矩转速下驱动车轮的输出功率或驱动力。

(3) 发动机全负荷选定车速下驱动车轮的输出功率或驱动力。

(4) 发动机部分负荷选定车速下驱动车轮的输出功率或驱动力。

2) 车辆准备

(1) 在汽车开上底盘测功试验台以前,通过路试走热全车。

(2) 调试发动机供油系、点火系等至最佳状态。

(3) 检查传动系、车轮的连接情况,必要时进行适当的调整、紧固。

(4) 检查轮胎气压,使压力达到规定值。

3) 进行检测

(1) 车辆准备好后,开到底盘测功试验台上。试验台如系双滚筒式,则应将驱动车轮置于两滚筒之间,放下举升板,并视需要对车辆进行纵向约束。

(2) 检测发动机额定功率和最大转矩下驱动车轮的输出功率或驱动力时,将变速器挂入选定挡位,松开手制动,踩下制动踏板,同时调节测功器制动力矩对滚筒加载,使发动机在节气门全开情况下以额定转速运转。

(3) 待发动机转速稳定后,读取驱动车轮的输出功率(或驱动力)、车速的数值。

(4) 在节气门全开的情况下,继续对滚筒加载,至发动机车速降至最大转矩转速稳定运转时,读取驱动车轮的输出功率(或驱动力)、车速的数值。

(5) 如需测出驱动车轮在变速器不同挡位下的输出功率或驱动力,则要依次挂入每一挡位,按上述方法进行检测。

(6) 当发动机发出额定功率时,挂直接挡,可测得驱动车轮的最大输出功率。

(7) 当发动机发出最大转矩时,挂一挡,可测得驱动车轮的最大驱动力。

(8) 发动机全负荷选定车速下驱动车轮的输出功率或驱动力的检测,是在踩下制动踏板,同时调节测功器制动力矩对滚筒加载,使发动机在节气门全开情况下,以选定的车速稳定运转进行的。

(9) 发动机部分负荷选定车速下驱动车轮的输出功率或驱动力的检测,与发动机全负荷选定车速下驱动车轮的输出功率或驱动力的检测方法相同,只不过发动机是在选定的部分负荷下工作的。

2. 汽车滑行距离的检测

汽车滑行距离是指汽车加速至某一预定车速后挂空挡,利用汽车具有的动能来行驶的距离。汽车滑行距离的长短可反映汽车传动系统阻力的大小,据此可判断汽车传动系统的总体技术状况。滑行距离可用路试法或底盘测功机检测。

1) 用路试法检测滑行距离

路试时,用汽车五轮仪作为检测仪器。汽车通常以 30 km/h 或 50 km/h 的车速进入良好的水平路面后摘挡滑行,同时起动测试仪器,测出汽车滑行距离。为提高检测精度,实测时:一是要确保试验的初始车速为规定车速;二是在试验路段需往返各进行一次滑行距离的检测,取两次检测的算术平均值作为检测结果。

2) 用底盘测功机检测滑行距离

汽车检测前应运行至正常工作温度,检测时,汽车驱动轮带动滚筒及其飞轮旋转,当驱动车轮达到预定车速时,摘挡滑行,则贮存在底盘测功机旋转质量中的动能、驱动轮及传动系统旋转部件的动能释放出来,使汽车驱动轮及传动系统旋转部件继续旋转,直至滑行的驱动轮停转。此时,测功机滚筒滚过的圆周长即为汽车的滑行距离,它可通过底盘测功机的测距装置测出。

3. 离合器打滑的检测

离合器打滑会使发动机的动力不能有效地传递到驱动车轮上去,并使离合器自身过热,磨损加剧、烧焦,甚至损坏。离合器是否打滑,可用打滑频闪测定仪进行检测。该仪器由闪光灯、高压电极等组成,如图 3-11 所示。诊断时发动机火花塞高压线给仪器内高压电极输入电脉冲信号。火花塞跳火一次,闪光灯就亮一次,且闪光频率与发动机转速成正比。具体检测步骤如下:

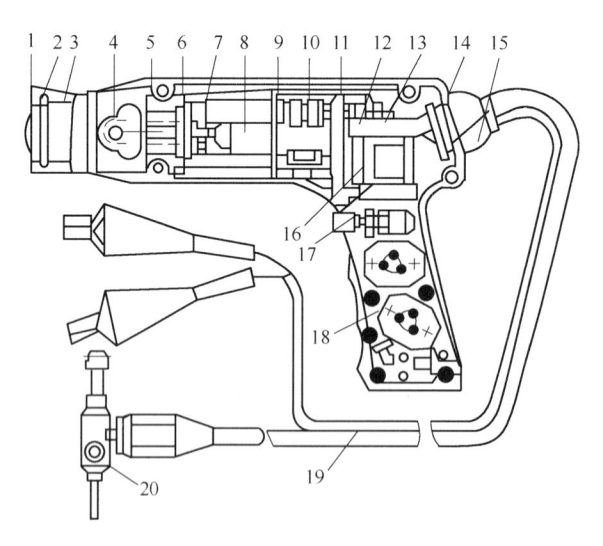

图 3-11 离合器打滑频闪测定仪

1—环;2—透镜;3—框架;4—闪光灯;5—护板;6、9、11、12、18—隔板;7—电阻器;8、10—电容器;13—二极管 14—支持器;15—座套;16—变压器;17—开关;19—导线;20—传感接头。

(1) 将离合器打滑频闪测定仪与发动机点火系统高压电极相连。

(2) 支起驱动桥或将驱动轮置于滚筒式试验台上,必要时拉紧驻车制动。

(3) 汽车低挡起步,逐渐加挡至直接挡,使汽车驱动轮运转,并使发动机稳定在某一转速。

(4) 将闪光灯发出的光亮点投射到传动轴上预先设置的标记点上。若传动轴上的标记点与光亮同步,则离合器不打滑。

(5) 如无上述离合器打滑频闪测定仪,也可以用发动机点火频闪正时灯代替。

4. 传动角间隙的检测

传动角间隙是离合器、变速器、万向传动装置、驱动桥的角间隙之和,因此也称为传动总角间隙。传动角间隙在汽车使用过程中随行驶路程增加,将逐渐增大。因此,检测传动角间隙能表征整个传动系统的调整和磨损状况。

传动角间隙应在热车熄火的情况下进行。下面以 4×2 驱动型式、后轮驱动、驻车制动器安装在变速器后端的汽车为例进行介绍。

1) 经验检查法

用经验法检查传动系游动角度时,先分段检查传动系各部分的游动角度,然后将各部分游动角度相加,即可获得传动系的游动角度。此时,角度值只能凭经验估算,而且,应在热车熄火的情况下进行检查。检查的方法如下:

(1) 离合器与变速器角间隙的检查

① 离合器处于接合状态,变速器挂在要检查的挡上,松开驻车制动器。

② 在车下用手将变速器输出轴上的凸缘盘或驻车制动盘从一个极端位置转到另一个极端位置,两极端位置之间的转角,即为在该挡从离合器至变速器输出端的角间隙。

③ 依次挂入每一挡,可获得各挡的角间隙。

(2) 万向传动装置角间隙的检查

支起驱动桥,拉紧驻车制动器,在车下用手将驱动桥凸缘盘或驻车制动盘从一个极端位置转到另一个极端位置,两极端位置之间的转角,即为万向传动装置的角间隙。

(3) 驱动桥角间隙的检查

① 松开驻车制动器,将变速器置于空挡位置,驱动桥着地处于制动状态。

② 在车下用手将驱动桥凸缘盘或驻车制动盘从一个极端位置转到另一个极端位置,两极端位置之间的转角,即为驱动桥的角间隙。

2) 仪器检查法

汽车传动系角间隙,常用指针式角间隙检测仪或数字式角间隙检测仪,通过检测传动系游动角度测得。与经验法比较,用仪器检查可以获得较准确的游动角度。

(1) 指针式角间隙检测仪

指针式角间隙检测仪的结构如图 3-12 所示,由指针、刻度盘、测量扳手等组成。在测量过程中,刻度盘固定在主减速器壳上。测量扳一端带有 U 形卡口,以便卡在十字万向节上。为了适应多种车型,U 形卡口上带有可更换的钳口。测量扳手另一端有指针和刻度盘,可指示转动扳手的转矩值。

检测传动系角间隙时,将检测扳手卡在十字万向节上,用小于 30N·m 的转矩转动,使之从一个极端位置转到另一个极端位置,刻度盘上指针转过的角度,即为所测得的角间隙值。具体的检测方法如下:

① 传动轴综合角间隙的检测。传动轴综合角间隙由十字轴颈和滚针轴承之间的间隙,

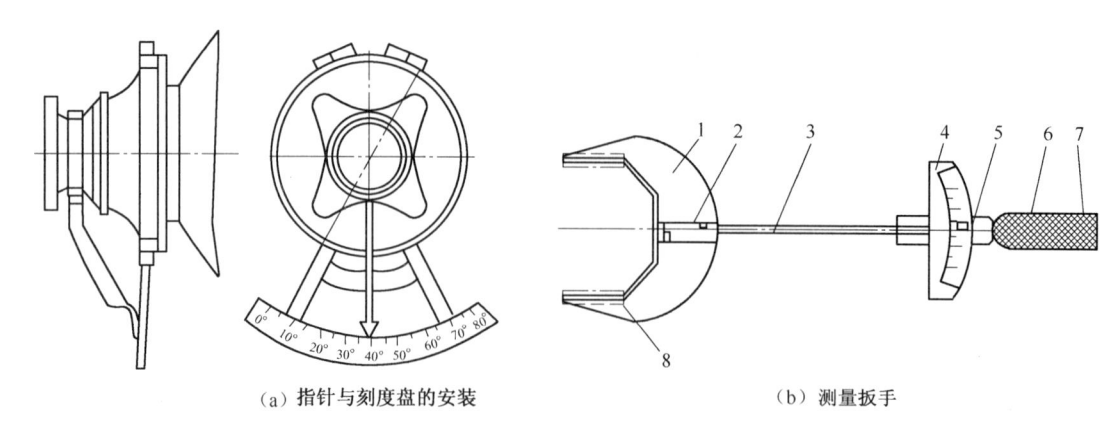

(a) 指针与刻度盘的安装　　　　　(b) 测量扳手

图 3-12　指针式角间隙检测仪

1—U 形卡口；2—指针座；3—指针；4—刻度盘 5—手柄；6—手柄套筒；7—定位套；8—可换卡钳。

以及滚针轴承与万向节间的间隙组成。测量传动轴综合角间隙时，应先将手制动器锁紧，然后用角间隙检测仪夹紧在后桥前端万向节上，按规定扭矩转动传动轴，使之从一个极端位置转到另一个极端位置。此时，刻度盘上指针转过的角度，即为所测得的传动轴综合角间隙值。

② 离合器和变速器角间隙的检测。离合器处于接合状态，松开驻车制动器，视必要可支起驱动桥。测量扳手卡在变速器后端万向节的主动叉上，依次挂入每一挡，可获得不同挡位下从离合器到变速器的角间隙。

③ 驱动桥传动齿轮综合角间隙的检测。进行驱动桥传动齿轮综合角间隙的检测时，应将变速器置空挡，驱动轮处于制动状态。用角间隙检测仪转动后桥万向节前端，测量其角间隙。

（2）数字式角间隙检测仪

数字式角间隙检测仪由倾角传感器和测量仪两部分组成。倾角传感器的外壳是一个长方形的壳体，其上部开有 V 形缺口，并配有带卡扣的尼龙带，因而可以方便地固定在传动轴上。传感器内的装置如图 3-13 所示。

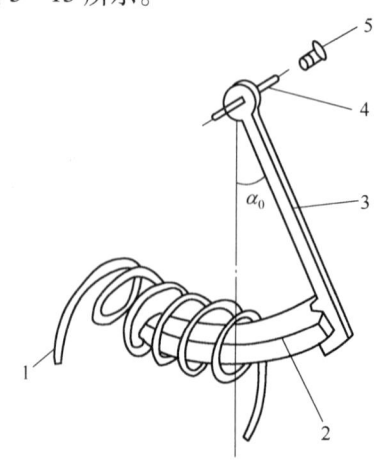

图 3-13　倾角传感器结构示意图

1—弧形线圈；2—弧形铁氧体磁棒；3—摆杆；4—心轴；5—轴承。

倾角传感器的作用是将其外壳随传动轴游动之倾斜角转换为相应频率的电振荡。这个电振荡信号输入计数器累计后,由荧光数码管显示出来。将游动范围内两个极端位置的倾角读出,其差值即为角间隙。具体的检测方法如下:

① 仪器的连接。将测量仪器接好电源,用电缆把测量仪器传感器连接好,先按使用说明书的要求对仪器进行自校,再将转换开关扳到"测量"位置上,即可进行实测。在汽车传动系统中,最便于固定倾角传感器的部位是传动轴。因此,在整个检测过程中,传感器一直固定在传动轴上。

② 万向传动装置角间隙的检测。把传动轴置于驱动桥游动范围的中间位置或将驱动桥支起,拉紧驻车制动器。左、右旋转传动轴至极端位置,测量仪便直接显示出固定在传动轴上的传感器的角度。将两个极端位置的倾斜角度记下,其差值即为万向传动装置的角间隙。此角度不包括传动轴与驱动桥之间万向节的角间隙。

③ 离合器和变速器角间隙的检测。离合器处于接合状态,松开驻车制动器,将变速器挂入选定挡位,传动轴置于驱动桥游动范围的中间位置或将驱动桥支起。左、右旋转传动轴至极端位置,测量仪便直接显示出固定在传动轴上的传感器的角度。将两个极端位置的倾斜角度记下,记下两个角度的差值。将此差值减去已测得的万向传动装置的角间隙,即为离合器和变速器在此挡位的角间隙。按上述方法,依次挂入各挡,便可测得离合器和变速器在各挡位的角间隙。

④ 驱动桥角间隙的检测。变速器置于空挡位置,松开驻车制动器,踩下制动踏板将驱动轮制动。左、右旋转传动轴至极端位置,即可测得驱动桥的角间隙。该角度包括传动轴与驱动桥之间万向节的角间隙。

3)诊断参数标准

目前,我国尚无角间隙的诊断参数标准。根据国外资料,中型载货汽车传动系角间隙应不大于表3-2所列数据(仅供诊断时参考)。

表3-2 传动系角间隙参考数据

部位	角间隙	部位	角间隙
离合器和变速器	≤5°~15°	驱动桥	≤55°~65°
万向传动装置	≤5°~6°	传动系	≤65°~86°

5. 自动变速器的试验

1)自动变速器的失速试验

在"D"位或"R"位,同时踩住制动踏板时,发动机处于最大转矩工况,而此时自动变速器的输入轴和输出轴均静止不动,液力变矩器的涡轮也静止不动,只有液力变矩器壳及泵轮随发动机一起转动,这种工况属于失速工况,此时发动机的转速称为失速转速。

由于在失速工况下,自动变速器的油温急剧上升,因此在失速试验中,加速踏板从踩下到松开整个过程的时间不得超过5s,否则会使自动变速器因油温过高而变质,甚至损坏密封圈等零件。在一个挡位试验结束后,不要立即熄火,应将变速杆置于"P"位或"N"位,让发动机怠速运转几分钟,以使自动变速器油温正常。如果在试验中发现驱动轮因制动力不足而转动,应立即松开制动踏板,停止试验。

失速试验是检查发动机、液力自动变速器及自动变速器中有关的换挡执行元器件工作是否正常的一种常用方法。

(1) 失速试验的准备

① 起动车辆,使发动机和自动变速器均达到正常工作温度(70~80℃)。

② 检查汽车的行车制动和驻车制动,确认其性能良好。

③ 检查自动变速器的油面高度,确认其高度正常。

(2) 失速试验的步骤

自动变速器的失速试验的过程如图 3-14 所示,具体步骤如下:

① 将汽车停放在宽阔的水平路面上,前后用三角木塞住。

② 对于无发动机车速表的车辆,应安装发动机转速表。

③ 拉紧驻车制动,左脚用力踩住制动踏板。

④ 起动发动机,将变速杆置于"D"位。

⑤ 在左脚踩紧制动踏板的同时,用右脚将加速踏板踩到底。读取此时发动机的最高转速,然后立即松开加速踏板。

⑥ 将变速杆置于"P"位或"N"位,使发动机怠速运转 1min 以上,防止自动变速器因油温过高而变质。

⑦ 将变速杆置于"R"位,重复上述步骤。

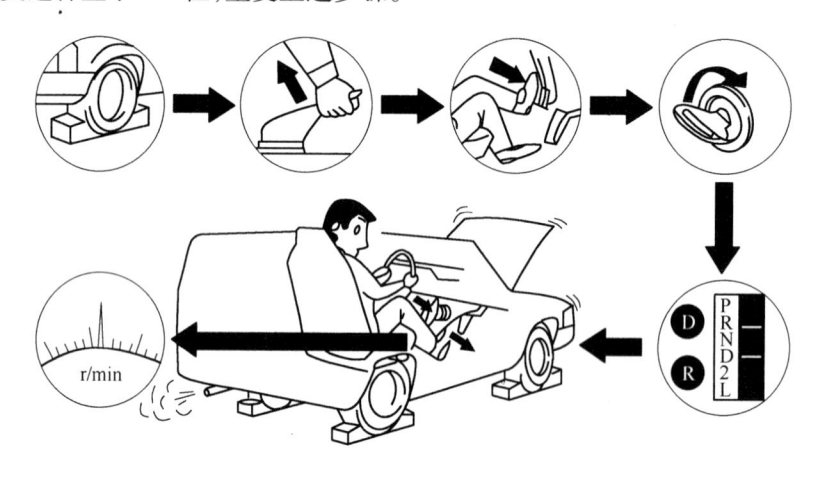

图 3-14 自动变速器的失速试验

(3) 失速试验的结果分析

通过失速试验查找故障部位。即将自动变速器的变速杆分别置于"D"位、"R"位,测试其失速转速,并与规定值进行比较。

① 若"D"位与"R"位时,失速转速相同,且均低于规定值,说明发动机功率不足。

② 若"D"位与"R"位失速转速相同,且比规定值低 600r/min 以上,说明变矩器内导轮的单向离合器打滑,使泵轮油液冲击涡轮后,又直接反向冲击泵轮,加大了泵轮的负荷,致使失速转速过低。

③ 若"D"位与"R"位失速转速均高于规定值,则为油泵泵油压力过低、油液不足、油液变质、主油路油压过低,造成本应接合工作的离合器、制动器打滑。

④ 若仅在"D"位失速转速均高于规定值,则为"D"位油路泄漏、"D"离合器或制动器

打滑。

⑤若仅在"R"位失速转速均高于规定值,则为"R"位油路泄漏、"R"离合器或制动器打滑。

2)自动变速器的时滞试验

在发动机怠速运转时,将变速杆从"N"位拨至"D"或"R"位后,需要有一段短暂时间的迟滞或延迟,才能使自动变速器完成挡位的变换(此时汽车会产生一个轻微的振动),这一短暂的时间称为自动变速器换挡的迟滞时间。时滞试验就是要测出自动变速器换挡的迟滞时间,根据迟滞时间的长短来判断主油路油压及换挡执行元件的工作是否正常。

(1)时滞试验的步骤。自动变速器时滞试验的过程如图 3-15 所示,具体步骤如下:

①起动车辆,使发动机和自动变速器均达到正常工作温度(70~80℃)。

②将汽车停放在水平路面上,拉紧驻车制动。

③将自动变速器变速杆分别置于"N"位和"D"位,检查其怠速。"D"位怠速应略低于"N"位怠速(约低 50r/min)。如不正常,应按规定予以调整。

④将自动变速器变速杆从"N"位拨至"D"位,用秒表测量从拨动变速杆开始到汽车振动为止所需的时间,该时间称为"N-D"迟滞时间。

⑤将自动变速器变速杆拨至"N"位,使发动机怠速运转 1min 后,重复做上述试验。共做三次试验,取平均值为"N-D"迟滞时间。

⑥按上述方法,将自动变速器变速杆从"N"位拨至"R"位,测量"N-R"迟滞时间。

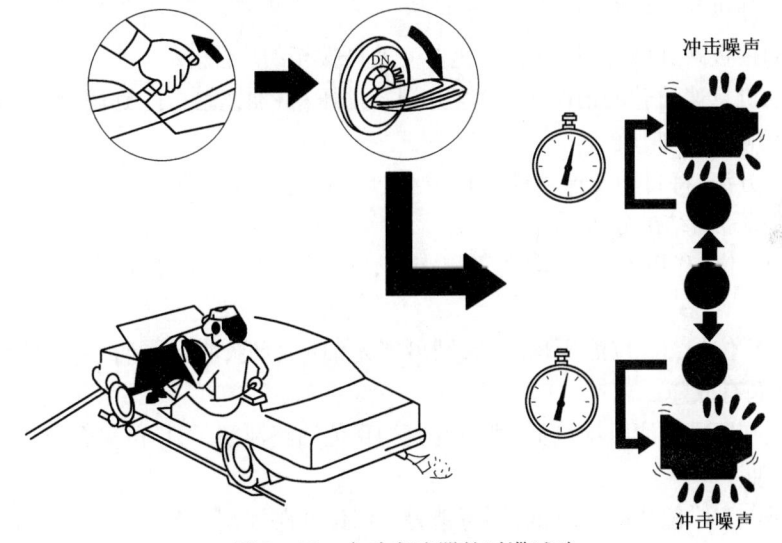

图 3-15 自动变速器的时滞试验

(2)时滞试验的结果分析

自动变速器在升挡或降挡时,油液的补充与排放是要有一段时间的。此外,若汽车行驶在阻力变化的道路上时,若迟滞时间正常,可防止频繁换挡。因此,合适的迟滞时间是非常必要的。大部分自动变速器"N-D"迟滞时间为 1.0~1.5s;"N-R"迟滞时间为 1.2~1.5s。当出现以下情况时,说明自动变速器存在故障。

①若"N-D"迟滞时间过长,说明主油路油压过低,前进挡离合器磨损严重或超速排单向离合器工作不良。

② 若"N-R"迟滞时间过长,说明"R"位油路油压过低,"R"位离合器或制动器磨损严重,超速排单向离合器工作不良。

③ 若迟滞时间过短,则可能是摩擦片间隙过小、制动带调整不当,以及油路油压过高、产生粗暴冲击。

3）自动变速器的油压试验

自动变速器油压试验的目的,是在自动变速器工作时测量其控制系统各个油路中的油压,为分析自动变速器的故障提供依据,以便有针对性地进行检修。控制系统油压正常,是自动变速器正常工作的先决条件。如果油压过低,会造成换挡执行元件打滑,加剧其摩擦片的磨损,甚至使换挡执行元件烧毁；如果油压过高,会使自动变速器出现严重的换挡冲击,甚至损坏控制系统。因此,在分解修理自动变速器之前,以及自动变速器修复之后,都要对自动变速器做油压试验,以保证自动变速器的修复质量。

进行自动变速器的油压试验时,为安全起见,测量油压时,一定要有两人配合,即一人进行测量,另一人站在车外观察车轮或车轮垫木的情况。

（1）油压试验的步骤

自动变速器油压试验的具体步骤如下：

① 起动车辆,使自动变速器油温达到正常工作温度(70~80℃)。

② 将发动机熄火,拉紧驻车制动并用垫木将四个车轮挡住。

③ 拆下自动变速器壳体上的测试塞,将量程为2MPa的油压表连接好。

④ 起动发动机并检查怠速转速是否正常。

⑤ 将制动踏板踩到底,并将自动变速器变速杆拨至"D"位。

⑥ 在发动机怠速运转的情况下,检查并记录油压；将加速踏板踩到底,使转速达到失速转速时,迅速记录最高油压。

⑦ 用同样方法,将自动变速器变速杆拨至"R"位,进行油压测试。

（2）油压试验的结果分析

① 若在"D"位与"R"位油压均高于规定值,则为主油路调压阀有故障,可调整其弹簧或增减垫片。

② 若在"D"位与"R"位油压均过低,则可能是油液不足、油泵泵油不足、主油路泄漏以及主油路调压阀有故障。

③ 若只是在"D"位油压均过低,则可能是"D"位油路泄漏、"D"位离合器以及制动器的活塞密封圈漏油。

④ 若只是在"R"位油压均过低,则可能是"R"位油路泄漏、"R"位离合器以及制动器的活塞密封圈漏油。

（3）漏油部位的检查

检查自动变速器漏油部位的方法是,对自动变速器解体后,用压缩空气通入液压阀体的油道(正吹),或通入离合器、制动器的油道(反吹),根据漏气声音,查出漏气的部位和元件。若为元件磨损过甚,应更换新件。

4）自动变速器的道路试验

道路试验是分析、诊断自动变速器故障的最有效的手段之一,此外,自动变速器在修复之后,也应进行道路试验,以检查其工作性能和修理质量。自动变速器的道路试验内容主要有:检查换挡车速、换挡质量及换挡执行元件有无打滑等。在道路试验之前,应先让汽车以中速行驶 5~10min,让发动机和自动变速器都达到正常工作温度。在试验中,如无特殊需要,通常应先将超速挡开关置于"ON"位置(即超速指示灯熄灭),并将模式开关置于普通模式或经济模式的位置。

(1) 升挡检查

① 将变速杆拨至"D"位,踩下油门踏板,并使节气门开度保持在 1/2 开度左右,让汽车起步加速,检查自动变速器的升挡情况。自动变速器在升挡时,发动机会有瞬时的转速下降,同时车身有轻微的换挡冲击感。

② 在正常情况下,汽车起步后,随着车速的升高,试车者应能感觉到自动变速器能顺利地由 1 挡升入 2 挡,随后再由 2 挡升入 3 挡,最后升入超速挡。

③ 若自动变速器不能升入高挡(3 挡或超速挡),说明控制系统或执行元件有故障。

(2) 升挡车速的检查

① 将变速杆拨至"D"位,踩下油门踏板,并使节气门开度保持在某一固定开度,让汽车起步加速,当感觉到自动变速器升挡时,记下升挡车速。

② 一般 4 挡自动变速器在节气门开度保持在 1/2 开度时,由 1 挡升入 2 挡的升挡车速为 25~35km/h;由 2 挡升入 3 挡的升挡车速为 55~70km/h;由 3 挡升入 4 挡(超速挡)的升挡车速为 90~120km/h。

③ 由于升挡车速与节气门开度有很大的关系,即节气门开度不同时,其升挡车速也不同,而且不同车型的自动变速器,各挡位的传动比的大小也不相同,其升挡车速也不完全一样,因此只要升挡车速基本保持在上述范围内,而且汽车行驶中加速良好,无明显的换挡冲击,即说明其升挡车速基本正常。

④ 若汽车在行驶中加速无力,升挡车速明显低于上述范围,说明自动变速器升挡车速过低(即过早升挡);若汽车在行驶中有明显的换挡冲击,升挡车速明显高于上述范围,说明自动变速器升挡车速过高(即过迟升挡)。

⑤ 升挡车速过低一般是控制系统的故障所致;升挡车速过高既可能是控制系统的故障所致,也可能是换挡执行元件的故障所致。

⑥ 如有必要,还可以检查在其他模式下,或变速杆位于前进低挡位置时的换挡车速,并与标准值进行比较,以作为判断故障的参考依据。

⑦ 由于降挡时刻在行驶中不易察觉,因此在道路试验中一般无法检查自动变速器降挡车速,只能通过升挡车速判断自动变速器有无故障。

(3) 升挡时发动机转速的检查

有发动机转速表的汽车在做自动变速器道路试验时,应注意观察汽车行驶中发动机转速的变化情况。它是判断自动变速器工作是否正常的重要依据之一。

① 正常情况下,若自动变速器处于经济模式或普通模式,节气门开度保持在低于 1/2 开度范围内,则汽车由起步加速直到升入高速挡的整个行驶过程中,发动机的转速都将低于 3000r/min。

② 通常发动机加速至即将要升挡时的转速,可达到 2500~3000r/min;在刚刚升挡后的短时间内,发动机转速将下降至 2000r/min 左右。

③ 如果在整个行驶过程中发动机转速始终过低,加速升挡时仍低于 2000r/min,说明升

挡时间过早,或发动机动力不足。

④ 如果在整个行驶过程中发动机转速始终偏高,升挡前后的转速可达到2500~3500r/min,而且换挡冲击明显,说明升挡时间过迟。

⑤ 如果在行驶过程中发动机转速始终过高,经常高于3000r/min,在加速时达到4000~5000r/min,甚至更高,说明自动变速器的换挡执行元件(离合器或制动器)打滑,应拆修自动变速器。

(4) 换挡质量的检查

换挡质量检查的主要内容是检查有无换挡冲击。正常的自动变速器只能有不太明显的换挡冲击,特别是电控自动变速器的换挡冲击应十分微弱。若换挡冲击太大,说明自动变速器的控制系统或换挡执行元件(离合器或制动器)打滑,应拆修自动变速器。

(5) 锁止离合器工作状况的检查

自动变速器变矩器中的锁止离合器工作是否正常,也可以采用道路试验的方法进行检查。具体检查方法如下:

① 让汽车加速至超速挡,以高于80km/h的车速行驶,并让节气门开度保持在低于1/2的位置,使变矩器进入锁止状态。此时,快速将油门踏板踩下至2/3开度,同时检查发动机转速的变化情况。

② 若发动机转速没有太大的变化,说明锁止离合器处于结合状态;反之,若发动机转速升高很多,则表明锁止离合器没有结合。

③ 锁止离合器没有结合的原因,通常是锁止控制系统存在故障,应进一步进行检查。

三、传动系统的故障诊断

1. 离合器常见故障的诊断

离合器常见的故障有打滑、分离不彻底(也称为拖滞)、接合不平顺(也称为抖动)、异响等。

1) 离合器打滑

离合器打滑的实质是摩擦时离合器所产生的摩擦力矩不足,发动机的转矩不能全部输出。

(1) 故障现象

① 离合器出现打滑,发动机的动力不能可靠地传递,表现为发动机转速过高而动力不能传给变速器等传动系统总成。

② 起步缓慢、困难。起步时,虽然抬起了离合器踏板,但汽车不能起步或起步迟缓。加油不加速。

③ 行驶中,踩下油门踏板加速车辆,但行驶速度不能随着发动机转速的增加而同步提高。

④ 汽车上坡时,明显感到动力不足,使用常规挡位爬不上相应坡道。

⑤ 离合器打滑严重时,车辆根本无法行驶。

(2) 故障原因

① 离合器操纵传动系统调整不当,离合器踏板没有自由行程,即分离轴承与分离杠杆之间没有必要的间隙,使压盘不能全力压紧从动盘。

② 离合器从动盘摩擦片磨损、烧蚀严重,铆钉外露或摩擦片沾有油污。
③ 发动机飞轮、离合器压盘或从动盘严重变形,严重影响转矩的正常传递。
④ 离合器踏板不能可靠回位。
⑤ 从动盘毂花键与变速器输入轴卡滞。
⑥ 离合器螺旋或蝶形弹簧损坏、变形或弹力不足。
⑦ 离合器盖与飞轮之间的固定螺栓松动、从动盘压力不足。

(3) 故障诊断

判断离合器是否打滑,可用离合器打滑频闪测定仪进行,也可采用经验法进行。利用经验法判断离合器打滑故障的基本步骤如下:

① 停车后,把驻车制动拉到底,使汽车完全制动。
② 分离离合器,将变速器挂入高挡。在发动机转速逐渐增加的同时,缓慢地接合离合器。
③ 这时若发动机停转,则可判断离合器不打滑;若发动机不停转,则可判断离合器打滑。

也可用转速表对离合器轻度打滑进行检测,具体检测步骤如下:

① 在汽车行驶过程中,把变速器置于1挡或2挡进行加速,待车速上升后,分离离合器。
② 将变速器挂入3挡并快速地接合离合器,同时立刻将加速踏板踩到底。此时,若发动机转速表指针一旦下降后,又上升,则表明离合器没有打滑;若发动机转速表指针没有下降而一直上升,又感觉不到加速感时,则表明离合器有轻度打滑
③ 此种方法若在坡道上进行,则更为准确。

轻度打滑的原因,主要是离合器摩擦衬片磨损严重而接近使用极限及离合器轴后部的油封有缺陷,发动机润滑油泄漏,使离合器摩擦衬片沾油所致。

(4) 故障排除

① 检查操纵传动系统,调整好离合器踏板自由行程,保证分离轴承与分离杠杆之间必要的分离间隙。
② 若摩擦片表面有油污,可用汽油清洗干净,或更换油污严重的摩擦片。
③ 检查飞轮、离合器压盘或从动盘是否变形,若变形应予以校正或更换。将离合器可靠地固定在飞轮上。
④ 检查离合器助力机构和操纵机构,调整好间隙,使离合器能够可靠地分离与接合。
⑤ 维修从动盘毂花键或变速器输入轴。
⑥ 更换失去弹性的碟形弹簧或离合器螺旋弹簧。

2) 离合器分离不彻底

离合器分离不彻底,也称离合器拖滞,其实质是当需要踩下离合器踏板,切断发动机与传动系的联系时,离合器所产生的摩擦力矩不能彻底消除。

(1) 故障现象

① 起动发动机,踩下离合器踏板,挂上挡,松开驻车制动,正常起步,在不抬离合器踏板的情况下,汽车行走或发动机熄火。
② 发动机在怠速运转时,踩下离合器踏板,挂挡感到困难,同时变速器齿轮发出撞

击声。

(2) 故障原因

① 离合器操纵系统调整不当。离合器踏板自由行程过大,使工作行程过小,离合器踏板踩到底仍不能使离合器完全分解。

② 分离杠杆高度调整不一致。

③ 离合器盖与飞轮的固定螺栓松动。

④ 从动盘、压盘翘曲不平。

⑤ 从动盘花键在变速器输入轴上移动发卡。

⑥ 新更换(或新铆)的摩擦片过厚,致使杠杆高度过低。

⑦ 离合器摩擦片松动、表面不平或表面有油污。

⑧ 压盘弹簧弹力分布不均。

⑨ 离合器扭转减振器损坏。

⑩ 膜片弹簧弹力减弱或指端磨损。

⑪ 液压操纵系统缺油或进入空气,液压操纵系统元件损坏或漏油。

⑫ 离合器分离叉座及球头磨损变形。

(3) 故障诊断

① 将驱动轮顶起离地,拉紧驻车制动手柄。

② 用三角木塞住从动轮,以防止车轮滑移。

③ 起动发动机,把变速杆置于一前进低挡,使驱动轮旋转。

④ 踩下离合器踏板,若驱动轮仍继续转动,则说明离合器分离不彻底。

(4) 故障排除

① 调整操纵传动系统,调整好离合器踏板自由行程和总行程,保证离合器分离彻底。

② 向离合器操纵系统的储油罐中加油,排除液压系统中的空气。

③ 更换液压系统中损坏的零件;拧好液压系统各管接头,消除漏油现象。

④ 维修从动盘毂或变速器输入轴花键,使两者滑动自如。

⑤ 维修从动盘扭转减振器,或更换从动盘总成。

⑥ 检修或更换从动盘。

⑦ 更换膜片弹簧或压紧弹簧。

⑧ 更换离合器分离叉座。

⑨ 将离合器盖与飞轮的连接螺栓按规定力矩拧紧。

3) 离合器接合不平顺

离合器接合不平顺,也称离合器发抖,其实质是摩擦力矩在压盘上分布不均匀。

(1) 故障现象

当汽车起步时,驾驶员按正常操作比较平缓地放松离合器踏板时,汽车不能平稳起步加速,而是间断接通动力,汽车轻微抖动,有行进振动感觉。

(2) 故障原因

① 分离杠杆高度调整不一致。

② 压盘弹簧弹力分布不均或个别弹簧折断。

③ 摩擦片有油污、从动盘翘曲不平、摩擦片铆钉外露或松动。

④ 发动机飞轮、压盘或从动盘磨偏、变形或表面不平,压紧时三者接触不良。
⑤ 动平衡遭到破坏,旋转不平衡。
⑥ 从动盘铆钉松动,发动机固定螺栓、离合器盖与飞轮固定螺栓松动。
⑦ 膜片弹簧在圆周上的弹簧力不均匀。
⑧ 离合器扭转减振器弹簧力不均匀或失去弹力。
⑨ 离合器从动盘花键毂花键磨损,变速器输入轴花键磨损或轴变形,滑动不自如。
⑩ 飞轮在曲轴上的固定螺栓松动,变速器壳在离合器上的固定螺栓松动。
(3) 故障的诊断与排除
① 检修从动盘和变速器输入轴,必要时更换。
② 消除从动盘、飞轮、压盘的变形,使离合器可靠地紧固在飞轮上。
③ 更换离合器扭转减振器弹簧,或更换从动盘。
④ 拧紧各部位连接螺栓。
4) 离合器异响
离合器异响主要是分离轴承及各零部件之间配合松旷,在使用中出现的不正常噪声。
(1) 故障现象
离合器异响主要表现为离合器分离和接合时,发出不正常的声响。
(2) 故障原因
① 离合器分离轴承损坏或润滑不良,产生干摩擦。
② 分离轴承与膜片弹簧(或分离杠杆)内端之间无间隙。
③ 分离轴承回位弹簧折断。
④ 膜片弹簧破碎。
⑤ 动平衡遭到破坏,旋转不平衡。
⑥ 离合器踏板自由行程过小。
⑦ 从动盘扭转减振器弹簧折断。
(3) 故障诊断
① 诊断前,调整离合器,使之分离彻底。把变速器放入空挡位置,发动机怠速运转,踩下离合器踏板,在汽车不移动的情况下听响声。
② 当踩下离合器踏板少许,刚接触时发出"沙沙"的响声,一般为分离轴承响。
③ 当把离合器踏板刚踩下或刚抬起的一瞬间发响,一般为从动盘毂键齿与变速器输入轴键齿配合松旷发响。
④ 当把离合器踏板踩到底时听到"哗啦哗啦"松散的金属干摩擦声,则为分离轴承损坏。
(4) 故障排除
① 更换损坏的离合器分离轴承。
② 更换损坏的摩擦片、从动盘、膜片弹簧。
③ 检查并消除引起离合器分离不彻底的各种故障。
④ 清理花键和花键轴。
⑤ 更换或调整扭转减振器弹簧。
⑥ 清除离合器中的金属异物。

2. 机械变速器常见故障的诊断

机械变速器常见常见的故障有:换挡困难、跳挡、乱挡、卡滞、漏油、异响等。

1) 变速器换挡困难或挂不上挡

(1) 故障现象

变速器不能顺利挂上挡位,往往伴随有齿轮撞击声,或完全挂不上挡。

(2) 故障原因

造成变速器换挡困难或挂不上挡的实质是汽车换挡时,待啮合齿轮的圆周深度不相等,或换挡叉移动的阻力过大。其主要原因有:

① 远距离操纵机构不良。

② 拨叉弯曲、固定螺钉松脱、拨叉下端磨损严重,换挡杆头部、导块凹槽磨损过量。

③ 拨叉轴弯曲变形。

④ 变速器自锁、互锁装置失效。

⑤ 同步器损坏。

⑥ 严寒地区齿轮油牌号不对、离合器调整不当、分离不彻底等,也会造成换挡困难。

(3) 故障诊断与排除

① 检查变速器拨叉轴是否弯曲变形,自锁和互锁钢球是否损坏,弹簧是否过硬。

② 检查操纵机构是否有变形或卡滞。

③ 检查同步器是否损坏,主要检查同步器是否散架、同步器锥环内锥面螺纹是否磨损、滑块是否磨损、弹簧弹力是否过硬。

④ 如上述检查均正常,应检查变速器第一轴是否弯曲、花键是否磨损。

⑤ 修理或更换损坏的机件。

2) 变速器跳挡

(1) 故障现象

汽车行驶过程中,尤其是加速或爬坡时,变速杆自动跳回空挡位置。

(2) 故障原因

由于齿轮磨损成锥形,啮合时产生轴向力,加之工作过程中振抖、转速变化,迫使啮合齿轮沿变速器轴向脱开。具体原因为:

① 变速器齿轮磨损过度,沿齿长方向成锥形。

② 变速叉轴凹槽及定位球磨损,以及定位弹簧过软或折断,使自锁装置失效。

③ 变速器轴、轴承磨损、松旷或轴向间隙过大,使轴转动时齿轮啮合不好,发生轴向跳动和轴向窜动。

④ 操纵机构变形松旷,使齿轮在齿长位置啮合不足。

(3) 故障诊断与排除

① 发现某挡跳挡时,仍将变速杆挂入该挡,然后拆下变速器盖,观察齿轮啮合情况。如啮合良好,应检查换挡机构。

② 用手推动变速杆,若无阻力或阻力过小,说明自锁装置失效,应检查自锁钢球和变速叉轴上的凹槽是否磨损过度,自锁钢球弹簧是否过软、折断,如是,应更换。

③ 如齿轮未完全啮合,应检查拨叉是否磨损或变形,如弯曲应校正。

④ 如换挡机构良好,应检查齿轮是否磨成锥形,轴承是否松旷,必要时应拆下修理或

更换。

3）变速器乱挡

（1）故障现象

变速杆挂不上所需要的挡位,实际挂入挡位与应挂入挡位不符；或同时挂入两个挡位；或挂入后不能退出。

（2）故障原因

变速器乱挡的主要原因是变速器操纵机构失效。具体原因为：

① 变速器互锁装置失效。

② 变速杆下端球头或拨叉导块凹槽磨损过度。

③ 第二轴前轴承烧结。

（3）故障诊断与排除

① 若挂某一挡位时,挂入别的挡位。这时可摇动变速杆,检查其摇转角度。若超过正常范围,则故障由变速杆下端球头定位销与定位槽配合松旷或球头、球孔磨损过大引起。若变速杆能摇转360°,表明定位销折断。

② 若摇转角度正常,则检查是否挂不上或摘不下挡。若出现上述故障,则可能是变速杆下端从导槽中脱出引起,脱出的原因是下端弧形工作面磨损或导槽磨损。

③ 同时挂入两个挡,则故障是由互锁装置失效所致。

④ 修理或更换损坏的机件。

4）变速器卡挡

（1）故障现象

变速杆卡在某个挡位,无法回到空挡。

（2）故障原因

同步器滑块塞堵,拨叉轴弯曲卡死等。

（3）故障诊断与排除

① 检查换挡手柄操作是否自如,若操作自如,则卡挡是由于一轴后端卡簧脱落或换挡拨叉开口销脱落所致。

② 若换挡手柄操作困难,则故障是由同步器滑块塞堵、拨叉轴弯曲卡死所引起。

③ 修理或更换损坏的机件。

5）变速器漏油

（1）故障现象

① 观察变速器外观,发现变速器外壳与变速器上盖的接合面,变速器输入轴端以及输出部分等处有漏油时,即可认为变速器漏油。

② 如变速器壳或变速器上盖出现裂纹或变形时,变速器也会漏油,漏油的表现为变速器油面变低。

（2）故障原因

① 变速器内加油过多,工作时内压力过大,可能从各接合部位漏油。

② 油封变形。

③ 变速器壳体上通气孔堵塞。

④ 变速器壳体损坏。

（3）故障诊断与排除

① 加入合适牌号和规定量的润滑油。

② 维修时更换油封。

③ 维修损坏的变速器壳。对无法修复的壳体，应予以更换。

④ 清洗通气塞。

6）变速器异响

变速器异响主要是由于轴承磨损松旷和齿轮间不正常的啮合而引起的噪声，表现为空挡发响和挂挡后发响。

（1）空挡发响的故障现象

发动机怠速运转时，变速器处于空挡位置有异响，踏下离合器踏板时响声消失。

（2）空挡发响的故障原因

① 变速器与发动机安装时，曲轴与变速器第一轴中心线不同心，或变速器壳变形。

② 第二轴前轴承磨损、有污垢、起毛。

③ 变速器常啮合齿轮磨损，齿根间隙过大，或个别齿轮轮齿破裂。

④ 常啮合齿轮未成对更换、啮合不良。

⑤ 轴承松旷、损坏、齿轮轴向间隙大。

⑥ 拨叉与接合套间隙过大。

（3）挂挡发响的故障现象

① 变速器挂入挡位后发响。

② 当汽车以40km/h以上的车速行驶时，发出不正常的响声，且车速越快，声响越大，而当滑行或低速时响声减小或消失。

（4）挂挡发响的故障原因

① 变速器轴弯曲变形，轴的花键与滑动齿轮毂配合松旷。

② 齿轮啮合不当或轴承松旷。

③ 操纵机构各连接处松动，变速叉变形。

④ 主减速器主、从动锥齿轮配合间隙过大。

（5）故障诊断与排除

① 发动机怠速运转，变速器空挡有异响，踩下离合器踏板后声响消失，多为常啮合齿轮啮合不良。

② 变速器各挡均有声响，多为基础件、轴、齿轮、花键磨损，使形位误差超限。

③ 挂入某挡，声响变大，则说明该挡齿轮磨损严重。

④ 起动后尚未挂挡就发响，且在汽车运行过程中车速变化时，声响严重，说明输出轴前后轴承响。

⑤ 修理或更换损坏的机件。

3. 万向传动装置常见故障的诊断

万向传动装置常见的故障有：传动轴振动和噪声，万向节与中间支承松旷、发响等。

1）传动轴振动和噪声

（1）故障现象

在万向节和伸缩叉技术状况良好时，汽车行驶中发出周期性响声；速度越高响声越大，甚至伴有车身振动,握方向盘的手感觉麻木。

(2) 故障原因

① 传动轴失去动平衡,如传动轴管上平衡块脱落,未按传动轴上花键轴与滑动叉上的标记装配。

② 万向节凸缘叉凸缘偏心。

③ 万向节十字轴轴颈与滚针轴承配合间隙过大。

④ 传动轴中间轴承磨损过大,轴承支架衬垫磨损后松旷。

⑤ 传动轴管有弯扭变形。

⑥ 滑动叉与花键轴啮合副配合间隙过大。

⑦ 曲轴、飞轮与离合器压盘总成动平衡不佳。

⑧ 发动机前、后固定支架固定螺栓松动等。

(3) 故障诊断与排除

① 检查万向节磨损情况,如果磨损严重,对于普通十字轴万向节,应更换十字轴轴承;对于等速万向节,应更换整个万向节。

② 传动轴弯曲和扭曲变形也常常引起振动和噪声,在高速行驶时还有可能使花键脱落的危险。检查传动轴直线度误差,如果超过极限,应更换或进行校正。

③ 在排除上述故障后,传动轴工作仍不正常,则对传动轴进行平衡检验调整。

④ 如果由于传动轴连接部件松动引起振动,只需拧紧安装螺母即可。

⑤ 检查花键齿磨损情况,超过规定极限时,应更换相关部件。

⑥ 中间支撑轴承磨损、缓冲橡胶垫损坏时,应予以更换。如果安装松动,需按规定力矩拧紧。

2) 万向节松旷

(1) 故障现象

在汽车起步和突然改变车速时,传动轴发出"抗"的响声;在汽车缓行时发出"呱当、呱当"的响声。

(2) 故障原因

凸缘盘连接螺栓松动;万向节主、从动部分游动角度太大;万向节十字轴磨损严重。

(3) 故障诊断与排除

① 用榔头轻轻敲击万向节凸缘盘的各连接处,检查其松紧度。如太松旷,则故障是由连接螺栓松动引起,应予以紧固。

② 用双手握住万向节的主、从动部分,检查游动间隙。若游动角度过大,则应予以调整或更换磨损的机件。

3) 中间支承松旷

(1) 故障现象

汽车运行中出现一种连续的"呜呜"响声,车速越高,响声越大。

(2) 故障原因

① 检查滚动轴承是否缺油或磨损严重。

② 中间支承安装方法不当,产生异常磨损。

③ 橡胶圆环损坏。

④ 车架变形,造成前后连接部分的轴线在水平面内的投影不同线,从而产生异常磨损。

(3) 故障诊断与排除

① 给中间支承轴承加注润滑脂,若响声消失,则故障是由轴承缺油引起。

② 松开夹紧橡胶圆环的所有螺钉,待传动轴转动数圈后再拧紧,若响声消失,则故障是由中间支承安装方法不当所致。否则,故障可能是橡胶圆环损坏、滚动轴承技术状况不佳、车架变形等引起。

③ 修理或更换损坏的机件。

4. 驱动桥常见故障的诊断

驱动桥的主减速器、差速器、半轴、轴承和油封等长期受冲击载荷,使各配合副加剧磨损、各零部件损坏,导致驱动桥过热、异响、漏油等故障发生。

1) 驱动桥过热

(1) 故障现象

汽车行驶一段里程后,用手探试驱动桥壳中部或主减速器壳,有无法忍受的烫手感觉,或者用红外线测温仪测后桥壳的表面温度,若发现超过85°,则为过热。

(2) 故障原因

① 齿轮油变质,油量不足或牌号不符合要求。

② 轴承调整过紧。

③ 齿轮啮合间隙和行星齿轮与半轴齿轮啮合间隙调整得太小。

④ 推力垫片与主减速器从动齿轮背隙过小。

⑤ 油封过紧和各运动副、轴承润滑不良而产生干摩擦。

(3) 故障诊断与排除

当驱动桥局部过热时,可按照以下步骤诊断与排除故障:

① 当油封处过热时,故障是由油封过紧引起。

② 轴承处过热,故障是由轴承损坏或调整不当引起。

③ 油封和轴承处均不过热,故障是由推力垫片与主减速器从动齿轮背隙过小所致。

当驱动桥普遍过热时,可按照以下步骤诊断与排除故障:

① 检查齿轮油油面高度,若油面太低,则故障是由齿轮油油量不足引起。

② 检查齿轮油规格、黏度和润滑性能,若不符合要求,则故障是由齿轮油规格、黏度和润滑性能不符合要求所致。

③ 检查主减速器齿轮啮合间隙。松开驻车制动器,将变速器置于空挡,轻轻转动主减速器的凸缘盘。若转动角度太小,说明故障是由主减速器齿轮啮合间隙太小所致。

④ 若转动角度正常,说明故障是由差速器行星齿轮与半轴齿轮啮合间隙太小所致。

2) 驱动桥异响

(1) 故障现象

汽车行驶过程中,在驱动桥中发出金属敲击声响,并且随着车速的提高,金属敲击声响增大。

(2) 故障原因

① 齿轮或轴承严重磨损或损坏。

② 主、从动齿轮配合间隙过大。

③ 从动齿轮铆钉或螺栓松动。
④ 差速器齿轮、半轴内端或半轴齿轮花键磨损松旷。
(3) 故障诊断与排除
① 将驱动桥架起,起动发动机并挂上挡,然后急剧改变车速,注意听驱动桥响声的来源,以判断故障所在部位。
② 将发动机熄火并挂入空挡,在传动轴停止转动后,用手转动传动轴凸缘,若有松动感,则为啮合间隙过大;若感到没有活动量,则说明啮合间隙过小。此时应调整啮合间隙。
③ 汽车在行驶中,如车速越高响声越大,而滑行时减小或消失,一般是轴承磨损松旷或齿轮啮合间隙失常;如急速改变车速或上坡时发响,为齿轮啮合间隙过大。齿轮啮合间隙不正常,应予以调整。
④ 如汽车在转弯时发响,多为差速器行星齿轮啮合间隙过大,或半轴齿轮及键槽磨损所致,严重时应进行拆卸修理。
⑤ 如汽车在行驶过程中,听到驱动桥有突然响声,多为齿轮损坏,应立即停车检查排除,以免齿轮撞击损坏。

3) 驱动桥漏油
(1) 故障现象
差速器油封处和主减速器壳与后桥壳接口处往外渗油。
(2) 故障原因
① 主减速器油封损坏。
② 半轴油封损坏。
③ 与半轴接触的轴颈磨损,使之表面有沟槽。
④ 衬垫损坏或紧固螺栓松动。
⑤ 齿轮油加注过多。
(3) 故障诊断与排除
① 如齿轮油经半轴凸缘周围渗漏,则表明半轴油封密封不良,应更换半轴油封。对于没有半轴油封的汽车,则是因齿轮油加注过多或汽车在横向坡较大的路面上行驶。
② 主减速器主动圆锥齿轮凸缘处漏油,说明该处油封不良或凸缘轴颈表面磨损产生沟槽,应更换油封或检查轴颈磨损情况。
③ 其他部位漏油,可根据油迹查明原因。

5. 自动变速器常见故障的诊断
汽车自动变速器在使用过程中,随着技术状况的下降会出现一系列故障。常见的故障会通过一定的现象表现出来。不同车型由于结构有所不同,其故障的具体原因也会不尽相同,但故障产生的常见原因,以及诊断与排除故障的基本思路,应该是大致相同的。
汽车自动变速器常见的故障有汽车不能行驶、自动变速器打滑、换挡冲击、升挡过迟、不能升挡、频繁跳挡、不能强制降挡和自动变速器异响等。

1) 汽车不能行驶
(1) 故障现象
① 无论变速杆位于倒挡、前进挡或前进低挡,汽车都不能行驶。
② 冷车起动后,汽车能行驶一小段路程,但热车状态下不能行驶。

（2）故障原因

① 自动变速器油底壳渗漏或损坏,油液液面过低。

② 变速杆与手动摇臂之间的连杆或拉索松脱,手动阀保持在空挡或停车挡位置。

③ 油泵损坏或进油滤网堵塞。

④ 主油路严重泄漏。

（3）故障诊断与排除

① 检查自动变速器变速杆与手动摇臂之间的连杆或拉索有无松脱,位置是否合适。如有松脱,应予以修复,并调整好变速杆与手动摇臂的位置。

② 检查自动变速器的液面高度。若过低,应查找漏油原因及部位,并及时予以修复后,补加油液。

③ 拆下主油路测压孔上的螺塞,起动发动机,将变速杆拨至前进挡或倒挡位置,检查测压孔内有无油液流出。

④ 若主油路测压孔内没有液压油流出,应打开油底壳,检查手动阀摇臂轴与摇臂间有无松脱、手动阀阀芯有无折断或脱钩。若手动阀工作正常,则说明油泵损坏,应拆卸分解自动变速器,检修或更换油泵。

⑤ 若主油路测压孔内只有少量液压油流出,油压很低或基本没有油压,应打开油底壳,检查进油泵滤网有无堵塞。若无堵塞,说明油泵损坏或主油路严重泄漏,应拆卸分解自动变速器,予以修理。

⑥ 若冷车起动主油路有一定的油压,但热车后油压立即明显下降,说明油泵磨损过度,应更换油泵。

⑦ 若主油路测压孔内有大量液压油喷出,说明主油路油压正常,可能是自动变速器的输入轴、行星排或输出轴有故障,应进一步进行检查。

2）自动变速器打滑

（1）故障现象

① 起步时踩下油门踏板,发动机转速很快升高但车速提高缓慢。

② 行驶中踩下油门踏板加速时,发动机转速升高但车速没有很快提高。

③ 平路行驶基本正常,但上坡无力,且发动机转速很高。

（2）故障原因

① 液压油油面过低。

② 液压油油面太高,运转中被行星排搅动后产生大量气泡。

③ 离合器或制动器摩擦片、制动带磨损过甚或烧焦。

④ 油泵磨损过甚或主油路泄漏,造成油路油压过低。

⑤ 单向离合器打滑。

⑥ 离合器或制动器活塞密封圈损坏,导致漏油。

（3）故障诊断与排除

打滑是自动变速器最常见的故障之一,虽然自动变速器打滑往往伴有离合器或制动器摩擦片严重磨损甚至烧焦等现象,但如果只是简单地更换磨损的摩擦片,而没有找出打滑的真正原因,则会使修理后的自动变速器使用一段时间后,又出现打滑现象。因此,对于出现打滑故障的自动变速器,不要急于拆卸分解,应先做各种检查测试,以找出造成打滑故障的真正原因。

① 对于出现打滑现象的自动变速器应先检查其液压油的油面高度和品质。若油面过低或过高,应先调整至正常后再做检查。若油面调整后自动变速器不再打滑,可不必再拆修自动变速器。

② 检查液压油的品质。若液压油呈棕黑色或有烧焦味,说明离合器或制动器的摩擦片、制动带可能烧焦,应拆修自动变速器。

③ 做路试,以确定自动变速器是否打滑,并检查出打滑的挡位和打滑和程度。若自动变速器升至某一挡位时,发动机转速突然升高,但车速没有相应地提高,即说明该挡位打滑。打滑时发动机转速越容易升高,说明打滑越严重。根据出现打滑的规律,还可以判断打滑的是哪一个换挡执行元件。

④ 对于有打滑的自动变速器,在拆卸分解之前,应先检查自动变速器主油路的油压,以找出自动变速器打滑的原因。自动变速器不论在前进挡或倒挡均打滑,其原因往往是主油路油压过低。若主油路油压正常,则只要更换磨损或烧焦的摩擦元件即可;若主油路油压不正常,则在拆修自动变速器的过程中,应根据主油路油压,相应地对油泵或阀进行检修,并更换自动变速器的所有密封圈和密封环。

3)自动变速器换挡冲击过大

(1)故障现象

① 汽车起步时,由停车挡或空挡挂入倒挡或前进挡时,汽车振动较严重。

② 汽车行驶过程中,自动变速器换挡过程中出现较大的冲击现象。

(2)故障原因

① 发动机怠速过高。

② 节气门拉索或节气门位置传感器调整不当,或主油路调压电磁阀有故障,使主油路压力过大,液压系统工作不良。

③ 换挡执行元件如制动器或离合器摩擦元件的工作间隙不正常;单向离合器打滑或锁止不良,出现运动干涉;换挡前的离合器或制动器的分离时间过长或分离不彻底等。

④ 自动变速器换挡点不正确。

⑤ 自动变速器与发动机的支承胶垫磨损,连接螺栓松动,传动间隙过大或松旷。

⑥ 蓄能器活塞卡住或蓄能器背部的缓冲油压不正常。

(3)故障诊断与排除

① 检查发动机怠速,装用自动变速器的汽车发动机怠速一般为 750r/nin 左右。若怠速过高,应按标准予以调整。

② 检查节气门拉索或节气门位置传感器的调整情况。如不符合标准,应重新予以调整。

③ 做路试,如有升挡过迟的现象,则说明换挡冲击过大的故障是升挡过迟所致。如果在升挡之前发动机转速异常升高,导致在升挡的瞬间有较大的换挡冲击,则说明离合器或制动器打滑,应分解自动变速器,予以修理。

④ 检查自动变速器主油路的油压。如果发动机怠速时的主油路油压过高,则说明主油路调压阀或节气门阀有故障,但可能是调压弹簧的预紧力过大或阀芯卡滞所致;如果发动机怠速时的主油路油压正常,但起步进挡时有较大的冲击,则说明前进离合器或倒挡及高

挡离合器的进油单向阀阀球损坏或漏装,应拆卸阀板,予以修理。

⑤ 检查自动变速器换挡时的主油路油压。在正常情况下,换挡时主油路油压会有瞬时的下降。如果换挡时主油路油压没有下降,则说明蓄能器活塞卡滞,应拆卸阀板,予以修理。

⑥ 检查控制电磁阀及电控系统是否有损坏、断路及短路故障。若有故障,应及时进行排除。

4) 自动变速器不能升挡

(1) 故障现象

① 汽车行驶过程中,自动变速器始终保持在1挡,不能升入2挡和高速挡。

② 汽车行驶过程中,自动变速器可以升入2挡,但不能升入3挡和高速挡。

(2) 故障原因

① 节气门拉索调整不当。

② 节气门位置传感器或相关电路有故障。

③ 调速阀故障或其油路存在泄漏故障。

④ 车速传感器有故障。

⑤ 换挡电磁阀或其电路有故障。

⑥ 2挡或高挡制动器、离合器有故障。

⑦ 换挡阀卡滞。

⑧ 挡位开关有故障。

⑨ 电控单元及其电路有故障。

(3) 故障诊断与排除

① 对电控系统进行自诊断检测,读取故障代码,按提示检查相关的传感器、挡位开关、换挡电磁阀、电控单元及其电路等。

② 按规定调整节气门拉索或节气门位置传感器。

③ 测量调速阀油压。若车速升高后调速阀油压仍为零或很低,则为调速阀有故障或调速阀的油路严重泄漏,应拆解调速阀后进行检查。调速阀如有卡滞,应分解清洗,并将阀芯和阀体内孔用金相砂纸抛光;若清洗抛光后仍有卡滞,应更换调速阀。用压缩空气检查调速阀油路有无泄漏,如有泄漏,应更换密封圈和密封油环。

④ 若调速阀油压正常,应拆卸阀体,检查各换挡阀。如有卡滞,应用金相砂纸抛光后装复;如不能修复,应更换阀体。

⑤ 若电控系统和阀体无故障,应分解自动变速器,检查相关换挡元件有无打滑;用压缩空气检查各离合器油路或活塞有无泄漏,视情况进行修复或更换。

5) 自动变速器异响

(1) 故障现象

① 汽车行驶过程中,自动变速器内始终有异常响声。

② 汽车停车挂空挡后,异响消失。

(2) 故障原因

① 油泵因磨损过甚或液压油油面高度过低、过高而产生异响。

② 变矩器因锁止离合器、导轮单向超速离合器等损坏而产生异响。

③ 行星齿轮机构异响。
④ 换挡执行元件异响。
(3) 故障诊断与排除
① 检查自动变速器液压油油面高度。若太高或太低，应调整至正常高度。
② 用举升器将汽车升起，起动发动机，在空挡、前进挡、倒挡等状态下检查自动变速器产生异响的部位和时刻。
③ 若在任何挡位下自动变速器中始终有异响，通常为油泵或变矩器异响。应拆检自动变速器，检查油泵有无磨损、变矩器内有无大量摩擦粉末。如有异常，应更换油泵或变矩器。
④ 若自动变速器只在行驶中才有异响，空挡时无异响，则为行星齿轮机构异响。应分解自动变速器，检查行星排各个零件有无磨损痕迹、齿轮有无断裂、单向离合器有无磨损或卡滞、轴承或止推片有无损坏。如有异常，应予以更换。

第二节　汽车转向系统的检测与故障诊断

汽车转向系统是用来改变或保持汽车行驶或倒退方向的机构，按动力源的不同，可分为机械转向系统和动力转向系统两大类。在汽车的使用过程中，转向系的机件由于活动部位相互摩擦的结果，破坏了原来的配合间隙，甚至造成机件的变形或损坏，不仅降低了转向的操纵性和灵活性，还会影响行车安全，导致严重事故。因此，应做好汽车转向系统定期与不定期的检测工作，及时诊断并排除故障，使之保持良好的技术状态。

一、转向系统的常规检查

1. 转向传动机构的检查
1）常规检查
(1) 检查传动机构上各处的螺栓及螺母是否已拧紧，如图3-16所示，必要时重新拧紧。检查转向杆是否松动和损坏，如有损坏，应进行维修或更换。
(2) 检查转向杆保护罩和转向齿轮箱罩是否有损坏（泄漏、脱开、撕裂等），如发现有损坏，应予以更换。
2）横拉杆球头预紧力的检查
如图3-17所示，使用专用工具拆下转向横拉杆和转向节，将球头销转动几次后带上螺母，检查预紧力。如超过规定预紧力，应更换横拉杆球头。

2. 液压动力转向系统的检查
1）液压转向油泵皮带张力
以原厂规定的压力（约98N），在皮带中部按下皮带，皮带的挠度应符合汽车制造厂的规定。一般新皮带的挠度为7~9mm，在用皮带挠度为10~12mm。如不符合规定，应予以调整。
2）密封性检查
转向助力装置密封性的检查应在热车时进行，检查按以下步骤进行：
(1) 将转向盘快速向左、右两侧转至极限位置，并保持不动，此时可使系统内压力达到

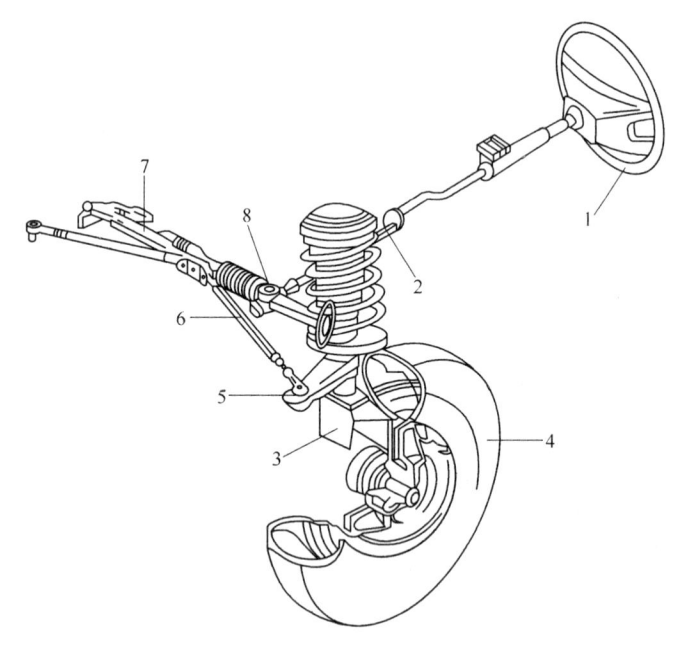

图 3-16 转向传动机构

1—转向盘;2—安全转向轴;3—转向节;4—转向轮;5—转向节臂;
6—转向横拉杆;7—转向减振器;8—转向器。

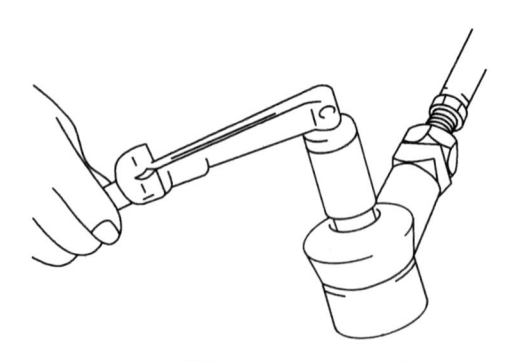

图 3-17 横拉杆球头预紧力的检查

最大值。

(2) 目测检查转向控制阀、齿条密封、液压助力泵。油管接头是否有漏油现象,如有渗漏则应更换密封件。

(3) 检查储油罐中是否缺少转向助力油,如缺少应检查动力转向系统的密封性是否完好。

(4) 如果转向器壳体中的齿轮齿条密封件不密封,助力转向油液可能流入波纹管套里,此时,应拆开转向机构,更换所有密封环。

(5) 检查转向助力装置的油管接头处是否有渗漏现象,如有应查明原因并重新接好。

3) 储油罐油面高度的检查

(1) 保持转向轮与地面接触,在发动机维持怠速转速的条件下,将转向盘反复从一侧极限位置转至另一侧极限位置,使液压油的温度升至 323K~353K(50℃~80℃)。

(2) 此时,储油罐中油面应在上、下限标线(HOT 与 COLD)之间,且油中无气泡。若液面在下限标线之下,应检查液压系统是否有泄漏之处。若有泄漏,应先予以修复。

(3) 检查发动机起动后和停止后的储油罐液面之差,如果油面之差超过规定值,应进行排气。

(4) 按原厂规定牌号补加转向液压油。起动发动机并使其怠速运转,满打转向盘 2~3 次,若液面下降,需补充转向液压油。

(5) 重复上述操作,直至储油罐内液面无明显下降,储油罐中无气泡及乳化现象为止。

4) 转向助力机构的放气

转向助力机构内若有空气,在转向助力机构工作时,助力泵和控制阀会发出噪声,同时降低油泵性能。排除转向助力机构内的空气,可按照以下步骤进行操作:

(1) 顶起转向桥,起动发动机并使其怠速运转,并反复左右转动转向盘到极限位置,直到储油罐中无气泡及乳化现象为止。

(2) 检查储油罐内液面高度,如液位低于规定值,应添加转向助力油。

(3) 发动机熄火后,如储油罐内液面迅速上升,说明放气不彻底,应重复上述排气操作。

5) 液压系统油压的检查

液压系统的油压,可以表示转向油泵和流量控制阀的技术状况。如图 3-18 所示,为检查液压系统油压,应在液压系统内装入油压测试仪。油压测试仪由油压表和截止阀组成。具体的检查步骤如下:

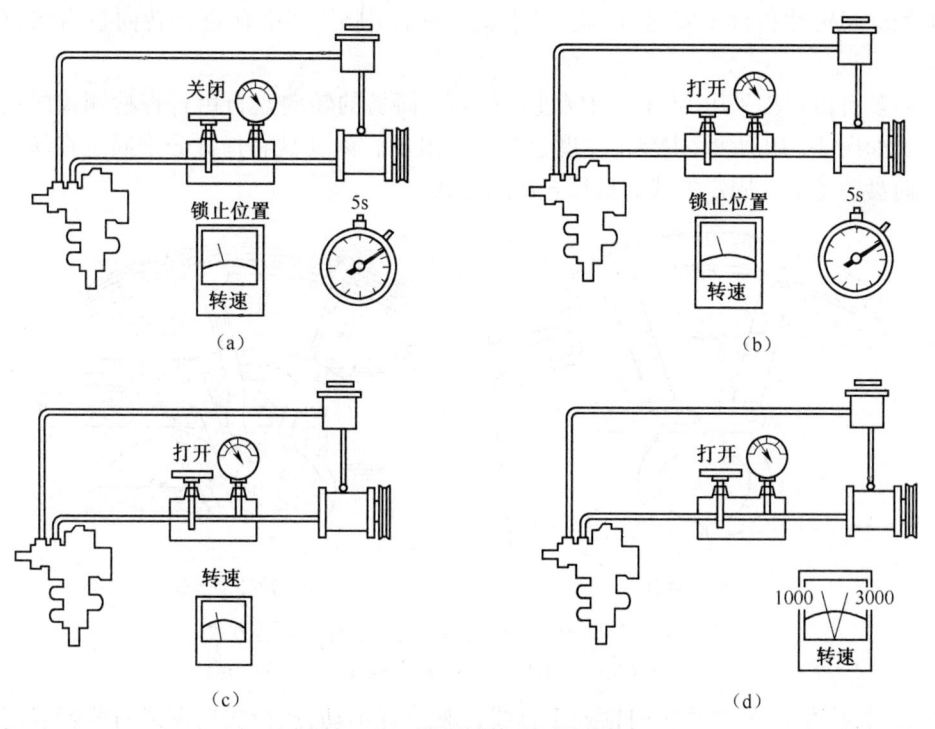

图 3-18 液压系统油压的检查

(1) 排除液压系统内的空气,并保证储油罐内的油面高度符合要求。起动发动机,同时转动转向盘,使液压油达到正常工作温度。

(2) 测定液压泵最大输出油压。使发动机怠速运转,关闭截止阀,如图 3-18(a) 所示。测量油压应在规定范围内。若油压低于规定值,表明液压泵内部有泄漏。测量时,每次关闭截止阀的时间不应超过 5s,以免损坏液压泵。

(3) 测试控制阀及动力缸的有效油压。使发动机怠速运转,完全打开截止阀,如图 3-18(b) 所示。将转向盘向左、右打到极限位置时,油压应符合规定。若压力过低或转向盘在左右极限位置时压力不相同,说明控制阀及动力缸内部有泄漏。每次在极限位置的时间不应超过 5s。

(4) 测量无负荷油压。使发动机怠速运转,转向盘在居中位置,截止阀完全打开时,油压表读数应符合规定要求(一般为 0.3~0.7MPa),如图 3-18(c) 所示。若超过规定,可能是回油管堵塞。

(5) 测量无负荷油压差。转向盘在居中位置,将截止阀完全打开,测量发动机在 1000r/min 和 3000r/min 时的压力差,如图 3-18(d) 所示。此压力差应在规定范围内。否则,表明流量控制阀失效。

二、转向系统的性能检测

1. 转向盘自由行程的检测

转向盘自由行程,是指汽车转向轮保持直线行驶位置静止不动时,转动转向盘所测得的游动角度。此参数主要用来诊断转向系中各零件的配合情况。该配合情况会直接影响汽车的操纵稳定性和行车安全,因此,对于新车和在用车,都必须进行转向盘自由行程的检测。

转向盘自由行程采用专用检测仪进行检测。简易的转向盘自由行程检测仪的结构及安装方式如图 3-19 所示,主要由刻度盘和指针组成。刻度盘和指针分别固定在转向盘轴管和转向盘边缘上。固定方式有机械式和磁力式。

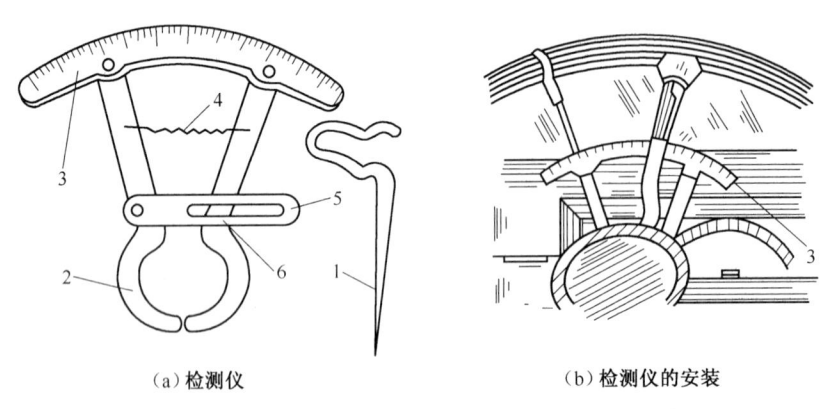

(a) 检测仪　　(b) 检测仪的安装

图 3-19　转向盘自由行程检测仪的结构及安装方式
1—指针;2—夹盘;3—刻度盘;4—弹簧;5—连接板;6—固定螺钉。

测量时,应使汽车的两转向轮处于直线行驶位置不动,用指尖向左或右侧轻轻转动转向盘。当手感变重时(即转向轮开始向左右转动时),调整指针,使其指向刻度盘零度。然后,再向另一侧轻轻转动转向盘,直到手感变重时为止,指针所指示的刻度,即为转向盘的自由行程。

一般情况下,转向盘从相应于汽车直线行驶的中间位置向任何一侧的自由行程,不超过 10°~15°。若转向盘自由行程过大,应认真对转向系各松动部位进行检查和调整。

2. 转向盘转向力的检测

转向盘的转向力可采用转向参数测量仪进行检测。图 3-20 所示为国产 ZC-2 转向参数测量仪的示意图。该测量仪是以计算机为核心的智能测量仪器,可测量转向盘自由行程和转向力。它主要由操纵盘、主机箱、连接叉和定位杆等部分组成。操纵盘由固定螺钉固定在三爪底盘上。底盘经力矩传感器与三个连接叉相连,每个连接叉上都有一只可伸缩长度的活动卡爪,以便与被测转向盘连接。

测量时,把转向参数测量仪对准被测转向盘中心,调整好三个连接叉上伸缩卡爪的长度,与转向盘连接并固定好。转动操纵盘,转向力通过底板、力矩传感器、连接叉传递到被测转向盘上,使转向盘转动以实现汽车转向。此时,力矩传感器将转向力矩转变成电信号,而定位杆内端连接的光电装置则将转角的变化转变成电信号。这两种电信号由微机自动完成数据采集、转角编码、运算、分析、存储、显示和打印。因此,使用该测量仪既可测得转向盘的转向力,又可测得转向盘的自由转动量。

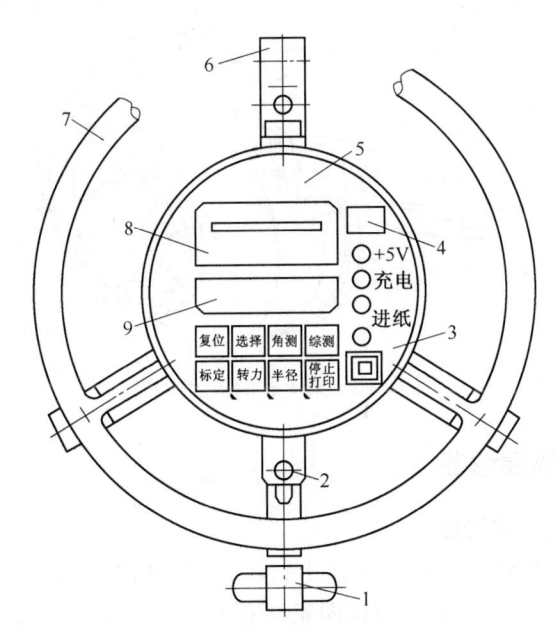

图 3-20 ZC-2 转向参数测量仪
1—定位杆;2—固定螺钉;3—电源开关;4—电压表;5—主机箱;6—连接叉;
7—操纵盘;8—打印机;9—显示器。

3. 前轮最大转向角的检测与调整

1) 检测方法

(1) 将前桥顶起,使前轮处于直线位置。

(2) 在左、右轮胎下面垫一块木板和白纸(固定在板上),将木尺紧靠轮胎外边缘。

(3) 用铅笔在纸上画出与车轮平行的直线 a,再把方向盘向右转画出第二条线 b,如图 3-21 所示。然后,用量角器测量出右转向轮的右转向角。

(4)用同样的方法测量出左转向轮的左转向角。

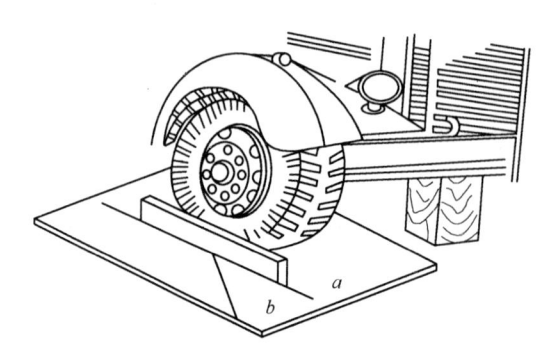

图 3-21 最大转向角的检测

2)调整方法

经测量转向角不符合规定时,可松开转向节(或前轴)上的车轮转向限位螺钉锁紧螺母,旋出或旋入转向节上的转向限位螺钉,如图 3-22 所示。调整完毕后,必须旋紧锁紧螺母,并检查前轮转到极限位置时是否与轮罩或转向直拉杆干涉。

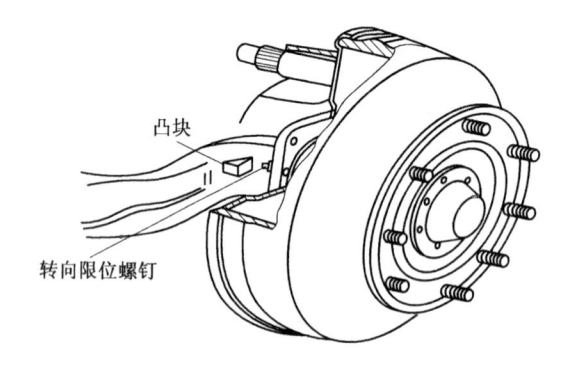

图 3-22 最大转向角的调整

三、转向系统的故障诊断

1. 机械转向系统的故障诊断

机械转向系统常见的故障有转向盘自由行程过大、转向沉重、行驶跑偏、前轮摆振等。这些故障现象通常为综合性故障,除与转向系统有关外,还可能与轮胎、悬架、车身等有关。

1)转向盘自由行程过大

(1)故障现象。

汽车保持直线行驶位置静止不动时,转向盘左右转动的游动角度过大。具体表现为汽车转向时感觉转向盘松旷量很大,需用较大的幅度转动转向盘,方能控制汽车的行驶方向;而在汽车直线行驶时又感到行驶方向不稳定。

(2)故障原因。

① 转向系统的齿轮啮合间隙调整不当。

② 转向系统齿轮箱安装不良。

③ 转向系统齿轮磨损。

④ 转向轴万向节磨损。
⑤ 左、右横拉杆连接处磨损。
(3) 故障诊断与排除。
重点应判明故障是由转向器,还是由拉杆轴节磨损造成的。检查故障时,架起前轮,转动转向盘,当用力转动时,拉杆才同步运动,说明拉杆连接处磨损而松旷量过大;若拉杆不动,则说明转向器齿轮的磨损过大。

2) 转向沉重
(1) 故障现象
汽车转弯时,转动转向盘感到吃力,且无回正感。汽车低速转弯行驶和调头时,转动转向盘感到非常沉重,甚至转不动。
(2) 故障原因
转向沉重的原因与轮胎气压不足及悬挂、车轴、转向轮定位所存在的故障有关,与转向系统有关的故障为:
① 齿条和小齿轮啮合间隙过小。
② 转向轴的轴承过紧或损坏。
(3) 故障诊断与排除
① 首先拆下转向节臂并转动转向盘。
② 若仍感到转向沉重,说明转向器存在故障,若齿轮结合间隙过小,说明转向柱轴套严重磨损等。
③ 若感觉不到转向沉重,应检查拉杆球头间隙是否过小、车身是否变形、前轮定位角是否满足要求等。

3) 行驶跑偏
(1) 故障现象。
汽车行驶中,行驶方向自动偏向一边,不易保持直线行驶,操纵困难。
(2) 故障原因。
① 左右轮胎气压不一致。
② 前左、前右减振器弹簧刚度不一致。
③ 车身变形或车架变形使两侧轴距不等。
④ 转向轮定位失准。
⑤ 转向轮单边制动或单边制动拖滞。
⑥ 转向轮单边轮毂轴承装配过紧或损坏。
⑦ 转向轮某一侧的前稳定杆、下摆臂变形。
(3) 故障诊断与排除。
① 首先检查左右转向轮气压是否符合标准或一致,不符合标准或不一致时应充气至标准值。
② 检查前稳定杆和前摆臂是否变形,减振器弹簧刚度及左右钢板弹簧的变形量是否一致。
③ 行车后检查左右轮毂和制动毂的温度情况,若温度不一致时,则说明高温一侧的制动器存在单边制动、制动拖滞或轮毂轴承装配过紧、损坏等。

④ 检查转向轴的轴距和转向定位是否符合标准值。

4）前轮摆振

（1）故障现象

汽车在某低速范围内或某高速范围内行驶时,有时出现两前轮围绕各自主销进行左、右摆的现象。尤其是高速行驶时,两前轮左右摆振严重,甚至在驾驶室内可以看到整个车头晃动。

（2）故障原因

① 汽车在不平坦的道路上行驶,低速情况下发生摆振,主要原因是转向系各部位配合间隙过大及转向轮定位失准。

② 汽车在高速行驶时发生转向轮摆振,一般为车轮不平衡。

（3）故障诊断与排除

① 首先检查转向系统各部件的配合间隙,并对故障部位及时修复。

② 在此基础上,对转向轮定位进行检测和调整,对转向轮进行平衡检测和校正。

2. 液压动力转向系统的故障诊断

液压动力转向系统常见的故障有转向沉重、系统有噪声、左右转向操纵力不同、转向盘发飘或跑偏、转向盘发抖、转向盘回正不良等。

1）转向沉重

（1）故障现象

装有液压动力转向系统的汽车在行驶中,感到转向沉重。

（2）故障原因

发生上述故障现象的一般原因是液压转向系统失效或助力不足,其根本原因是液压不足。引起转向系统液压不足的主要原因有：

① 储油罐缺油或油面高度低于规定要求。

② 液压回路渗入空气。

③ 液压泵传动皮带过松或打滑。

④ 各油管接头处密封不良,有泄漏现象。

⑤ 油路堵塞或滤清器污物太多。

⑥ 液压泵磨损、内部泄漏。

⑦ 动力缸或转向控制阀密封损坏。

（3）故障诊断与排除

① 用手压下转向液压泵驱动部分的传动带,检查传动带的松紧度。若传动带过松,应调整。

② 起动发动机,使发动机处于怠速运转。突然提高发动机的转速,检查转向液压泵传动带有无打滑现象,其他驱动型式的液压泵的齿轮传动机构有无损坏。发现问题后应按规定更换性能不良的零部件。

③ 检查储油罐内的油液质量和液面高度。若油液变质,则应更换;若只是液面低于规定高度,应加油,以使液面达到规定位置。

④ 检查转向液压泵储油罐内的滤清器。若发现滤网过脏,说明滤网堵塞,应清洗;若发现滤网破裂,说明滤清器损坏,应更换。

⑤ 检查油路中是否渗入空气。如果发现储油罐中的油液有气泡时,说明油路中有空气渗入,应检查各油管接头和接合面的螺栓是否松动、各密封件是否损坏、有无泄漏现象、油管是否破裂等。对于出现故障的部位应进行必要的修理或更换,并进行排气操作,最后重新加入油液。

⑥ 对转向液压泵进行输出压力检查。如果液压泵输出压力不足,说明液压泵有故障,此时应拆检液压泵。对于叶片泵还应检查转子上的密封环或油环是否损坏;对于齿轮泵应检查齿轮间隙是否过大等。查明故障予以修理,必要时更换液压泵。

2)转向系统有噪声

(1) 故障现象

汽车转向时,转向系统有不太大的噪声是正常现象。但当噪声过大或影响汽车的转向性能时,必须对转向系统进行检查,并排除故障。

(2) 故障原因

① 储油罐液面太低,液压泵在工作时渗入空气。

② 液压系统中渗入空气。

③ 储油罐滤网堵塞,或液压回路中有过多的沉积物。

④ 油管接头松动或油管破裂。

⑤ 液压泵严重磨损或损坏。

⑥ 转向控制阀性能不良。

(3) 故障诊断与排除

当转向盘处于极限位置或原地慢慢转动转向盘时,转向器发出"嘶嘶"声,如果这种异响严重,则可能为转向控制阀性能不良,应更换转向控制阀。

当转向液压泵发出"嘶嘶"声或尖叫声时,应进行以下检查:

① 检查储油罐液面高度。液面高度不够时应查明泄漏部分并予以修理,然后按规定加足油液。

② 检查转向液压泵传动带是否打滑。若打滑,应查明原因更换传动带或调整传动带紧度。

③ 检查油液中有无泡沫。若有泡沫,应检查漏气部位并予以修理,然后排除空气。若无漏气,则说明油路有堵塞处或液压泵严重磨损或损坏,应予以修复或更换。

3)左右转向操纵力不同

(1) 故障现象。

装有液压转向系统的汽车行驶时,向左和向右转向操纵力不同。

(2) 故障原因。

① 转向控制阀阀芯(或滑阀)偏离中间位置,或虽然在中间位置,但与阀体槽肩的缝隙大小不一致。

② 控制阀中有污物阻滞,使左右转动阻力不同。

③ 液压系统中动力缸的某一油腔渗入空气。

④ 油路渗漏。

(3) 故障诊断与排除。

① 液压动力转向系统的汽车出现左右转向操纵力不同的故障,多是由于油液脏污所

致,应按规定更换新油后再进行检查。

② 如果油质良好或更换新油后故障没有消除,应对液压系统进行排气并检查系统有无油液泄漏。如果液压系统出现泄漏,应更换泄漏部位的零部件。

③ 如果故障仍不能能排除,则可能是由于控制阀定中不良造成的。滑阀式转向阀可在动力转向器外部进行排除,通过改变转向控制阀阀体的位置来实现。如经上述调整后,故障仍然存在,则应拆检转向阀。

4)转向盘发飘或跑偏

(1)故障现象

装有液压转向系统的汽车在直线行驶时,难以保持沿正前方向前进而总向一边跑偏。

(2)故障原因

① 油液脏污、转向控制阀回位弹簧折断或变软,使转向控制阀不能及时回位。

② 转向控制阀阀芯(或滑阀)偏离中间位置,或虽然在中间位置,但与阀体槽肩的缝隙大小不一致。

③ 流量控制阀卡滞,使液压泵流量过大或油压管路布置不合理,造成油压管路节流损失过大,使动力缸左右腔压力差过大。

(3)故障诊断与排除

① 首先检查油液是否脏污。对于新车或大修后的车辆,如果不认真执行走合期维护项目的换油规定,会使油液脏污。

② 对于使用较久的车辆,则可能是流量控制阀或转向控制阀回位弹簧失效所致。此时可在不起动发动机的情况下转动转向盘,凭手感判断控制阀是否开启运动自如。若有问题,可进行拆卸检查。

③ 最后检查转向液压泵流量控制阀是否卡滞和油压管路布置是否合理。如发现故障,应及时予以修理。

5)转向盘发抖

(1)故障现象

在装有液压转向系统的汽车发动机运转过程中,车辆转向,特别是在原地转向时,转向盘抖动。

(2)故障原因

① 储油罐液面低。

② 油路中渗入空气。

③ 转向液压泵传动带打滑。

④ 转向液压泵输出压力不足。

⑤ 转向液压泵流量控制阀卡滞。

(3)故障诊断与排除

① 检查储油罐液面是否符合规定,如液面低于规定要求,应按要求加注转向油液。

② 排除油路渗入的空气。

③ 检查转向液压泵传动带是否打滑,或其他驱动型式的液压泵的传动机构有无损坏,发现问题后,应予以调整、检修或更换。

④ 对转向液压泵的输出压力进行检查。如压力不足,可拆检液压泵,查明故障并予以

修理或更换。

6）转向盘回正不良

（1）故障现象

装有液压转向系统的汽车完成转向后，转向盘不能回到中间行驶位置（直线行驶位置）。

（2）故障原因

① 转向液压泵输出压力低。

② 液压回路中渗入空气。

③ 回油软管扭曲阻塞。

④ 转向控制阀或转向动力缸卡滞。

⑤ 转向控制阀定中不良。

（3）故障诊断与排除

① 对液压系统进行排气操作，排气后按规定加足液压转向油。

② 对转向液压泵的输出压力进行检查。如压力不足，可拆检液压泵，查明故障并予以修理或更换。

③ 检查回油软管是否扭曲阻塞，如存在阻塞，应调整或更换油管。

④ 拆检转向阀或转向动力缸，查明故障原因，然后视情况进行修理或更换。

第三节　汽车行驶系统的检测与故障诊断

汽车行驶系统由车架、车桥、车轮和悬架组成。其作用是：承受汽车的总质量；把来自于传动系的扭矩转化为对车辆的牵引力；承受汽车所受外界力和力矩，保证汽车正常行驶；缓和路面对车身的冲击和振动，保证汽车平顺行驶。汽车在行驶过程中，由于转向机构、车轴、车架及车轮、轮胎等的变形和磨损，车轮定位参数等发生变化，汽车行驶阻力增大、动力性和操纵性下降、运行油耗增多、舒适性变差、安全性降低。因此，要适时对在用车辆行驶系统的诊断参数进行检测，并及时排除行驶系统存在的各种故障，保证车辆的正常使用性能。

一、行驶系统的常规检查

1. 车轮及轮胎的检查

1）车轮的检查

（1）直观检查车轮轮辋、装饰罩、气门嘴有无变形、损坏，车轮螺栓是否松动，如图3-23所示。

（2）用千斤顶顶起车轮，转动车轮。车轮应能灵活地旋转而无卡滞，轴向松动量不能过大或过小。

（3）转动车轮，检查车轮轴承是否磨损、损坏，有无异常噪声或"卡嗒"声。

2）车轮轮胎磨损的检查

如图3-24所示，在主纹槽内设有高度为1.6mm、宽为12mm的磨损标记，用于识别胎面主纹槽，在胎侧设有6个"TWI"标记，用以标明磨损标记所在的位置。

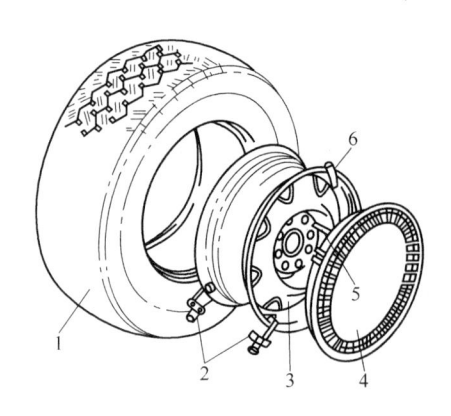

图 3-23 车轮总成

1—轮胎；2—平衡块；3—车轮；4—装饰罩；5—轮毂；6—气门嘴。

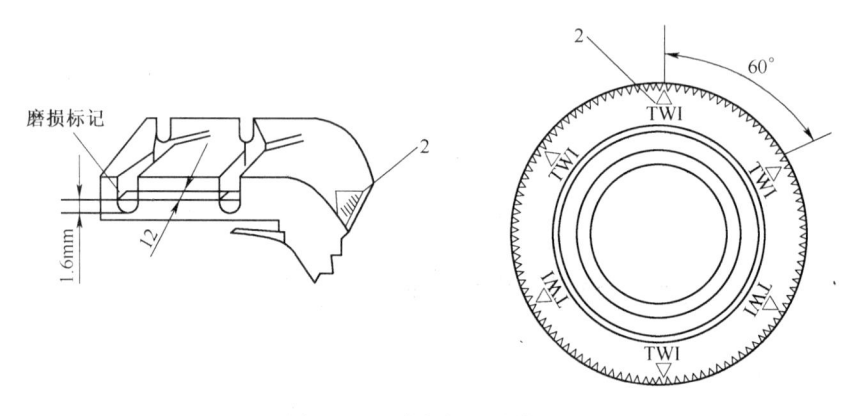

图 3-24 磨损标记的位置

必须在轮胎胎面主纹槽内测定轮胎花纹的深度，测量轮胎磨损时，不应将磨损标记包括在内，应从花纹最深处测量。轮胎花纹深度磨至 2 mm 时，即为轮胎花纹深度的使用极限值，如图 3-25 所示。

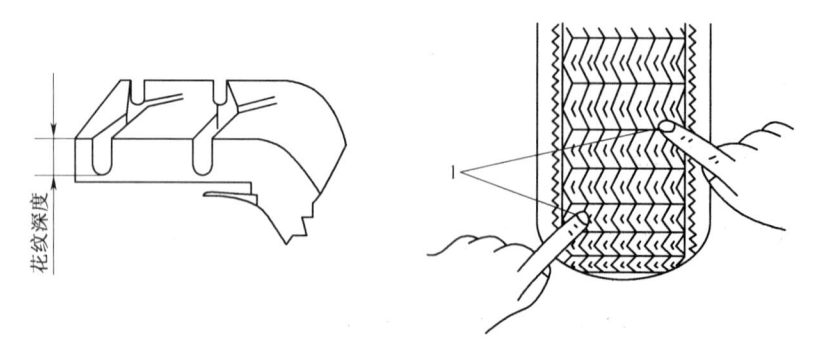

图 3-25 轮胎花纹深度的测量

2. 轮毂轴承及轮毂的检查与调整

轮毂轴承是汽车重要的行走机件。轮毂轴承担负着降低底盘运转时的摩擦阻力，维持汽车正常行驶的重任。如果轮毂轴承出现了故障，可能会引起噪声、轴承发热等现象，特别是前轮更为明显,容易导致方向失控等危险。因此,必须定期对轮毂轴承进行检查与调整。

1)轮毂轴承的检查

(1)检查轮毂轴承紧度时,首先将汽车受检轮毂一端车轮的车桥架起,用支起凳、掩车木等用具把车安全地架好。

(2)用手转动受检的车轮毂,观察转动是否平稳,是否有不正常的噪声。如果转动不平稳并有摩擦声,说明制动部分不正常;如果没有噪声,转动不平稳并且时紧时松,说明轴承部分不正常。出现上述现象时,应该拆检该轮毂。

(3)对于小型汽车,检查轮毂轴承时,可用双手握住轮胎的上下侧,双手来回扳动轮胎,重复做多次。如果正常的话,应没有松旷和阻滞的感觉;如果有明显松旷的感觉,应拆检轮毂。

2)轮毂轴承预紧度的调整

车轮常见故障为轮毂轴承过松或过紧。轮毂轴承用于支承车轮轮毂,轮毂轴承过松,会造成车轮摆振及行驶不稳,严重时还能使车轮甩出;部分轮毂轴承过紧,会造成汽车行驶跑偏;全部轮毂轴承过紧时,会使汽车滑行距离明显下降,汽车经过一段行驶后,轮毂处温度明显上升,有时甚至使润滑脂熔化而容易甩入制动鼓内,使制动性能下降。

车轮轴承预紧度过紧或过松时,必须进行调整,具体方法如下:

(1)用千斤顶顶起车轮,旋下轮毂盖螺钉,拆下轮毂衬垫。

(2)拆下锁止销钉,旋下锁紧螺母,拆下锁止垫片。

(3)旋转调整螺母,可改变轮毂轴承间隙,如图3-26所示。旋进轴承间隙变小,旋出轴承间隙变大。

(4)调整合适后,车轮应能够自由转动,且轴向推动无明显间隙。

(5)装上锁紧垫圈与锁紧螺母。

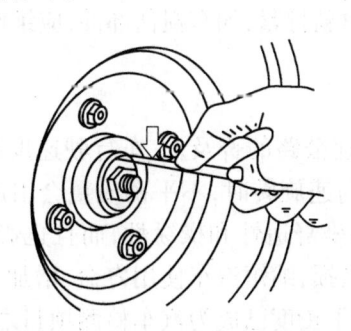

图3-26 轮毂轴承间隙的调整

3)轮毂变形的检查

用百分表测量轮辋径向和轴向跳动量,如图3-27所示。钢制车轮:径向跳动量为0.6mm,轴向跳动量为1.0mm。铝合金车轮:径向跳动量0.3mm,轴向轴向跳动量0.3mm。如超标应更换轮辋。

3. 悬架装置的检查

1)总体检查

通过按压使车体上下运动,观察悬架装置减振器和各部件的工作情况,凭经验判断是否需要更换或修理减振器和其他部件。将汽车平稳地停在举升机上,目测汽车车身是否有

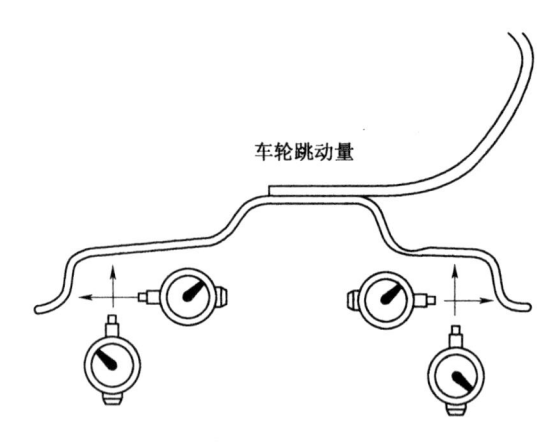

图 3‑27 轮毂变形的检查

倾斜现象。

2）减振器的检查

外部检查悬架装置的弹簧是否有裂纹,弹簧和导向装置的连接螺栓是否松动;检查弹簧座有无脱开、撕裂或其它损坏;检查减振器有无漏油痕迹。

3）上下摆臂的检查

检查衬套是否磨损和老化,如有必要,应更换;检查下摆臂是否弯曲或断裂,防尘套是否开裂,如有损伤,应更换;检查所有螺栓及下摆臂球头,如有松动或损坏,应及时调整或更换。

4）其它部分的检查

检查前/后悬架装置是否有损坏、松脱或丢失零件,如有问题,应及时修理;检查悬架螺栓与螺母是否拧紧,必要时,应重新拧紧,如有损伤部件,应维修或更换。

二、车轮平衡的检测

随着道路质量的提高和高速公路的普及,汽车行驶速度越来越高,因此对汽车车轮平衡度的要求也越来越高。车轮高速旋转时,不平衡质量会引起车轮上下跳动和横向摆振,不仅影响汽车行驶的平顺性、乘坐舒适性和操纵性,而且也影响行车安全。车轮的上下跳动和横向摆振还会加剧轮胎的磨损,缩短汽车使用寿命,增加运输成本。因此,车轮平衡问题越来越引起人们的重视,车轮平衡度已成为汽车检测项目之一。在汽车正常使用一定时间后,尤其是在对轮辋、轮胎进行修补、修复或更换新轮胎后,一定要对轮胎进行平衡检测,测量不平衡质量的大小和相位,并进行校正。

车轮不平衡的原因主要有:轮辋、轮胎在生产和修理过程中的精度误差、轮胎材料不均匀;轮胎装配不正确,螺栓质量不一致,平衡块脱落;汽车行驶过程中的偏磨损;使用翻新胎或补胎等。

1. 车轮静平衡的检测

静平衡的车轮重心与旋转中心重合;而静不平衡的车轮重心与旋转中心不重合,在旋转时会产生离心力。车轮静不平衡将导致轮胎异常磨损、前轮摆振等现象。车轮静平衡的检测步骤如下:

(1) 对于非驱动桥上的车轮,支起车桥,调整好轮毂轴承的松紧度,用手轻轻转车轮,使其自然停转。

(2) 在停转的车轮离地最近处作一标记,然后重复上述步骤。

(3) 如果试验标记每次都停在车离地最近处,则车轮静不平衡。如果多次转动自然停止后的标记位置各不相同,说明车轮静平衡。

2. 离车式车轮动平衡检测

对于驱动轮上的车轮,由于受到差速器等的制约,无法使用车轮静平衡检测法。如图3-28所示,即使是静平衡的车轮,由于质量分布相对车轮纵向中心面不对称,在装车使用时,也可能动不平衡。因此,还应对车轮进行动平衡检测。车轮动平衡检测可利用离车式车轮动平衡机进行,也可利用就车式车轮动平衡机进行。

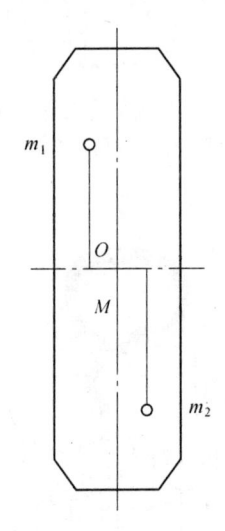

图3-28 静平衡、动不平衡的车轮

1) 离车式车轮动平衡机的结构

离车式车轮动平衡机按平衡机转轴的形式分为软式车轮动平衡机和硬式车轮动平衡机两类。软式车轮动平衡机,安装车轮的转轴由弹性元件支承;硬式车轮动平衡机,安装车轮的转轴由刚性元件支承。凡是可以测定左、右两侧的不平衡量及其相位的,称为二面测定式车轮动平衡机。

目前应用最多的是硬式二面测定式车轮动平衡机。如图3-29所示,该动平衡机一般由驱动装置、转轴与支承装置、显示与控制装置、制动装置、机箱和车轮防护罩等组成。驱动装置包括电机和传动机构;转轴由滚动轴承支承,轴承内安装有测力传感器;显示与控制装置用于测量和显示不平衡量及相位。

为了使显示的不平衡量恰是轮辋边缘所加平衡块的质量,还必须将测得的轮辋直径、轮辋宽度,以及轮辋边缘至动平衡机箱的距离,通过键盘或选择器旋钮输入计算机。

2) 检测方法

(1) 清除被测车轮上的泥土、石子和旧平衡块。

(2) 检查轮胎气压。如气压较低,应充至规定值。

(3) 根据轮辋中心孔的大小选择锥体,仔细装上车轮,用大螺距螺母上紧,如图3-30

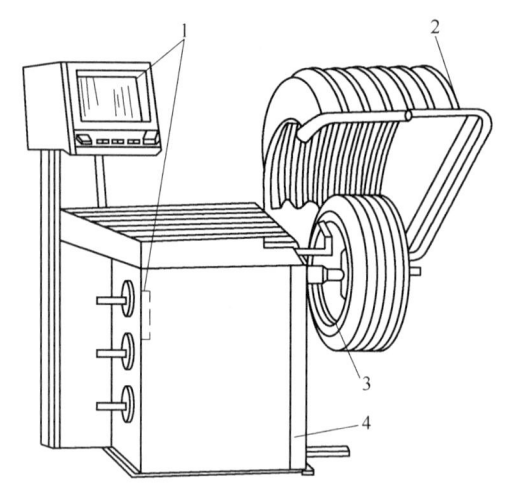

图 3-29 离车式车轮动平衡机示意图

1—显示与控制装置；2—车轮防护罩；3—转轴；4—机箱。

所示。

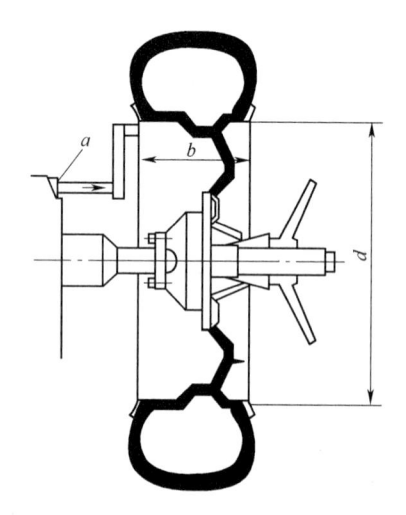

图 3-30 车轮在动平衡机上的安装

（4）打开电源开关，检查指示与控制装置的面板是否指示正确。

（5）用卡尺测量轮辋宽度、轮辋直径，用平衡机上的标尺测量轮辋边缘至机箱距离。再用键入或选择器旋钮对准测量数值的方法，将上述数值输入控制装置。

（6）离车式车轮动平衡机的专用卡尺如图 3-31 所示。为了适应不同计量制式，平衡机上所有标尺一般都同时标有英制和米制刻度。

（7）车轮自动停转或听到"嘀"声，按下停止键并操纵制动装置使车轮停转，从指示装置读取车轮内、外侧不平衡量和不平衡位置。

（8）抬起车轮防护罩，用手慢慢转动车轮。当指示装置发出指示时停止转动。根据显示的平衡块质量，在轮辋内侧或外侧牢固安装平衡块。

（9）重新检测动平衡，直到指示装置显示不平衡质量小于 5g，或显示"00"、"OK"为止。

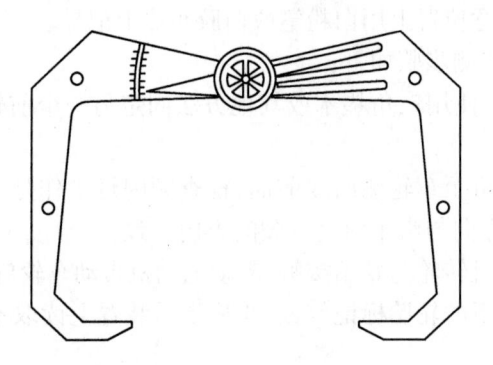

图 3-31 动平衡机专用卡尺

（10）关闭电源开关，取下被测车轮。

3. 就车式车轮动平衡检测

1）就车式车轮动平衡机的结构

如图 3-32 所示，就车式车轮动平衡机一般由驱动装置、测量装置、显示与控制装置、制动装置和小车等组成。驱动装置由电动机、转轮等组成；测量装置由传感磁头、可调支杆、底座和传感器组成；指示与控制装置由频闪灯、不平衡度表或数字显示屏等组成。频闪灯用来指示车轮不平衡点位置；不平衡度表或数字显示屏用来指示车轮的不平衡量，一般有两个挡位。第一挡一般用于初查时的指示；第二挡用于装上平衡块后复查时的指示。

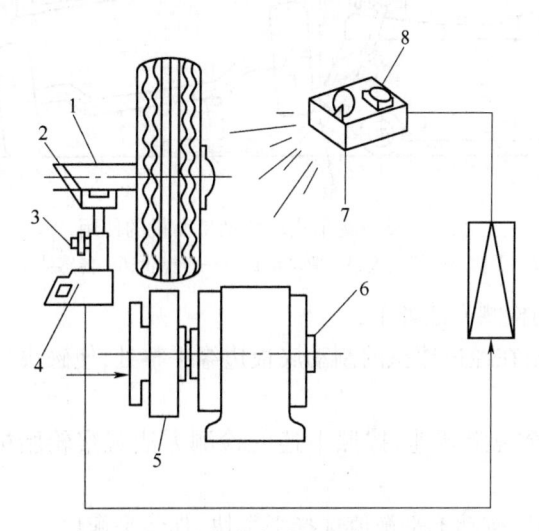

图 3-32 就车式车轮动平衡机示意图

1—转向节；2—传感磁头 3—可调支杆；4—底座；5—转轮；6—电动机；7—频闪灯；8—不平衡度表

2）检测方法

（1）检测前的准备工作如下：

① 用千斤顶顶起车桥，两边车轮离地间隙要相等。

② 清除被测车轮上的泥土、石子和旧平衡块。

③ 检查轮胎气压。如气压较低，应充至规定值。

④ 检查轮毂轴承是否松旷，必要时予以调整。

⑤ 在轮胎外侧面任意位置上用白粉笔或白胶布作上记号。

（2）车轮静平衡的检测步骤如下：

① 如图 3-33 所示，使用三角垫木或其他方法固定另一个前轮和两后轮，将传感磁头吸附到悬架或转向节上。

② 推动车轮动平衡机至车轮侧面或前面，检查频闪灯工作是否正常，检查转轮的旋转方向能否使车轮的转动方向与汽车前进行驶的方向一致。

③ 操纵车轮动平衡机转轮与轮胎接触，起动电动机带动车轮旋转至规定转速。

④ 观察频闪灯照射下的轮胎标记位置，并从指示装置上读取不平衡数值（用第一挡显示）。

⑤ 操纵车轮动平衡机上的制动装置，使车轮停止转动。

⑥ 用手转动车轮，使其上的标记处在上述观察位置上，此时轮辋的最上部即为加装平衡块的位置。

⑦ 按指示装置上显示的静不平衡量选择平衡块，牢固地卡在轮辋边缘上。

⑧ 重新驱动车轮进行复试，这时指示装置用二挡显示。调整平衡块质量和位置，直到符合平衡要求为止。

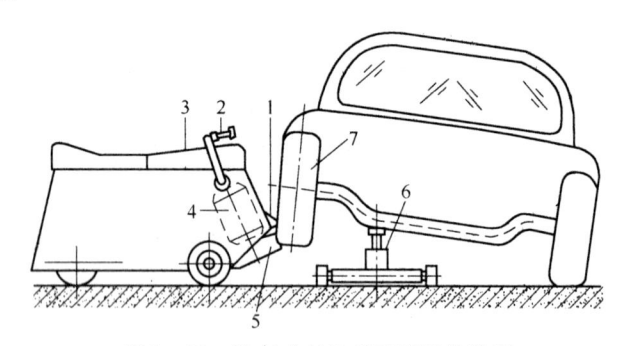

图 3-33 就车式车轮动平衡机的使用

1—光电传感器；2—手柄；3—仪表板；4—驱动电机；5—摩擦轮；6—传感器支架；7—被测车轮。

（3）车轮动平衡的检测方法如下：

① 将传感磁头吸附在经过擦拭的制动底板边缘平整处，使磁头与车轮旋转中心处在同一水平位置。

② 驱动车轮旋转至规定转速，按照上述的检测方法观察轮胎标记位置，读取动不平衡值。

③ 使车轮停止转动，按动不平衡值选择平衡块，加装平衡块。

④ 按照上述的检测方法进行复试，直到符合平衡要求为止。

三、车轮定位参数的检测

为使转向操纵轻便、行驶稳定可靠、减少轮胎的偏磨损，在转向轮上设计有前轮前束、车轮外倾角、主销外倾角、主销后倾角和主销内倾角四个参数，称为"转向轴车轮定位"。由于转向轴一般在前轮上，故习惯上称为"前轮定位"。而把后轮外倾角和后轮前束称为"后轮定位"，其作用是使前后轮胎的行驶轨迹重合，以减少高速时前后轮胎的横向侧滑量和轮胎的偏磨损，前轮定位和后轮定位统称为四轮定位。

车轮定位参数的检测,是在汽车车轮静止不动的状态下使用车轮定位仪对车轮定位值进行的几何检测。车轮定位仪按出现的先后顺序分为气泡水准式、光学投影式、激光式等形式。早期的车轮定位仪为前轮定位仪,即只对转向轮车轮定位参数进行测量,如气泡水准式和光学投影式等。现代的车轮定位仪均为四轮定位仪,可同时测量前轮和后轮定位参数。

1. 车轮定位检测前的检查

1) 轮胎的检查

检查轮胎有无磨损、膨胀或其他损坏。轮胎的大小和气压必须符合规定。如一侧轮胎花纹已磨光而另一侧轮胎花纹良好的车辆,不能做车轮定位检测。

2) 机件配合间隙的检查

逐一检查和车轮定位有关的机件配合间隙,如轮毂轴承、摆臂衬套、下摆臂承载式球接头,横、直拉杆球接头,转向节主销与衬套有无磨损和松旷等。这些部位松旷,空载和重载时车轮定位角会发生一定程度的变化,影响测量精度。因此,应先排除上述故障后再做车轮定位检测。

3) 恢复车身的正常高度

采用扭杆弹簧的悬架,检测车轮定位前,应先恢复车身的正常高度。将车置于水平面,用双手向下按保险杠中央部两端,然后松手。使其恢复车身正常高度,再连接检测量具。

4) 车轮端面圆跳动检查

检查车轮端面圆跳动,端面圆跳动超过 1mm 的车轮做四轮定位检测前,需做偏位补偿。车轮端面圆跳动过大通常是由于轮辋端面圆跳动过大造成的,四轮定位检查用的轮辋夹就固定在轮辋上,所以在四轮定位检测前应换下端面跳动过大的车轮。

2. 车轮定位的简易检测方法

通常后轮驱动的汽车,后桥为刚性车桥,多数情况下只需做前轮定位检测。前轮驱动的汽车,如没发现汽车出现转向困难、行驶跑偏、后轮畸形磨损时,通常也只做前轮定位检测。

前轮定位检测通常只需要两个带有角度标识定位仪的转动盘,一个带磁力吸座气泡水准器式车轮定位仪(见图 3-34),以及一个前束尺即可。气泡水准仪有结构简单、价格低、便于携带等优点,但是也有安装、测试费时费力的缺点。利用上述检测设备车轮定位检测的方法如下:

1) 检测仪的安装

(1) 使所有车轮处于同一高度,并处于直线行驶位置。将两个定位仪的转动盘置于两个前轮的下方。

(2) 拆下轮毂盖,把定位仪吸在所测车轮转向节轴端或轮毂端面上。如条件不允许也可用轮辋夹来安装。把定位仪调平,汽车处于行车制动状态。

2) 主销后倾角的检测

主销后倾角是在汽车纵向平面内,主销上部向后倾斜而与车轮中心的垂线形成的角度,如图 3-35 所示。

主销后倾角 γ 不宜过大,否则转向时须在转向盘上施加较大的力,导致转向盘沉重。一般 γ 角不超过 2°~3°。目前,乘用车广泛采用低压胎,轮胎与地面接触面增大,从而引起

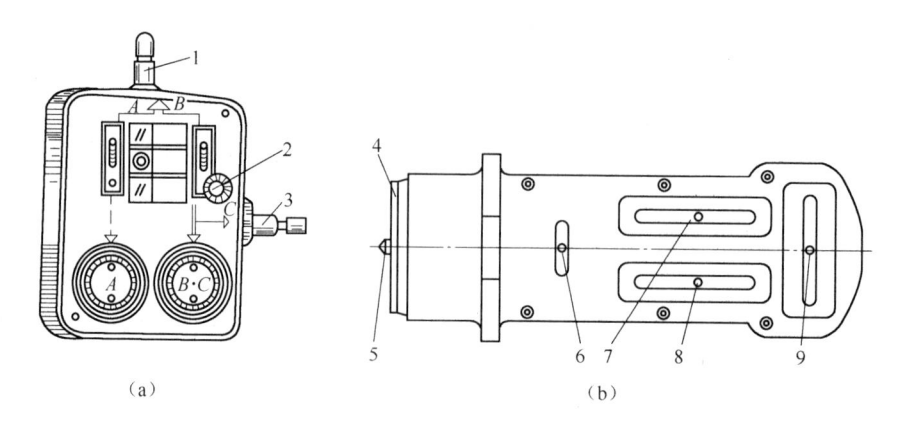

图 3-34 气泡式水准仪

1、3—定位销；2—旋钮；4—永久磁铁；5—定位针；6—校正水准仪水平状态的气泡管；
7—测量主销后倾角的水泡管；8—测量前轮外倾角的水泡管；9—测量主销内倾角的水泡管。

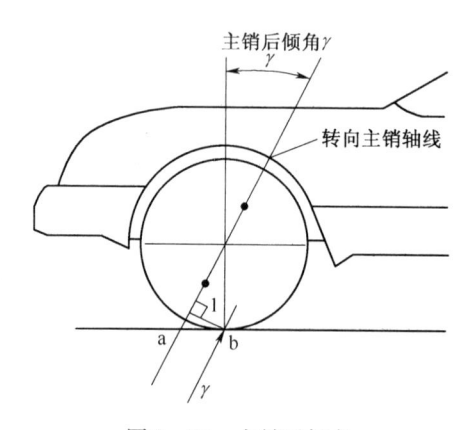

图 3-35 主销后倾角

回正力矩增加，因此主销后倾角可减小到接近于零，甚至为负值，但不超过-1°。

主销后倾角的检测方法如下：

（1）确认转向指针处于零位，然后根据转向指针读数将所检查车轮向外侧偏转 20°。

（2）将要检查的主销后倾角水准器调至零。

（3）根据转向指针读数，将所检查车轮向内侧偏转 40°（即车轮由直线行驶位置向内侧偏转 20°），把定位仪调平。记下主销后倾角的读数。

3）主销内倾角的检测

主销内倾角是在汽车横向平面内，主销上部向内倾斜而与垂线形成的角度，如图 3-36 所示。

主销内倾角不宜过大。否则在转向时，在车轮绕主销偏转的过程中，轮胎与路面间将产生较大的滑动，从而增加轮胎与路面的摩擦阻力，这样不仅使转向变得很沉重，而且会加速轮胎的磨损。故主销内倾角一般不大于 8°。

主销内倾角的检测方法如下：

（1）确认转向指针处于零位，然后根据转向指针读数将所检查车轮向外侧偏转 20°。

（2）将要检查的主销内倾角水准器调至零。

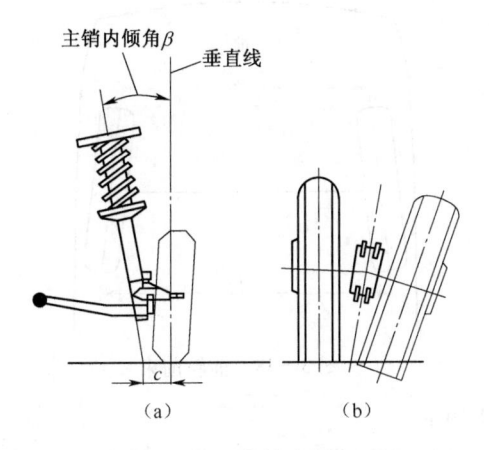

图 3-36 主销内倾角

（3）根据转向指针读数,将所检查车轮向内侧偏转 40°（即车轮由直线行驶位置向内侧偏转 20°）,把定位仪调平。记下主销内倾角的读数。

4）车轮外倾角的检测

除主销后倾和内倾两个角度用于保证汽车稳定直线行驶外,车轮中心平面也不是垂直于地面的,而是向外倾斜一个角度,称为车轮外倾角,如图 3-37 所示。外倾为正,内倾为负。车轮有了外倾角可与拱形路面相适应。车轮外倾角一般为 30′~1°。

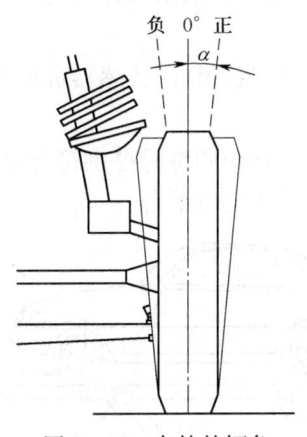

图 3-37 车轮外倾角

水准仪垂直安装于转向轮旋转的平面上,当具有外倾角的转向轮处于直线行驶位置时,气泡管中的气泡偏向车轮一侧。将气泡管调回水平位置时,气泡的位移量或角度调节量即反映了外倾角的大小。

5）前轮前束的检测

前桥左、右车轮的旋转平面不平行,车轮前端胎面中心线间的距离小于车轮后端胎面中心线间的距离,称为前轮前束,如图 3-38 所示。

对于每个车轮来说,前端偏向汽车中心纵轴线为正前束,前端偏离汽车中心纵轴线为负前束（又称前张）。总前束是左轮前束和右轮前束之和。前轮前束可通过改变横拉杆的长度来调整。一般前束值都小于 8~12mm。

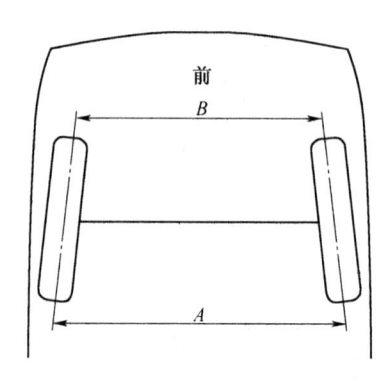

图 3-38 前轮前束

前轮前束的检测方法如下：
(1) 将汽车停放在水平坚硬的场地上,顶起汽车前桥,使车轮能够自由转动。
(2) 用手平稳地转动车轮,并在轮胎胎冠中心处画出一条中心线。
(3) 将车辆落下,并将汽车向前推动少许,使汽车处于直行状态。
(4) 调整前束尺的两个指针,使之分别指向左、右转向车轮前方胎的胎冠中心线,且指针尖端距地面高度应等于被测车轮的半径。
(5) 再调整前束尺的刻度标尺,使之对准零位。
(6) 将前束尺移至左、右转向车轮的后方,调整前束尺的两个指针,使之分别指向左、右转向车轮后方胎的胎冠中心线。此时,前束尺标尺的刻度读数,即为被测车轮的前束值。

3. 四轮定位仪的结构

四轮定位仪主要由定位平台、转盘、附件、传感器机头和定位仪主机等组成。

1) 定位平台

定位平台用于汽车四轮定位检测和调整时提供符合要求的场地,有地沟式和举升器式两种形式。图 3-39 所示为举升器式定位平台。

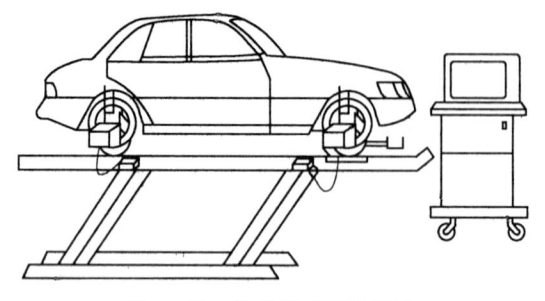

图 3-39 举升器式定位平台

2) 转盘

转盘的作用是：在主销倾角的检测中,便于静止汽车前轮转向,并转至规定的角度；测试两前轮的最大转向角。转盘由固定盘、活动盘、扇形刻度尺、游标指针、锁止销和滚珠等组成,如图 3-40 所示。

活动盘上装有指针,以指示车轮转过的角度。有的转盘装有位移传感器,构成电子转盘,可将转盘转过的角度转换成电信号,并通过电缆传送给计算机。检测中应将锁止销取下,而检测前后可用锁止销将活动盘锁止,以便前轮上下转盘。

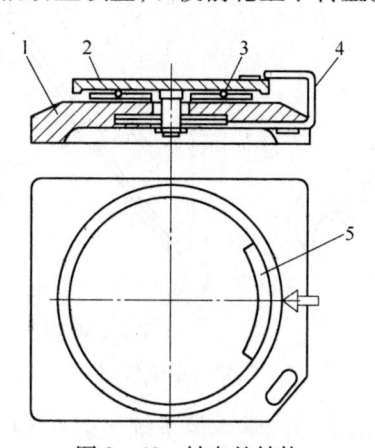

图 3-40 转盘的结构
1—固定盘;2—活动盘;3—滚珠;4—指针;5—刻度尺。

车轮绕主销转动时的运动轨迹如图 3-41 所示,C 为车轮接地中心,O 为转动前后车轮中心线的交点。检查时,先用锁销将上转盘与底座锁住,转角仪指针对准"0"刻度。将汽车转向轮直线驶上转角仪转盘中心位置,保证车轮处于直线水平位置,转向盘位于直线行驶中心位置。拔下插销,可以开始测量。将转向盘分别向左和向右转到极限位置,即可测出左、右极限转向角。

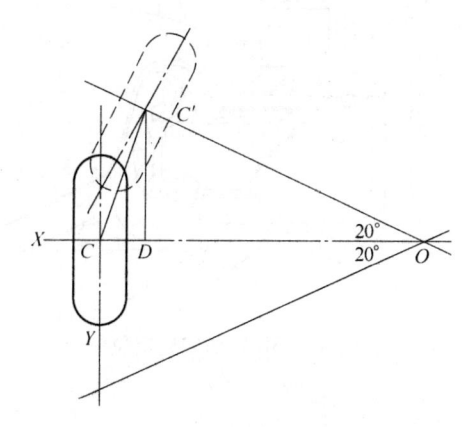

图 3-41 车轮回转时的轨迹

3) 附件

附件主要包括轮辋卡夹、转向盘锁定杆、制动踏板固定杆等,如图 3-42 所示。

4) 传感器机头

传感器机头是四轮定位仪的核心部件。上面标有在车轮上的安装位置,各自不能互换。如果更换任一传感器机头则需要对所有传感器机头重新进行标定。

传感器机头内主要有控制板、信号光源、位置传感器、倾角传感器、通信装置、电源等。传感器机头主要有拉线式、CCD(电荷耦合器件)式、3D 图像式几种。拉线式四轮定位仪采用角位移传感器,该传感器实质上是一个带摆臂的滑线旋转电位计,摆臂旋转一定角度时,带动电位计的电刷转动,从而改变输出电阻,最终导致传感器的输出电压变化。

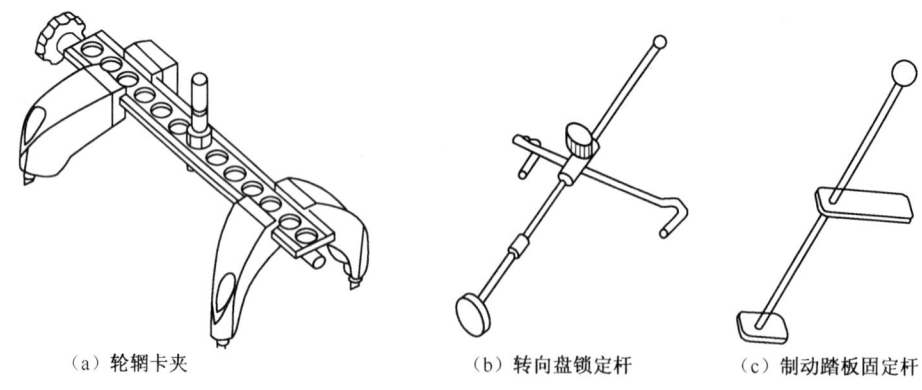

(a) 轮辋卡夹　　　　　(b) 转向盘锁定杆　　　　(c) 制动踏板固定杆

图 3-42　定位仪附件

CCD 式通过光源发出的光,通过光学成像系统照射在 CCD 光敏面的感光单元上,相应的感光单元产生电荷,经附加电路处理后,输出视频信号。CCD 光学测量装置的光源有红外光和激光两种,相应的定位仪称为红外四轮定位仪和激光四轮定位仪。

3D 图像四轮定位仪将多个高分辨率的图像传感器安装在定位仪主机(或立柱)上,而装夹在车轮上的传感器机头由一个反光板代替,其上有若干个规定大小的反光斑,如图 3-43 所示。

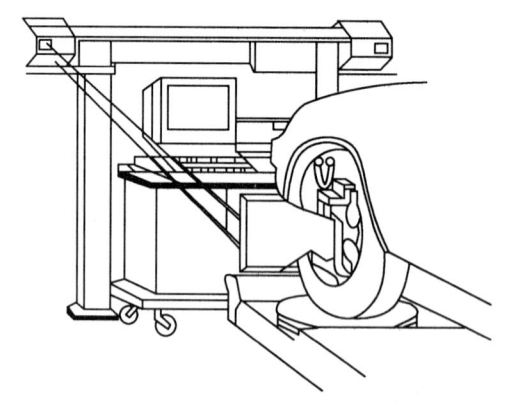

图 3-43　3D 图像四轮定位仪

5) 定位仪主机

如图 3-44 所示,定位仪主机由机柜、计算机、主机接口和打印机组成。计算机内有四轮定位专用软件,计算机硬盘中存有各种车型定位参数的数据库和操作帮助系统等。

6) 通信系统

四轮定位仪的传感器机头之间、传感器机头与主机之间需要互相传递信号与数据,最早是采用电缆来传输,而后用红外光,继而用高频无线电,最新采用的是蓝牙通信技术。

4. 利用四轮定位仪检测车轮定位的方法

各种四轮定位仪的使用方法基本相同,但由于操作系统的差异,使得各种四轮定位仪在操作中有细小的差异。下面将四轮定位仪的基本操作方法介绍如下。

1) 检测前的准备

(1) 将汽车开上举升平台,托住车轮,把汽车举升 0.5m(第一次举升)。

(2) 托住车身,把车轮举升至车轮能自由转动(第二次举升)。

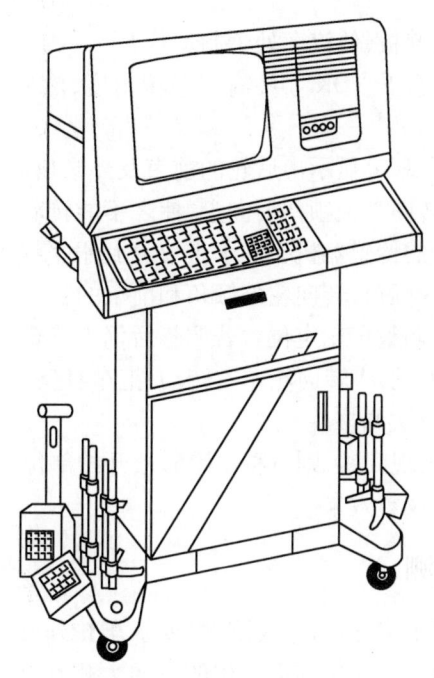

图 3-44　定位仪主机

（3）检查轮胎磨损情况，要求各轮胎磨损情况基本一致。

（4）做车轮动平衡试验，动平衡完成后，将车轮装回车上。

（5）检查车身高度，如车身不平应先调平；检查转向系统和悬架的技术状况，并进行必要的的检修和调整。

2）车轮定位的检测

（1）如图 3-45 所示，将轮辋卡夹安装在轮辋上。再把传感器机头安装到支架上，并按使用说明书的要求进行调整。

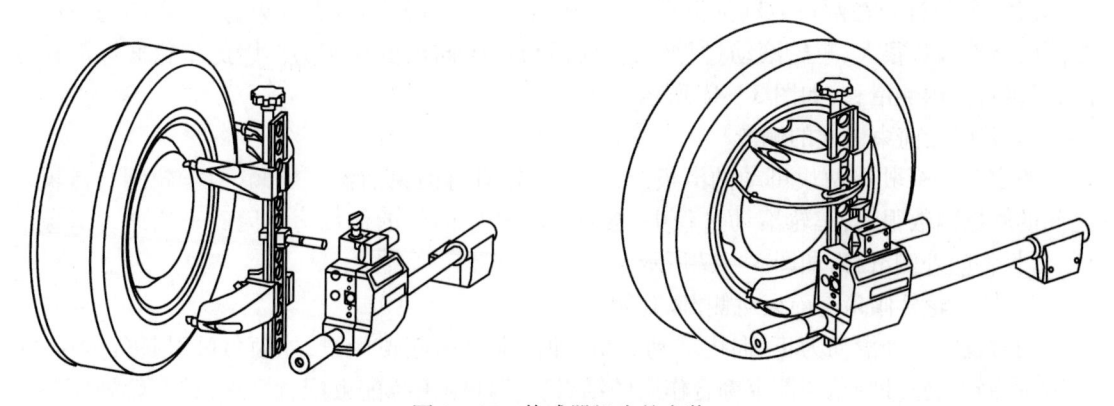

图 3-45　传感器机头的安装

（2）开机进入测试程序，输入被测检汽车的车型和生产年份。

（3）进行轮辋变形补偿。转向盘处于直行位置，使每个车轮旋转差输入电脑。

（4）降下第二次举升量，使车轮落到平台上，把汽车前部和后部向下压动 4~5 次，使其做压力弹跳。

(5) 用制动锁压下制动踏板,使汽车处于制动状态。

(6) 转向盘左转至电脑发出"OK"声,输入左转角度,然后把转向盘右转至电脑发出"OK"声,输入右转角度。

(7) 转向盘回正,电脑屏幕上显示出后轮的前束及外倾角数值。

(8) 调正转向盘,并用转向盘锁锁住转向盘,使之不能转动。

(9) 把安装在四个轮上的传感器机头的水平仪调到水平线上,此时电脑屏幕上显示出转向轮的主销后倾角、主销内倾角、转向轮外倾角和前束的数值。

(10) 按电脑屏幕提示,调整车轮定位。若调整后仍不符合规定,应更换相关零部件。

(11) 进行第二次压力弹跳,将转向轮左右转动,把车身反复压下后,观察屏幕上的数值有无变化。若数值变化,应再次调整。

(12) 若第二次检查未发现问题,则应将调整时松开的部位紧固。拆下定位校正头和支架,进行路试,检查车轮定位调整效果。

四、转向轮侧滑的检测

为保证汽车转向轮无横向滑移的直线滚动,要求车轮外倾角和车轮前束有适当配合。转向轮外倾角产生的外张力与转向轮前束产生的内向力相互抵消,保持转向轮正直方向行驶。当转向轮外倾角和转向轮前束有车辆使用过程中发生变化,两参数的平衡被破坏时,轮胎会处于一种边滚边滑的状态,从而使轮胎产生侧滑现象,称为车轮侧滑。

检测前轮侧滑量的主要目的是为了判断汽车前轮前束和外倾这两个参数配合是否恰当,而非测量这两个参数的具体数值。前轮侧滑量一般在侧滑试验台上进行,其值不得超过5m/km。目前国内多采用双板联动式侧滑试验台,用测量滑板左右位移量的方法检测汽车侧滑量。

1. 双板联动式侧滑试验台的工作原理

1) 转向轮外倾角引起的侧滑

假定车辆行驶在两块可动的滑板上,若转向轮只有外倾而没有前束,由于轮胎与滑板之间的摩擦因数很大,车轮滚动过程中,会对滑板产生向内的作用力。因此车轮通过滑板时,滑板将向内侧滑移,如图3-46所示。

2) 转向轮前束引起的侧滑

假定车辆行驶在两块可动的滑板上,若转向轮只有前束而没有外倾,由于轮胎与滑板之间的摩擦因数很大,车轮滚动过程中,会对滑板产生向外的作用力。因此车轮通过滑板时,滑板将向外侧滑移,如图3-47所示。

3) 转向轮外倾角与前束对侧滑的影响

通常设定向外滑动为正,向内滑动为负,即前束可引起正侧滑,外倾角可引起负侧滑。侧滑量为转向轮外倾角与前束综合作用的结果。若外倾角与前束配合合理,转向轮外倾角与前束作用在滑板上的作用力大小相等、方向相反,互相抵消,车轮就会处于向前直行方向的滚动状态,不产生侧滑现象。

侧滑试验台就是用上述原理来测量车轮侧滑量的,其实际显示的侧滑值是左、右车轮侧滑量的平均值。侧滑量的单位用m/km表示,即汽车每行驶1km产生侧滑的米数。

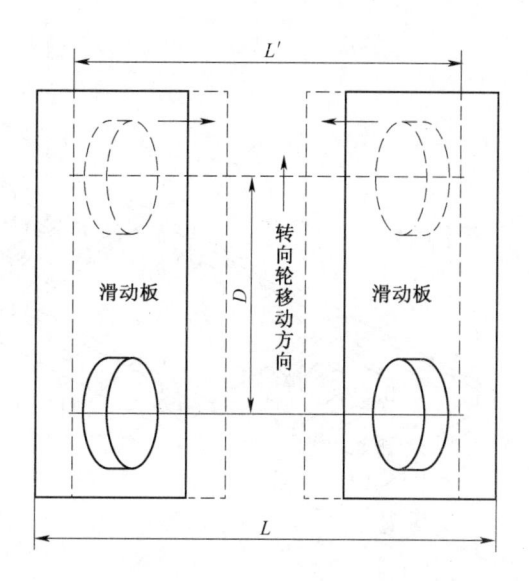

图 3-46　转向轮外倾角引起的侧滑（滑动板向内测滑动）

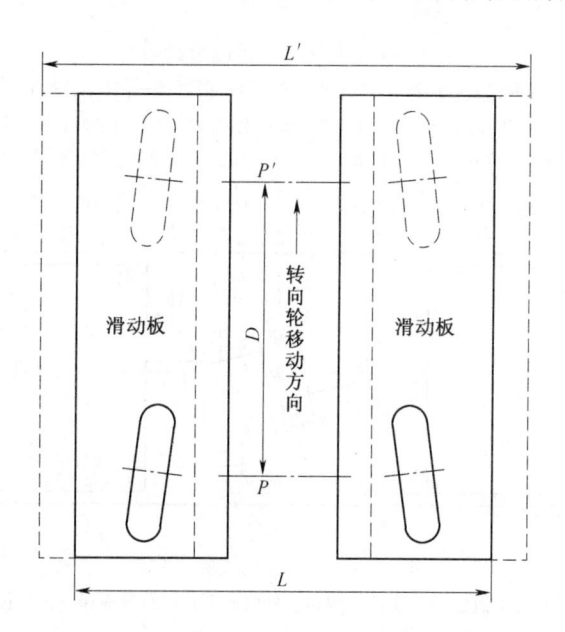

图 3-47　转向轮前束引起的侧滑（滑动板向外测滑动）

2. 双板联动式侧滑试验台的结构

双板联动式侧滑试验台在国内应用广泛，主要由测量装置、指示装置和报警装置等组成，典型的电气式双板侧滑试验台结构如图 3-48 所示。

1）测量装置

如图 3-49 所示，该装置由框架、左右两块滑动板、杠杆机构、回位装置、滚轮装置、导向装置、锁止装置、位移传感器及信号传递装置等组成。它能测出车轮侧滑量并传递给指示装置。

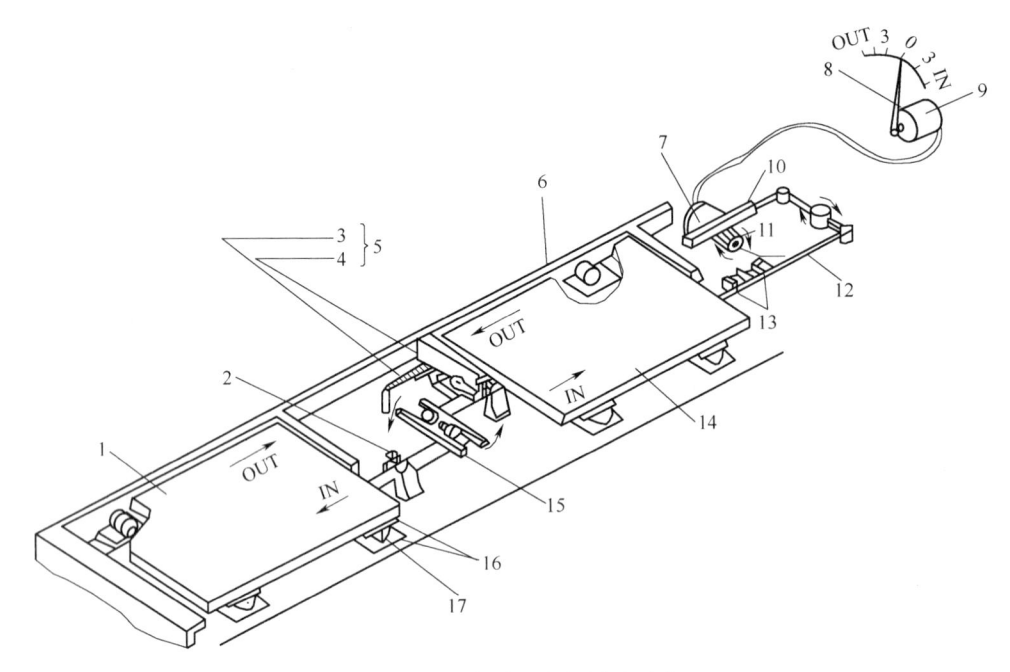

图 3-48 电气式双板侧滑试验台

1—左滑动板；2—导向滚轮；3—回位弹簧；4—摆臂；5—回位装置；6—框架；
7—产生电信号的自整角电机；8—指示装置；9—接收电信号的自整角电机；10—齿条；11—小齿轮；
12—连杆；13—限位开关；14—右滑动板；15—双销叉式曲柄；16—轨道；17—滚轮。

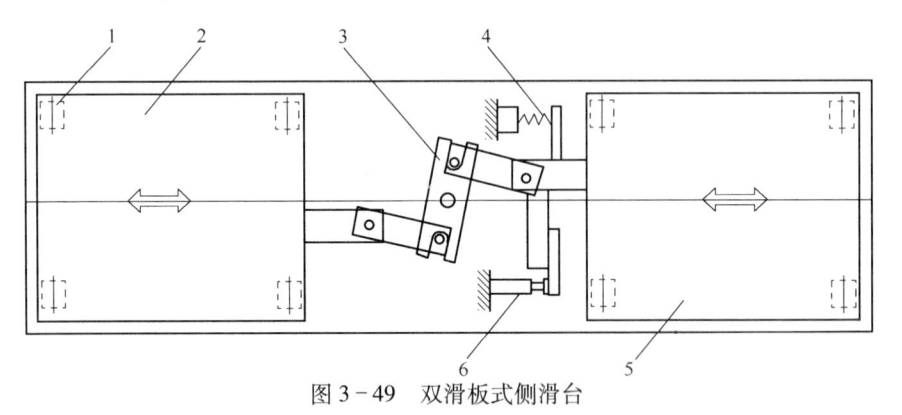

图 3-49 双滑板式侧滑台

1—滚轮；2—左滑板；3—连杆机构；4—复位弹簧；5—右滑板；6—位移传感器。

2）指示装置

指示装置可分为机械式和电气式两种。电气式的又可分为数字式和指针式两种。指针式指示装置如图 3-50 所示，它能把测量装置传递过来的滑板侧滑量，按汽车每行驶 1km 侧滑 1m 定为一格刻度，车轮向外侧滑动和向内侧滑动分别有 7 格以上的刻度指示。检测人员从指示仪表上就可获得车轮侧滑量的定量数值，并根据指针偏向"IN"或"OUT"的方向确定出侧滑方向。

3）报警装置

在检测车轮侧滑量时，若侧滑量超过规定值，报警装置能够根据测量装置的限位开关等发出的信号，用蜂鸣器或信号灯报警。以便快速判定检测结果是否合格，为检测工作节

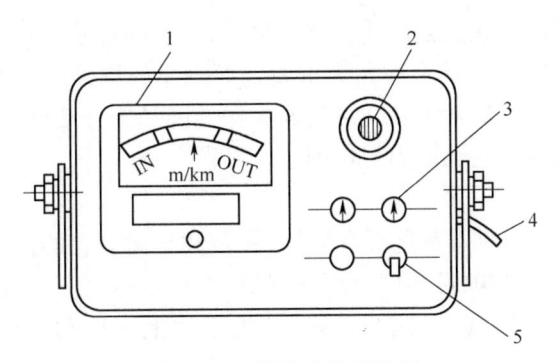

图 3-50　指针式指示装置

1—指示仪表；2—报警用蜂鸣器或信号灯；3—电源指示灯；4—导线；5—电源开关。

约了时间。

3. 侧滑量的检测方法

1）检测前的准备

（1）调整轮胎气压至规定值。

（2）清除轮胎表面的水、油或石子等。

（3）检查试验台导线连接情况,仪表复零。

（4）打开试验台锁止装置,检查侧滑板能否滑动自如和回位。侧滑板回位后,指示装置应指示零点。

2）检测侧滑量

（1）汽车以 3~5km/h 的速度平稳通过侧滑板。

（2）从显示装置上读取侧滑值。

（3）锁止侧滑板,切断试验台电源。

3）注意事项

（1）汽车通过试验台时,不允许转向、制动或将汽车停放在试验台上。

（2）保持试验台及周围环境的清洁,尤其是侧滑板的清洁。

（3）后轮有定位要求的乘用车,也要检测后轮侧滑量是否合格。

4）检测结果分析

（1）车轮侧滑量过大,多为车轮前束不当所致,绝大多数都可以通过前束的调整来解决。

（2）车轮向外侧滑量过大,说明车轮前束过大；向内侧滑量过大,说明车轮前束过小。

（3）由于车轮侧滑量是车轮外倾角与前束综合作用的结果,因此侧滑量合格,并不表示车轮定位参数都符合要求。

五、悬架的性能检测

悬架装置通常由弹性元件、导向装置和减振器三部分组成。汽车悬架装置最易发生故障的部件是减振器。有研究表明,大约有1/4左右的汽车上至少有一个减振器工作不正常。当悬架装置减振器工作不正常时,出现汽车行驶中跳跃严重,车轮轮胎有 30%的路程附着力减少,汽车转向盘发飘,弯道行驶时车身晃动加剧,制动时易发生跑偏或侧滑,轮胎磨损异常,乘坐舒适性降低,有关机件磨损速度增快等不良后果。

随着道路条件的改善,尤其是高速公路的发展,汽车的行驶车速大大提高,在高速行驶状态下,汽车的操纵稳定性和安全性尤为重要。而汽车的操纵稳定性和安全性,都与悬架装置有着直接的关系。所以,检测悬架装置的工作性能是十分重要的。检测悬架装置通常有以下两种方法:直观检查法和试验台检测法。

1. 直观检查法

从外部检查悬架装置的弹簧是否有裂纹,弹簧和导向装置的连接螺栓是否松动,减振器是否漏油、缺油和损坏等项目。用力压下车身,然后突然松开,观察车体上下运动,如果汽车有 2~3 次跳跃,说明减振器性能良好,如果车体上下振动不能很快停止,应更换减振器。

2. 试验台检测法

由于悬架中很多故障用人工直观检查法难以做出准确判断,因此,可用检测台对减振器阻尼能力进行快速检测,故汽车悬架检测台又称为汽车悬架检测台。

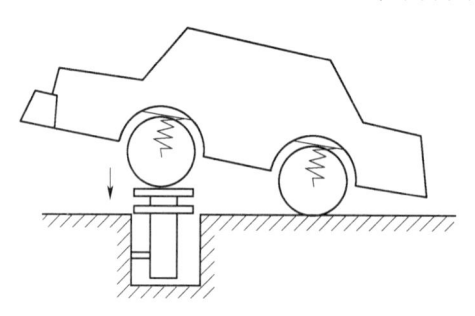

1)跌落式悬架检测台

跌落式悬架检测台如图 3-51 所示。检测时,先通过举升装置将汽车升起一定高度,然后突然松开支承机构,车辆落下产生自由振动。用测量装置测量车体振幅或者用压力传感器测量车轮对台面的冲击压力,对振幅或压力分析处理后,评价汽车悬架装置的工作性能。

图 3-51 跌落式悬架检测台

2)共振式悬架检测台

如图 3-52 所示,通过检测台的电动机、偏心轮、蓄能飞轮和弹簧组成的激振器,迫使检测台台面及其上被检汽车悬架装置产生振动。在开机数秒后断开电机电源,从而由蓄能飞轮产生扫频激振。由于电机的频率比车轮固有频率高,因此蓄能飞轮逐渐降速的扫频激振过程总可以扫到车轮固有振动频率处,从而使台面—汽车系统产生共振。通过检测激振后振动衰减过程中力或位移的振动曲线,求出频率和衰减特性,便可判断悬架装置减振器的工作性能。

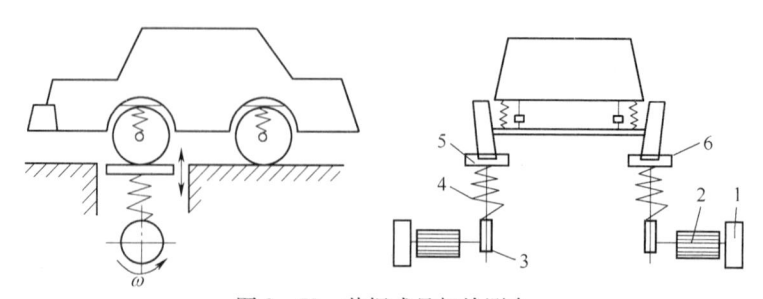

图 3-52 共振式悬架检测台
1—蓄能飞轮;2—电动机;3—偏心轮;4—激振弹簧;5—台面;6—测量装置。

测力式悬架装置检测台和测位移式悬架装置检测台,一个是测振动衰减过程中的位移量,另一个是测振动衰减过程中的力,它们的结构如图 3-53 所示。由于共振式悬架装置检测台性能稳定、数据可靠,因此应用广泛。

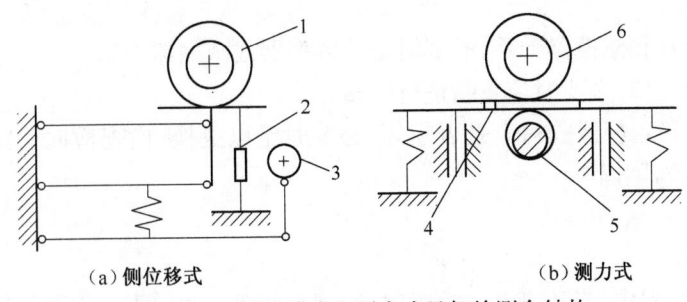

(a)侧位移式　　(b)测力式

图 3-53　测位移式和测力式悬架检测台结构

1、6—车轮;2—位移传感器;3—偏心轮;4—力传感器;5—偏心轴。

六、行驶系统的故障诊断

汽车悬架的故障的主要表现形式是汽车行驶过程中出现异响、前轮自动跑偏及车轮摆动等。

1. 悬架的故障诊断

1)悬架异响

(1)故障现象

汽车在行驶过程中,特别是道路颠簸、突然制动、转弯时,从前、后悬架部位发出噪声。

(2)故障原因

① 各连接螺栓松动。

② 减振器漏油或活塞杆与缸筒磨损严重。

③ 桥体橡胶衬套磨损、老化或损坏。

④ 减振器弹簧失效或折断。

(3)故障诊断与排除

① 重新紧固各松动的螺栓。

② 检查减振器有无漏油及磨损程度,必要时更换减振器。

③ 检查桥体零件有无磨损、老化或损坏,必要时予以更换。

④ 检查减振器弹簧,必要时予以更换。

2)前轮自动跑偏

(1)故障现象

汽车在行驶过程中,前轮不能保持直线行驶方向,而自动跑向一边。

(2)故障原因

① 两前轮气压不一致。

② 两前轮轮胎磨损不一致。

③ 减振器弹簧损坏或变形。

④ 减振器损坏或变形。

⑤ 前轮定位不正确。

⑥ 横向稳定杆橡胶衬套损坏或固定螺栓松动。

(3) 故障诊断与排除

① 检查两前轮轮胎。气压不一致应予以充气调整;若磨损不一致应更换成色相同的轮胎。

② 检查减振器和减振器弹簧,必要时更换减振器或减振器弹簧。

③ 检查前轮定位,必要时应重新进行调整。

④ 检查横向稳定杆橡胶衬套是否损坏,必要时予以更换;检查横向稳定杆固定螺栓是否松动,必要时重新紧固。

3) 车轮摆动

(1) 故障现象

汽车在行驶过程中,当达到某一速度时,出现转向盘发抖、摆振或后轮明显摆动。

(2) 故障原因

① 轮辋的钢圈螺栓松动。

② 悬架固定螺栓松动。

③ 轮毂轴承磨损。

④ 车轮轮辋偏摆。

⑤ 减振器失效。

⑥ 车轮不平衡。

⑦ 转向横拉杆球头销磨损或松动。

⑧ 前轮定位不正确。

(3) 故障诊断与排除

① 检查轮辋的钢圈螺栓、悬架固定螺栓是否松动。若松动应予以紧固。

② 检查轮毂轴承是否严重磨损,必要时予以更换。

③ 检查车轮轮辋是否偏摆,必要时予以更换。

④ 检查减振器是否失效,必要时予以更换。

⑥ 检查车轮的动平衡情况,必要时予以调整。

⑦ 检查转向横拉杆球头销是否磨损或松动。若松动,应予以紧固;若磨损严重,应更换球头销。

⑧ 检查前轮定位,若不正确应校正前轮前束和外倾角。

2. 轮胎的故障诊断

汽车悬架、转向系统故障,以及轮胎本身使用和维护不良等,都可能导致轮胎出现异常磨损。因此,轮胎故障诊断的第一步,便是检查轮胎,轮胎应该使用正确、维护恰当。轮胎故障的主要表象就是不正常磨损。

1) 胎肩或胎面中间磨损

(1) 故障现象

如图 3-54 所示,轮胎的胎肩上或胎面中间磨损。

(2) 故障原因

① 集中在轮胎的胎肩上或胎面中间的磨损,主要是由于未能正确保持轮胎充气压力所致。如果轮胎充气压力过低,轮胎的中间便会凹入,将载荷移到胎肩上,使胎肩磨损快于胎

面中间,如图3-54(a)所示。

② 另一方面,如果充气压力过高,轮胎中间便会凸出,承受较大载荷,使轮胎中间磨损快于胎肩,如图3-54(b)所示。

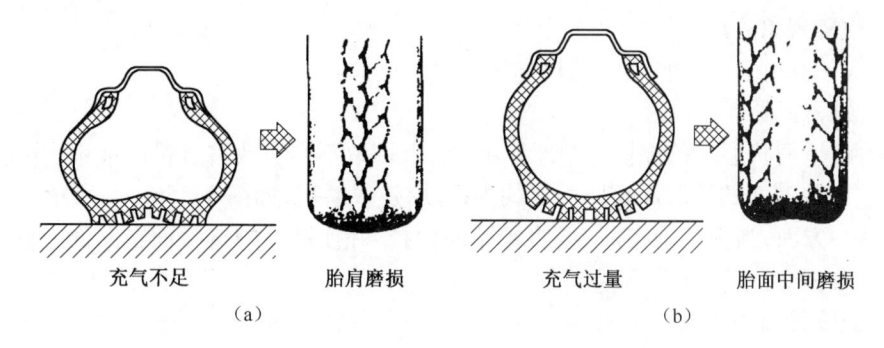

图3-54 胎肩上或胎面中间磨损

(3) 故障诊断与排除

① 检查驾驶条件,如果超载应卸载。

② 检查充气压力,如果充气过量或充气不足,应调整充气压力。

③ 调整轮胎位置。

2) 内侧或外侧磨损

(1) 故障现象

如图3-55所示,轮胎的内侧或外侧磨损。

图3-55 轮胎的内侧或外侧磨损

(2) 故障原因

① 在过高的车速下转弯会造成转弯磨损。转弯时轮胎滑动,便产生了斜形磨损。这是较常见的磨损原因之一。

② 悬架部件变形或间隙过大,会影响前轮定位,造成不正常的磨损。

③ 如果轮胎胎面某一侧的磨损快于另一侧的磨损,其主要原因可能是外倾角不正确。

④ 由于轮胎与路面接触面积大小因载荷而异,对具有正外倾角的轮胎而言,其外侧直径要小于其内侧直径。因此胎面必须在路面上滑动,以便其转动距离与胎面的内侧相等。这种滑动便造成了外侧胎面的过量磨损。反之,具有负外倾角的轮胎,其内侧面的磨损较快。

(3) 故障诊断与排除

① 检查驾驶条件,尽量避免高速转弯造成的磨损。

② 检查悬架部件,若松动则予以紧固;若变形或磨损,应予以修理或更换。

③ 检查外倾角,如不正常,应予以校正。

3）胎面羽状磨损

（1）故障现象

如图 3-56 所示,胎面呈羽毛形磨损。

（2）故障原因

① 胎面呈羽状磨损的原因,主要是由于前束调节不当所致。过量的前束,会迫使轮胎向外滑动,并使胎面的接触面在路面上朝内拖动,造成磨损,如图 3-56(a) 所示。

② 另一方面,当为负前束时,会将轮胎向内拉,并使胎面的接触面在路面上朝外拖动,造成磨损,如图 3-56(b) 所示。

（3）故障诊断与排除

① 检查前束,如不符合要求应予以调整。

② 调换轮胎位置。

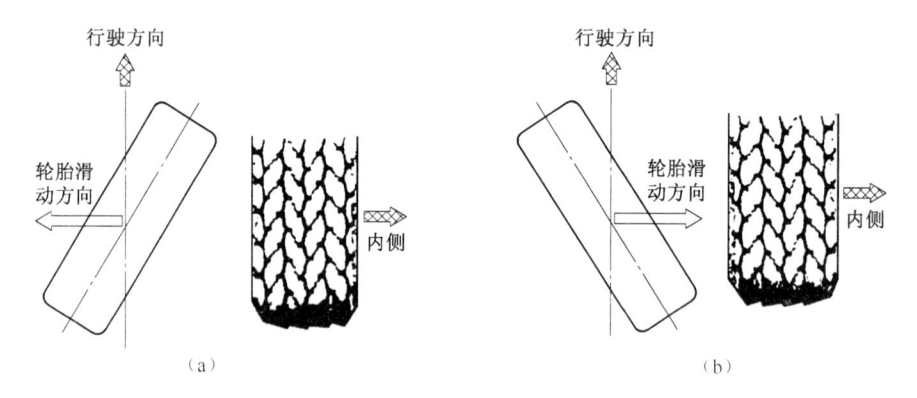

图 3-56 胎面羽状磨损

4）前端和后端磨损

（1）故障现象

如图 3-57 所示,表示的是轮胎前端和后端磨损。前端和后端磨损是一种局部磨损,常常出现在具有横向花纹和区间花纹的轮胎上,胎面的区间上发生斜向磨损（与鞋根的磨损方式相同),最终变成锯齿状。

（2）故障原因

① 如车辆经常在铺面道路上行驶,轮胎会磨损较快。这是由于轮胎向上转动并离开路面时,刹那间打滑（由于铺面道路很坚硬,当胎面区间试图掘入地面时,道路表面没有凹陷),最后离开路面的胎面区间部分受到较大的磨损。

② 具有纵向折线花纹的胎面,磨损时会产生波状花纹。

③ 非驱动轮的轮胎只受制动力的影响,而不受驱动力的影响,因此往往会有前后端磨损形式的磨损。如反复使用和放开制动器,便会使轮胎每次发生短距离滑动而磨损,产生前端和后端磨损。

④ 如果是驱动轮的轮胎,则驱动力所造成的磨损,会在制动力所造成的磨损的相反方向上出现。所以驱动轮的轮胎极少出现前后端磨损。客车和大货车由于制动时产生的摩

擦力较大,故具有横向花纹的轮胎,便会出现与非驱动轮的轮胎相似的前后端磨损。

（3）故障诊断与排除

① 检查充气压力,如果充气不足,应充至规定值。

② 检查车轮轴承,如果磨损严重或松动,应调整或更换。

③ 检查外倾角和前束,如果不正确,应进行调整。

④ 检查轴颈或悬架部件,如果损坏,应修理或更换。

⑤ 调换轮胎位置。

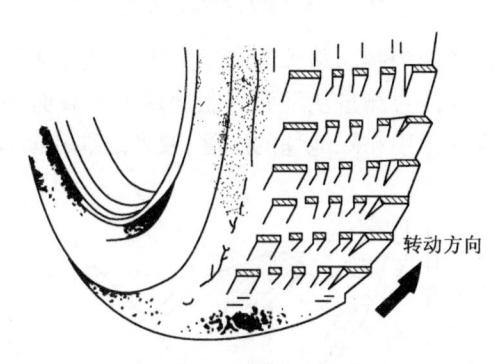

图 3-57　前端和后端磨损

第四节　汽车制动系统的检测与故障诊断

汽车制动系统是汽车上用以使路面在汽车车轮上施加一定的力,从而对其进行一定程度的强制制动的一系列专门装置。制动系统一般由制动操纵机构和制动器两个主要部分组成。操纵机构包括产生制动动作和控制制动效果的各种部件,如制动踏板等;供给、调节制动所需能量以及改善传动介质状态的各种部件,如气压制动系统中的空气压缩机等;将制动能量传输到制动器的各个部件,如制动主缸、轮缸等。车轮制动器主要由旋转部分、固定部分和调整机构组成,是产生阻碍车辆运动或运动趋势的部件。

制动系统是保证汽车行驶安全性的关键系统,其主要作用是:保证汽车行驶中能按驾驶员要求减速停车;使已停驶的车辆可靠驻车;使下坡行驶的车辆速度稳定。为保证汽车的使用安全,必须做好汽车制动系统常规检查及性能检测工作,并及时诊断和排除系统存在的各种故障。

一、制动系统的常规检查

1. 行车制动器踏板

1）踏板的技术状况

如图 3-58 所示,反复踩踏制动踏板几次,检查制动踏板是否反应灵敏、有无异常噪声和过度松动现象。直观检查踏板工作时是否存在变形或损伤。

2）踏板的高度

将车辆熄火,多次踩踏制动踏板,直到助力器中不存在真空。如图 3-59 所示,用直尺立在驾驶室底板上,其倾斜度以直尺与踏板踩下时的弧线相切为准。观察制动踏板上平面

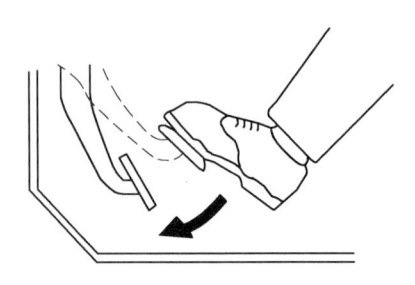

图 3-58 踏板的技术状况

在直尺上的对应数值,该数值即为制动踏板的高度。如果超出规定范围,应调整踏板高度。

检查制动踏板的高度,应注意测量从地面到制动踏板上表面的距离。如果必须要从地毯表面开始测量,则需从标准值中扣除地毯的厚度,或者地毯和沥青纸毡的厚度。

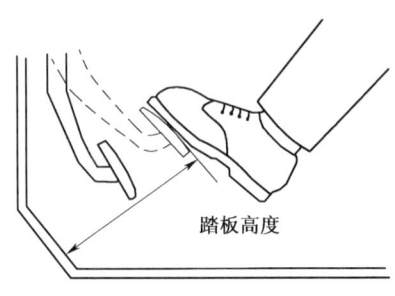

图 3-59 踏板的高度

3) 踏板的自由行程

将车辆熄火,多次踩踏制动踏板,直到助力器中不存在真空。如图 3-60 所示,测出踏板完全放松时距驾驶室底面的高度,以及压下制动踏板感觉有阻力时的高度。两高度之差,即为制动踏板的自由行程。

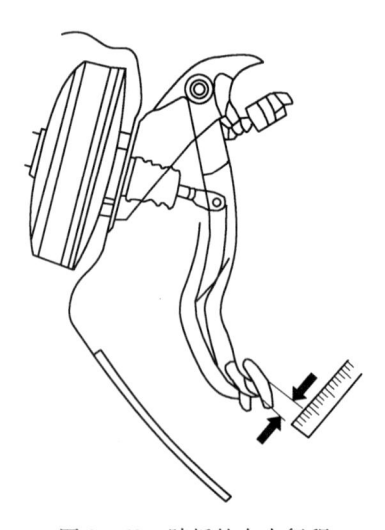

图 3-60 踏板的自由行程

4) 踏板的行程余量

起动发动机并使其怠速运转,将制动踏板踩到底后,踏板到车厢底板间还有一段距离,这段距离即为踏板行程余量,如图 3-61 所示。

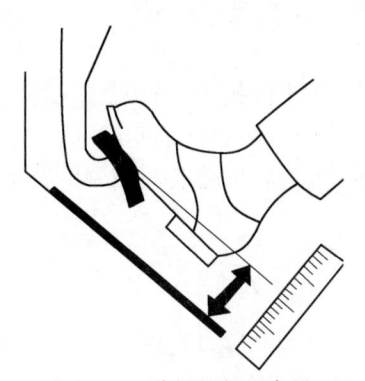

图 3-61 踏板的行程余量

5) 踏板行程的调整

对于液压制动系统,可如图 3-62 所示,松开制动器踏板上的锁紧螺母 3,调整偏心螺钉 4,调整到位后,拧紧锁紧螺母。也可通过松开制动总泵推杆上的调整螺母,调整制动总泵推杆长度来实现,如图 3-63 所示。

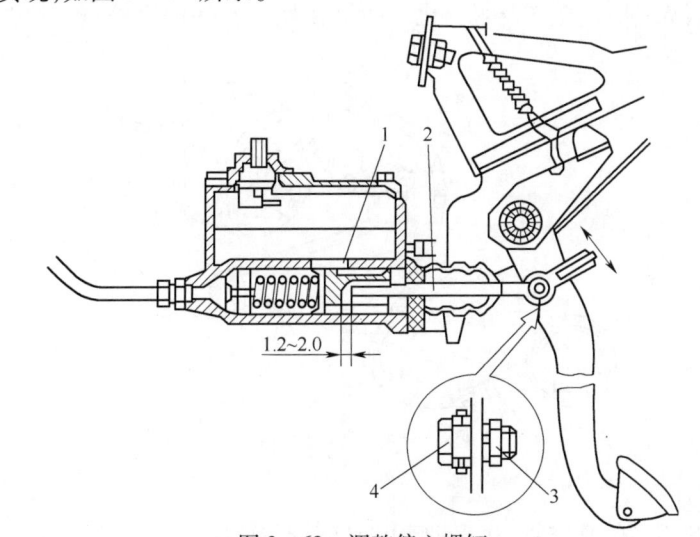

图 3-62 调整偏心螺钉
1—活塞;2—推杆;3—锁紧螺母;4—偏心螺钉。

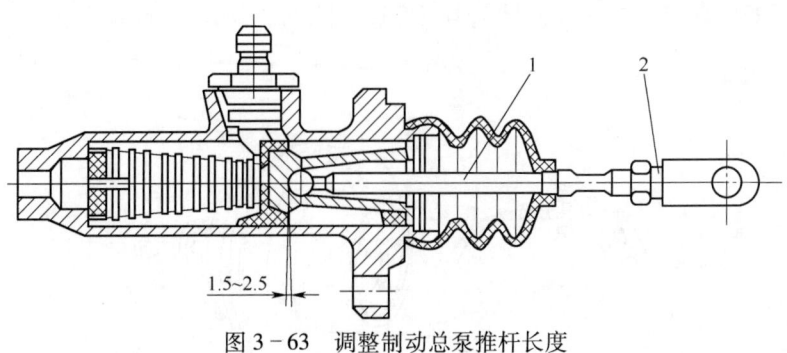

图 3-63 调整制动总泵推杆长度
1—推杆;2—调整螺母。

气压制动踏板的自由行程,是通过改变制动控制阀臂上的自由行程调整螺钉与挺杆之间的间隙来调整的。此间隙增大,踏板自由行程增大,反之则减小。气压制动踏板的自由行程的调整程序是:

(1) 拆下踏板拉杆在控制阀臂上的销子,松开调整螺钉上的锁紧螺母;

(2) 旋转调整螺钉,调整与制动阀挺杆间的间隙,此间隙一般应为 1~3mm;

(3) 将锁紧螺母拧紧,调整踏板拉杆,使其与控制阀臂上的销孔对正(在控制臂放松的状态下),并穿上销子。

2. 真空助力装置的检查

1) 直观检查

将发动机熄火,首先用力踩几次制动踏板,以消除真空助力器中残余的真空度,此时踏板高度升高;用适当的力踩住制动踏板,并保持在一定位置,然后起动发动机,使真空系统重新建立起真空,此时踏板高度应下降。如果检查情况不符合,说明真空助力器损坏。

2) 真空检查

将 T 型管、真空表、软管及卡紧装置等连接好,如图 3-64 所示。起动发动机,怠速运转 1min。卡紧与进气歧管相连的真空管上的卡紧装置,切断助力器单向阀与进气歧管之间的通路。将发动机熄火,观察真空表的变化。如果在规定时间内真空度下降过多,说明助力器膜片或真空阀损坏。

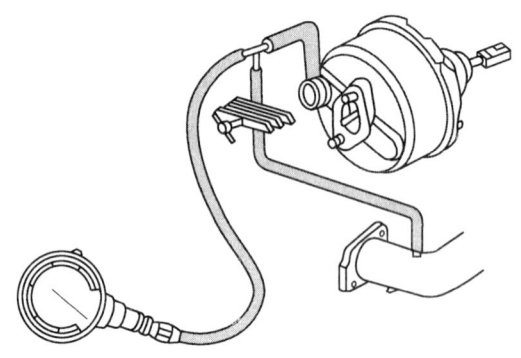

图 3-64 真空检查

3) 单向阀检查

拆下与单向阀相连的真空管,将手动真空泵软管与单向阀真空源接口相连,如图 3-65 所示。扳动手动真空泵手柄给单向阀加上 50.80~67.70kPa 的真空度,在正常情况下,真空应保持稳定。如果真空泵指示表上显示出真空度下降,则表明单向阀损坏。

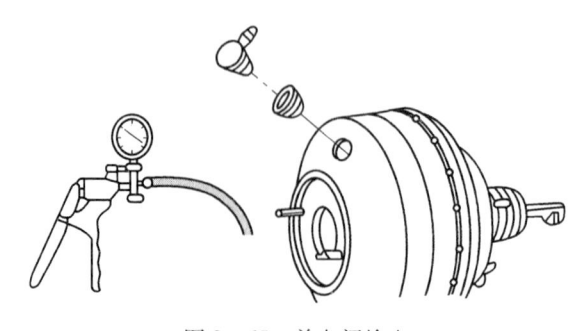

图 3-65 单向阀检查

3. 液压传动装置

1）制动管路的检查

检查储液罐是否破损,制动主缸、油管、制动管路支架有无老化及损坏现象;举升车辆,检查制动管路有无漏油现象,检查油管与车身之间是否有摩擦、压痕、扭曲、裂纹等;检查制动管路的安装是否牢固;转动车轮,观察制动管路与车轮内侧有无摩擦或干涉现象。

2）制动液的检查

旋下储液罐盖,观察制动液的颜色。如变色、变质,应更换。检查制动液储油罐的液面是否正常,制动液面应位于储液罐上 MAX 与 MIN 刻度线之间。若液量不足,应对液压系统进行泄漏检查,再补充制动液至规定液位。

3）制动液液面高度警告开关的检查

检查制动液液面高度警告开关时,应将制动液液面高度警告开关上的导线插头拆下,用木棍将制动液储液罐中的浮子压到罐底,用欧姆表测量制动液液面高度警告灯开关上两个接线片之间的电阻,此时的电阻值应为零。如电阻值不为零,说明制动液液面高度警告开关已经损坏,应该对其进行检修或更换。

4. 驻车制动器

1）驻车制动器手柄行程的检查

（1）如图 3-66 所示,彻底松开驻车制动器手柄,将变速杆挂入空挡位置,然后将汽车举起离地面一定的高度（不低于 15cm）,转动两后轮,如果迟滞应该将驻车制动间隙放大些。

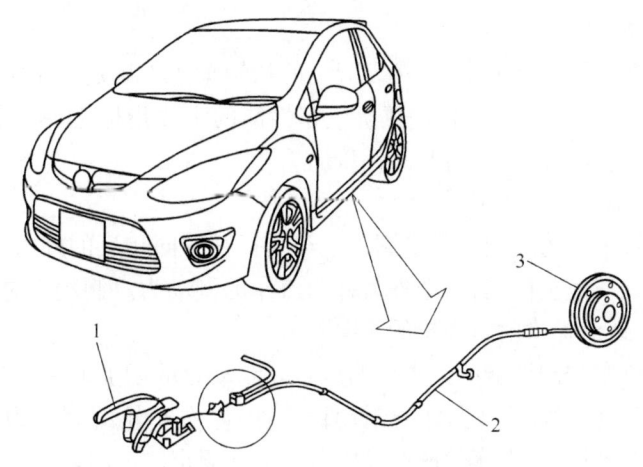

图 3-66 驻车制动器

1—手柄;2—驻车制动拉索;3—驻车制动蹄。

（2）将驻车制动器手柄拉紧,驻车制动器手柄行程在预定的槽数内（拉动时可以听到卡嗒声）。如果不符合标准,应调整驻车制动器手柄的行程。

2）驻车制动开关的检查

打开点火开关,驻车制动器手柄拉起时,驻车制动指示灯亮;释放时,驻车制动指示灯熄灭。否则,应对驻车制动开关进行检查。

检查时,拆下驻车制动开关,在驻车制动开关连接器和安装螺栓之间接上欧姆表。若拉出驻车制动开关时导通,松开驻车制动开关时不导通,则驻车制动开关良好,可能是连接线路或驻车制动指示灯存在故障;否则,就是在驻车制动开关存在故障。

3）驻车制动器手柄行程的调整

若驻车制动杆行程不在标准值范围内,则拧松调节器以松弛驻车制动。如图3‐67所示,稍稍拧紧调节器,反复放松和复位驻车制动手柄,以调整制动蹄片间隙。拧紧调节器直至驻车制动手柄行程达到标准值。调整后,检查调整螺母和销子之间是否有间隙、调整螺母是否牢固地贴在螺母座上。

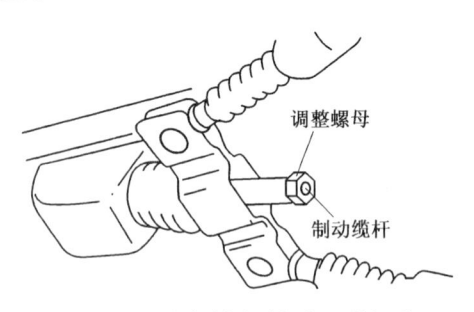

图3‐67 驻车制动手柄行程的调整

二、制动系统的性能评价指标

汽车的制动性能的评价主要从汽车的制动效能、制动效能恒定性、制动时汽车方向稳定性三个方面评价。

1. 汽车的制动效能

制动效能是指在良好的路面上,汽车以规定的初始车速以规定的踏板力制动到停车的制动距离或制动时汽车的减速度,它是评价汽车性能的主要指标之一。主要是由制动力、制动减速度、制动距离和制动协调时间来评价的。

1）制动力

汽车在制动过程中人为地使汽车受到一个与其行驶方向相反的外力,汽车在受这一外力作用下迅速地降低车速至停车,这个外力称为汽车的制动力。制动力是汽车制动时通过车轮制动器的作用,地面提供的对车轮的切向阻力。

制动力是评价汽车制动性能的最本质的因素。制动力的增加取决于制动器制动力、地面附着力的限制。为使汽车具有良好的制动稳定性,左右车轮的制动力必须满足平衡要求,即同时测得的同一轴上左右车轮的制动力差值应在规定的范围内。

2）制动距离

制动距离是指机动车在规定的初速度下急踩踏板制动时,从脚接触制动踏板(或手触动制动手柄)时起至机动车停住时止机动车驶过的距离。制动距离是评价汽车制动性能最直观的参数,但通过道路试验检测汽车的制动距离时需要较大的试验场地,检测中对轮胎的磨损较大。

制动距离是整车制动性能的综合参数,不能反映出各个车轮的制动性能及制动力的分配情况。因为汽车制动距离取决于制动力的大小和制动器起作用时间的长短,因此,也可以采用制动力和制动协调时间评价汽车的制动性能。

3）制动减速度

制动减速度与地面制动力及车辆总质量有关。对某一具体车辆而言,制动减速度与地面制动力是等效的。因此也常用制动减速度作为评价制动效能的指标。由于瞬时减速度受诸多因素影响,变化规律复杂,无法用某一个确定值来表达,因此国家标准中采用平均减速度 MFDD(Mean Fully Development Deceleration)来替代,,即以充分发出的平均减速度作为评价指标。充分发出的平均减速度越大,制动性能越好。

充分发出的平均减速度为

$$MFDD = \frac{(v_b^2 - v_e^2)}{25.92(S_e - S_b)}$$

式中　v_b——$0.8v_0$ 试验车速(km/h);

v_e——$0.1v_0$ 试验车速(km/h);

v_0——试验车制动初速度(km/h);

S_e——试验车速从 v_0 到 v_e 的行驶距离(m);

S_b——试验车速从 v_0 到 v_b 的行驶距离(m)。

4）制动协调时间

制动协调时间是指在急踩制动时,从脚接触制动踏板时起,至机动车减速度(或制动力)达到规定的机动车充分发出的平均减速度(或制动力)的 75% 时所需的时间。制动协调时间是制动性能检测中的一个重要参数,制动协调时间越短,车辆的制动响应越迅速。

2. 汽车的制动效能恒定性

汽车在行驶过程中,在高速行驶或长下坡行驶时连续制动,汽车的制动能力显著下降。而汽车驶过涉水路面时,汽车的制动能力有时也会有显著下降。主要由汽车制动抗热衰退性和汽车制动抗水衰退性来评价。

1）制动抗热衰退性

汽车制动抗热衰退性能是指汽车高速制动,短时间内重复制动或下长坡连续制动时制动效能的热稳定性。可以用制动器处于热状态时能否保持冷状态时的制动效能来评价汽车制动抗热衰退性能。

2）制动抗水衰退性

汽车制动抗水衰退性能是指汽车涉水后对制动性能的保持能力。汽车在行驶通过涉水路面时由于水进入制动器而导致汽车的制动效能下降,这种现象称为水衰退现象。

3. 汽车的制动方向稳定性

汽车在制动过程中维持直线行驶或按预定弯道行驶的能力,称为汽车制动时的方向稳定性。制动方向稳定性可以采用台试或路试检验的方法进行。在路试检验过程中,通过事先设置规定宽度的试验通道,让被测车辆行驶通过该通道时制动,并观察汽车的运动情况,车辆在制动过程中任何部位(不计入车宽的部位除外)不允许超出该通道的边缘线。台试检测时,不应出现左右车轮制动力增长速度不一致或制动力不等现象。

三、制动性能的检验方法

制动性能的检验方法可分为台试检验和路试检验。按照检验台支撑车轮形式的不同,试验台可分为滚筒式和平板式两种

1. 反力式滚筒试验台检验

1) 反力式滚筒试验台

反力式滚筒制动试验台是一种低速静态的检验设备,主要包括驱动装置、滚筒装置、测量装置、举升装置几部分。其中驱动装置由电动机、减速器和链传动组成;滚筒装置由四个滚筒组成,每对滚筒独立设置,有主动滚筒和从动滚筒之分;测量装置主要由测力杠杆、测力传感器和测力弹簧等组成;为了便于汽车出入试验台,在两滚筒之间设有举升装置,一般由举升器、举升平板和控制开关等组成。如图3-68所示。

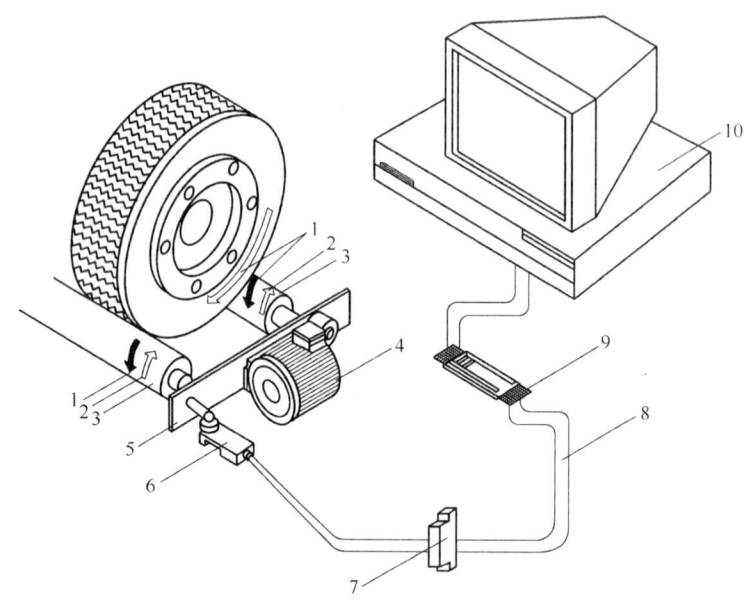

图3-68 反力式滚筒试验台
1—制动力矩;2—扭矩;3—测试滚筒;4—电机;5—压力杆;6—压力传感器;
7—信号放大单元;8—线路;9—I/O电路;10—计算机。

2) 制动性能检验方法

制动试验台滚筒表面应干燥,没有松散物质及油污。驾驶员将车辆驶上滚筒,位置摆正,变速器置于空挡,起动滚筒,使用制动,测取各轮制动力、每轴左右轮在制动力增长全过程中的制动力差、制动协调时间、车轮阻滞力和驻车制动力等参数值,并记录车轮是否抱死。

在测量制动时,为了获得足够的附着力以避免车轮抱死,允许在车辆上增加足够的附加质量和施加相当于附加质量的作用力(附加质量和作用力不计入轴荷),也可采取防止车轮移动的措施(例如加三角垫块或采取牵引等方法)。

当采取上述方法之后,仍出现车轮抱死并在滚筒上打滑或整车随滚筒向后移出的现象,而制动力仍未达到合格要求,应改用国家标准中规定的其他方法进行检验。

2. 平板式制动试验台检验

1) 平板式制动试验台

平板式制动试验台是一种低速动态检测设备,主要由四块可以活动的平板、传感器和信号处理设备组成,每块平板的长度都大于1个车轮的直径,如图3-69所示。平板式制动试验台检测的是各轮制动力,检测制动过程与路试时的制动过程较接近。

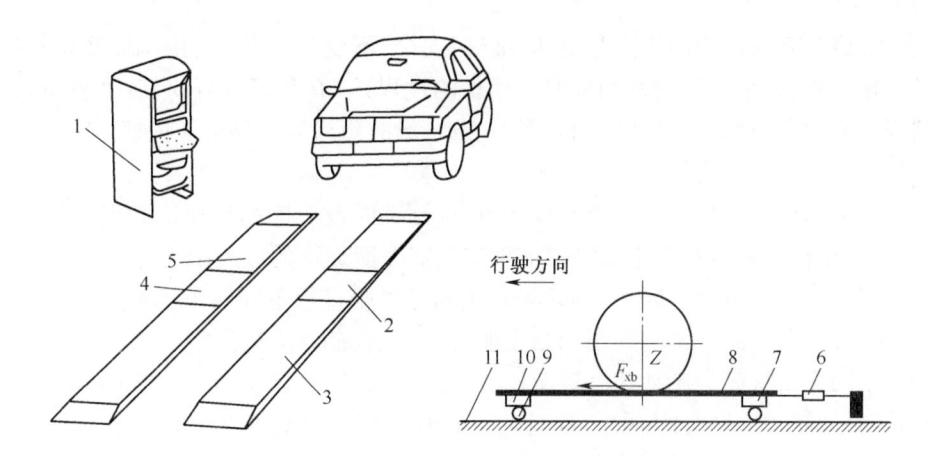

图 3-69　平板式制动试验台

1—控制柜;2、4—侧滑测试平板;3、5—制动和轴重测试平板;6—拉力传感器;
7、10—压力传感器;8—面板;9—钢球;11—底板。

2）制动性能检验方法

制动检验台平板表面应干燥,没有松散物质及油污,平板表面附着系数不应小于 0.75。驾驶员将车辆对正平板制动检验台,以 5~10 km/h 的速度(或制动检验台制造厂家推荐的速度)行驶,置变速器于空挡(自动变速的车辆可置变速器于 D 挡)。

急踩制动踏板,使车辆停住,测得各轮制动力、每轴左右轮在制动力增长全过程的制动力差、制动协调时间、车轮阻滞力和驻车制动力等参数值。

3. 路试检验制动性能

1）检验仪器

在路试检验制动性能时,通常采用五轮仪或多功能速度仪进行。五轮仪又称"第五轮仪",分为接触式与非接触式两种类型,其中用非接触式的较多,接触式的基本已经淘汰,可检测制动距离、制动速度,制动时间。非接触式多功能速度仪可检测制动距离、速度、MFDD、减速度、油耗、制动时间等。

2）制动性能检验方法

（1）路试检验制动性能应在平坦(坡度不应大于 1%)、干燥和清洁的硬路面(轮胎与路面之间的附着系数不应小于 0.7)上进行。

（2）在试验路面上画出规定宽度的试验通道的边线,被测车辆沿着试验车道的中线行驶至高于规定的初速度后,置变速器于空挡(自动变速的机动车可置变速器于 D 挡),当滑行到规定的初速度时,急踩制动踏板,使机动车停止。

（3）用制动距离检验行车制动性能时,采用速度计、第五轮仪或用其他测试方法测量车辆的制动距离,对除气压制动外的机动车还应同时测取踏板力(或手操纵力)。

（4）用充分发出的平均减速度检验行车制动性能时,采用能够测出充分发出的平均减速度(MFDD)和制动协调时间的仪器测量车辆充分发出的平均减速度和制动协调时间,对除气压制动外的车辆还应同时测取踏板力(或手操纵力)。

4. 台式检验法与路试检验法比较

1) 台式检验法

台试法检验制动性能的优点是迅速、准确、安全,不受外界条件的限制,重复性较好,能测得各车轮的制动全过程(制动力随时间增长的过程)。有利于分析前、后轴制动力的分配及每轴制动力的平衡状态、制动协调时间等参数,给故障诊断提供可靠依据。

台试法检验的不足之处有:

(1) 通常台试法被检车辆处于空载状态,且制动时没有因惯性作用而引起的轴荷前移作用,故前轴车轮容易抱死而不易测得前轴制动器可能提供的最大制动力。

(2) 同一试验台对于不同型号的车辆(主要是轮胎直径不同的车辆),因其轮胎在试验台滚筒间的安置角不同而影响其制动测定能力(即最大制动力的测定)。

(3) 制动测试滚筒的制动速度较低,与实际制动状况相差甚远。这将影响所测试制动力上升速度,使制动协调时间延长,若与采用时间不能很良好匹配时甚至影响所测制动力值的大小。不能反映汽车其他系统(如转向机构、悬架)的结构、性能对制动性能的影响。

2) 路试检验法

路试法检验制动性能的优点是直观、简便、能真实地反映实际工程中汽车动态的制动性能,能综合反映汽车其他系统的结构性能对汽车制动性能的影响,如转向机构、悬架系统机构和形式对制动方向稳定性的影响,且不需要大型设备与厂房。但也存在下列不足之处:

(1) 只能反映整车制动性能的好坏,而对于各轮的制动状况及制动力的分配,虽能从拖、压印做出定性分析,但不易取得定量的数值。

(2) 不易诊断故障发生的部位。

(3) 重复性较差。制动距离的长短和制动减速度的大小,往往因驾驶员操作方法、路面状况和交通状况而异。只有在专用试验仪器的情况下才能获得重复性较好的检验结果。

(4) 除道路条件外,路试还将受到气候条件等的限制,且有发生事故的危险性。

(5) 消耗燃料,磨损轮胎,紧急制动时的冲击载荷对汽车各部件都有不良的影响。

四、制动系统的故障诊断

1. 液压制动系统的故障诊断

液压制动系统常见的故障有:液压制动不良、液压制动失效、液压制动拖滞、液压制动跑偏等。

1) 制动不良

(1) 故障现象

① 制动时不能迅速减速或停车。

② 第一脚踏下制动踏板时制动不灵;连续踩踏制动踏板,踏板逐渐升高,但感到软弱,并且制动效果不佳。

(2) 故障原因

① 油路故障:油液不足、变质,管路漏油或漏气。

② 制动总泵(主缸)、分泵(轮缸)故障:液压制动总泵和分泵橡胶碗、橡胶圈老化、发胀或磨损、变形,活塞与缸壁磨损过大;液压制动总泵分泵回位阀弹簧过软、折断、自由长度不

足;出油阀、回油阀密封不严,储液室内制动液不足。

③ 制动踏板自由行程问题:制动踏板自由行程过大,制动主缸和工作缸推杆调整不当或松动;踏板传动机构松旷。

④ 真空助力装置故障:真空管路漏气;控制阀阀门密封不严,气室膜片破损,控制阀活塞和橡胶圈磨损;回位弹簧过软。

⑤ 制动器故障:制动蹄摩擦片磨损严重,摩擦片与制动鼓之间的间隙过大,制动盘磨损过薄或制动鼓制动盘工作表面有油污;制动蹄摩擦片与制动鼓接触状态不佳,调整不良;制动盘翘曲变形,制动鼓圆度、圆柱度超差;制动蹄片表面烧焦、蹄片松动、脱落、铆钉露出;鼓式车轮制动器浸水;制动蹄回位弹簧过硬,制动蹄轴锈蚀卡死等。

(3) 故障诊断与排除

① 踩下制动踏板,如踏板高度适中,但感觉发硬,应进行路试检查;若经检查制动不良,应对制动器间隙进行检查。若间隙正常,则导致故障的原因为制动管路堵塞、摩擦片老化或沾有油污、活塞卡滞、铆钉松动、真空助力装置失效、摩擦片受潮等。

② 如踏板踩到底无反应,连续踩几脚制动踏板,踏板踩到底仍无力,则导致故障的原因为缺制动液、主缸进油孔或储液室盖通气孔堵塞、管路漏油、橡胶碗破裂、连接机构松脱等。

③ 如连续踩几脚制动踏板,踏板逐渐升高,制动效能好转,则应对踏板自由行程和制动器间隙进行检查。

④ 如踏板自由行程和制动器间隙正常,则导致故障的原因为主缸或轮缸橡胶碗密封不良、主缸与轮缸活塞回位弹簧过软或折断等。

⑤ 如连续踩几脚制动踏板,踏板缓慢下降,则导致故障的原因为制动管路渗漏、主缸回油阀或出油阀出油不良。

⑥ 踩制动踏板有弹性感,则导致故障的原因为制动管路中渗入空气。

⑦ 松开制动踏板,如制动主缸活塞未回位,则故障为制动主缸橡胶碗破裂、回位弹簧过软或折断等。

2) 制动失效

(1) 故障现象

汽车行驶中,将制动踏板踩到底,制动装置根本不起作用,或在使用一次或几次制动后,制动装置突然不起作用。制动失效故障又分为整车制动失效和个别车轮制动失效两种。制动失效故障突发性强,往往造成严重后果,属于恶性故障。

(2) 故障原因

① 液压制动总泵(主缸)故障:制动总泵内制动液严重不足;制动总泵橡胶皮碗、橡胶圈严重磨损,或橡胶皮碗被踏翻;制动总泵至制动分泵的管路断裂,或接头松脱,严重漏油;制动踏板传动机构脱落、断裂。

② 液压制动分泵(轮缸)故障:制动分泵橡胶皮碗严重破损,或橡胶皮碗被顶翻;制动分泵活塞在缸筒内卡死;制动分泵进油管被压扁、堵死;制动分泵排空气螺钉松脱、丢失。

③ 车轮制动器故障:制动蹄摩擦片大面积脱落,摩擦片严重烧蚀;制动鼓、制动盘开裂、破碎。

(3) 故障诊断与排除

① 诊断时,应先将汽车停放在平坦的地方,将前后车轮用三角木垫牢,并拉紧驻车制

动,以防溜车造成事故。

② 连续踩制动踏板,若踏板不升高,同时又感到无阻力,则应该检查液压缸是否漏油。

③ 若液压缸不缺油,则应该检查各机械连接部位,看看这些地方是否有脱开或损坏之处。

④ 如各机械连接部位正常,再次踏下踏板,若制动仍然无效,就应对液压泵分解检查。

3)制动拖滞

(1)故障现象

制动拖滞故障也称制动发咬。使用制动后,再放松制动踏板,汽车不能立即起步。汽车行驶中感到无力,行驶一段距离后,尽管未使用制动器,但仍有某一制动鼓(盘)或全车制动鼓(盘)发热。制动拖滞故障分为全车制动拖滞和个别车轮制动拖滞两种。

(2)故障原因

① 液压制动总泵(主缸)故障:制动踏板没有自由行程,或踏板回位弹簧松脱、折断、太软;制动踏板轴锈蚀,磨损发卡,回位弹簧不能使其回位;制动液太脏或黏度太大,使得回油困难;制动总泵回油孔、旁通孔被脏物堵塞;制动总泵活塞发卡、橡胶皮碗发胀使其回位不灵活,堵住总泵回油孔;制动总泵活塞回位弹簧过软,或折断;制动总泵回油阀弹簧过硬。

② 液压制动分泵(轮缸)故障:制动分泵橡胶皮碗发胀、卡住或橡胶皮碗被黏住;制动分泵活塞变形、磨损、卡住;制动油管被压扁或制动软管老化,内壁脱落堵塞导致回油不畅。

③ 车轮制动器故障:制动蹄摩擦片与制动鼓(盘)间隙过小;制动蹄摩擦片与制动鼓(盘)烧结、黏住;制动蹄摩擦片脱落,其碎片夹在制动蹄摩擦片与制动鼓(盘)之间;制动蹄回位弹簧脱落、折断,或弹力过小;制动蹄轴与衬套配合间隙过紧、润滑不良、锈蚀,引起回位转动困难;制动鼓失圆,制动盘翘曲变形。

④ 助力伺服机构故障:真空伺服气室膜片回位弹簧过软;真空控制阀膜片弹簧过软;真空助力器的控制阀、空气阀与真空阀间距过大,使真空阀与阀座距离变小;真空助力器的控制阀活塞发卡,或橡胶碗发胀,使活塞运动不灵活;真空助力器的伺服气室活塞回位弹簧过软;真空助力器的伺服气室壳体变形使活塞回位困难。

⑤ 其他原因:轮毂轴承调整不当,使制动鼓歪斜与制动蹄摩擦片接触;行车制动兼驻车制动的手刹杆未放松,或钢索调整不当。

(3)故障诊断与排除

先确定是全车制动拖滞,还是个别车轮制动拖滞。如果是全车制动拖滞,做如下检查:

① 检查制动踏板有无自由行程。

② 打开储液室盖,连续踏制动板观察回油。若回油缓慢或不回油,检查制动液是否太脏或太黏。

③ 如果制动液纯清,踩一次制动踏板后,放松制动踏板,并拧松任意一个分泵放气螺栓,喷出制动液,全车制动"发咬"现象可以解除。

如果是个别车轮拖滞,做如下检查:

① 支起"发咬"的车轮,拧松该分泵排气螺栓,如果制动液急速喷出后制动蹄回动,应检查制动油管是否堵塞。

② 放液后,如果制动蹄仍不能回动,应检查制动器间隙是否过小。

③ 如果上述检查均正常,则分解检查分泵活塞、皮碗和其它造成制动蹄回位不良的

因素。

4）制动跑偏

（1）故障现象

汽车制动时自动向一侧偏驶，即为制动跑偏。

（2）故障原因

① 某轮缸的进油管被压扁、堵塞，或进油软管老化、发胀造成进油不畅、进油管接头松动漏油。

② 某轮缸的缸筒、活塞、橡胶碗磨损漏油，导致压力下降。

③ 制动系统某个支路或轮缸内有空气未排出。

④ 各车轮制动器的制动间隙不一致。

⑤ 车架变形、前轴移位、前束不合要求、转向机构松旷及两前钢板弹簧弹力不等。

⑥ 两前轮制动蹄支承销偏心套磨损程度不一。

⑦ 各车轮制动器的制动鼓的圆度、圆柱度、盘式制动器的制动盘厚度不符合标准。

⑧ 各车轮制动器的制动蹄回位弹簧弹力相差过大。

（3）故障诊断与排除

① 通过路试制动，检查轮胎拖印，拖印短或没有拖印的车轮即为制动效能不良。

② 检查制动效能不良车轮的制动管路是否漏油，轮胎气压是否充足。若正常，可检查制动器间隙是否正常。

③ 如上述检查均正常，可检查制动分泵是否渗入空气。若无空气渗入，则需拆下制动鼓对制动器部件进行检查。

④ 如经检查制动系均正常，则应对悬架及车轮定位进行检查。

2. 气压制动系统的故障诊断

气压制动系统常见故障有：制动不灵或失效，制动跑偏、制动拖滞等。

1）制动不灵或失效

（1）故障现象

汽车在减速或停车制动时，减速程度明显不足。紧急制动时，不能很快停车，制动时间和距离太长。停车察看时，地面没有轮胎拖擦印迹或拖擦印迹很短。

（2）故障原因

① 空气压缩机故障：皮带断了或打滑；活塞与缸筒磨损严重；卸荷阀关闭不严；气压调节阀调整过低。

② 储气筒气压过低：储气筒上的安全阀失效；空气压缩机传动带折断或打滑；空气压缩机向储气筒的供气管道破损、堵塞，或管道接头松脱、漏气严重；卸荷阀卡死；挂车制动分离开关未关或关闭不严；储气筒破裂，储气筒各功能阀失效、漏气。

③ 制动阀故障：进、排气阀关闭不严或卡住；膜片破裂；活塞的密封圈不良；排气间隙过大。

④ 制动踏板传动机构折断。

⑤ 制动管路折断，接头松脱，或管道堵塞，气阻。

⑥ 制动气室故障：制动气室膜片破裂、壳体破损、接合面松动或推杆在壳体孔中卡死不能移动；调整臂调整不当导致制动气室推杆行程过小。

⑦ 车轮制动器故障:制动鼓与制动蹄间隙过大或接触面积太小;制动蹄片上有油污、水;制动蹄片上铆钉松动;制动鼓失圆或磨有沟槽;凸轮轴、制动蹄的支承销锈死或磨损松旷;调节臂上的调整蜗杆调整不当;制动管路漏气;制动凸轮轴与支架衬套卡死,不能转动,或转角过小;制动蹄摩擦片大面积脱落,或严重烧蚀;制动鼓开裂、破碎;制动器过热或浸水。

(3) 故障诊断与排除

① 检查制动踏板的自由行程是否合适,如过大,应按规定值进行调整。

② 如踏板自由行程合适,应起动发动机查看气压表压力是否合适。如发动机运转 3~5min后,压力指示仍然很低,应熄火检查气压。如气压不断下降,说明有漏气处。

③ 如熄火检查气压不下降,应检查风扇皮带和压缩机传动带是否过松或破裂老化而打滑。

④ 如上述检查仍正常,应拆下空气压缩机出气管试验,如出气孔泵气有力,表明管路堵塞,如无泵气压力,则表明空气压缩机有故障。

⑤ 如气压表读数不低(气压表压力不小于 500 kPa),将制动踏板踩到底,看气压表读数能否瞬时下降49kPa 左右,如下降太少,说明制动阀调整不当或其工作不良。在将制动踏板踏住时,气压表读数下降并有漏气声,说明制动阀至制动气泵间的管路有漏气处。

⑥ 如踏下制动踏板气压表读数下降正常,说明车轮制动工作不正常。此时应重新调整车轮制动器,如故障排除,说明车轮制动器调整不当。

⑦ 如车轮制动器调整后故障仍未排除,则进一步检查是否是制动气室的推杆伸张行程太小、制动凸轮缺油或锈死、制动蹄摩擦片工作不良、制动鼓不圆或起槽等。

2) 制动跑偏

(1) 故障现象

汽车行驶中使用制动时,其行驶方向发生偏斜,在紧急制动时,车辆出现扎头或甩尾现象,不能沿直线方向停车。

(2) 故障原因

① 左右车轮制动器产生的制动力不等。

② 左右车轮轮胎的花纹、气压不一致。

③ 前钢板弹簧有断片或弹簧的弹力不等。

④ 前轮前束调整不当或拉杆球头松旷。

⑤ 车辆装载不均匀或车架在使用中变化。

(3) 故障诊断与排除

① 对车辆进行路试,找出制动效能不良的车轮,一般汽车制动时,车头向左偏斜为右侧车轮制动不良,车头向右偏斜为左侧车轮制动不良。

② 若前后车轮制动效能良好,但仍有跑偏现象,应检查左右车轮的花纹及轮胎气压是否一致、两前钢板弹簧是否有断片或弹簧力不等以及车架在使用中是否变形。

③ 若上述检查均比较正常,而且在行驶中汽车也有跑偏现象,应测量前后桥两轮间的轴距,检查跑偏是否因前后桥不平行所致。

④ 若在制动时,汽车忽向左跑偏,忽又向右跑偏,应检查是否前轮前束调整不良,从而使汽车出现负前束;同时还要检查转向横直接杆的球头是否磨损过多而松旷。

3）制动拖滞

（1）故障现象

抬起制动踏板后,制动阀排气缓慢或不排气,不能立即解除制动,或排气虽快,但仍有制动作用,致使汽车起步困难或行车无力。

（2）故障原因

① 制动踏板无自由行程。

② 制动阀的排气阀调整垫片过薄,其回位弹簧过软、折断或橡胶阀座老化发胀。

③ 制动阀挺杆锈蚀。

④ 制动踏板至制动阀拉臂之间传动件发卡。

⑤ 制动凸轮轴与支架衬套锈蚀发卡。

⑥ 制动鼓与摩擦蹄片间隙过小。

⑦ 制动蹄支销锈污或回位弹簧过软、折断。

⑧ 半轴套管与其后桥壳或轮毂轴承配合处磨损造成松动。

⑨ 制动气室膜片老化变形,单层胶膜破裂鼓起或制动软管老化,气流不畅。

（3）故障诊断与排除

① 抬起制动踏板时制动阀排气缓慢或不排气,多属制动阀故障,表现为各轮制动鼓均发热。

② 若排气声怯或继续排气而制动发咬,一般为个别轮制动发咬,摸试各轮制动鼓温度高者即为有故障之轮。

③ 若确定制动阀有故障,应先检查制动踏板自由行程。若自由行程太小或没有,应予以调整。

④ 如自由行程正常,可旋松排气阀试验。如有好转,则为排气阀调整垫片过薄。

⑤ 如仍无好转,可检查排气阀回位弹簧及胶座是否正常。

⑥ 如上述检查均正常,则应检查制动挺杆是否锈污及制动传递杆件是否活动灵活。

⑦ 个别轮发咬,可在抬起制动踏板时,观察制动气室推杆回位情况。若其回位缓慢或不回位,应检查制动凸轮轴与其支架套是否失去润滑或不同轴度过大而发卡。

⑧ 如上述检查正常,架起车轮检查正常,而落下车轮后又出现个别轮发咬故障,则可能是轮毂轴承松旷或半轴套管与后桥壳配合松动。

⑨ 若上述检查仍正常,应检查制动气室膜片及回位弹簧是否存在故障。

第五节　前照灯的检测

前照灯是汽车在夜间或在能见度较低的条件下,为驾驶员提供行车道路照明的重要设备,而且也是驾驶员发出警示,进行联络的灯光信号装置,所以前照灯必须有足够的发光强度和正确的照射方向。

由于在行车过程中,汽车受到振动,可能引起前照灯部件的安装位置发生变动,从而改变光束的正确照射方向,同时灯泡在使用过程中会逐步老化,反射镜也会受到污染而使其聚光的性能变差,导致前照灯的亮度不足。上述这些变化,都会使驾驶员对前方道路情况辨认不清,或在与对面来车交会时造成对方驾驶员眩目等,从而导致事故的发生。因此,前照灯的发光强度和光束的照射方向被列为机动车运行安全检测的必检项目。

一、前照灯检测标准及检验方法

1. 前照灯检测标准

1)前照灯光束照射位置

根据国家标准GB4559—2008《机动车运行安全技术条件》的规定,前照灯光束照射位置的要求如下:

(1)机动车在检验前照灯的近光光束照射位置时,前照灯在距离屏幕10m处,光束明暗截止线转角或中点的高度应为$0.6H \sim 0.8H$(H为前照灯基准中心高度,下同);其水平方向位置向左向右偏差均不得超过100mm。

(2)四灯制前照灯其远光单光束灯的调整,要求在屏幕上光束中心离地高度为$0.85H \sim 0.90H$,水平位置要求左灯向左偏不得大于100mm,向右偏不得大于170mm;右灯向左或向右偏均不得大于170mm。

(3)机动车装用远光和近光双光束灯时以调整近光光束为主。对于只能调整远光单光束的灯,调整远光单光束。

2)前照灯的发光强度

根据国家标准GB4559—2008《机动车运行安全技术条件》的规定,机动车每只前照灯的远光光束发光强度应达到表3-3的要求。测试时,其电源系统应处于充电状态。

表3-3 前照灯远光光束发光强度要求　　单位:坎德拉(cd)

检查项目 车辆类型	新注册车		在用车	
	两灯制	四灯制	两灯制	四灯制
汽车、无轨电车	15,000	12,000	12,000	10,000

2. 前照灯的检验方法

1)用屏幕检测前照灯的光束照射位置

用屏幕法检测前照灯光束照射位置时,检查用场地应平整,屏幕与场地应平直,被检验的车辆应在空载、轮胎气压正常、乘坐1名驾驶员的条件下进行。将车辆停置于屏幕前,并与屏幕垂直,使前照灯基准中心距屏幕10m,在屏幕上确定与前照灯基准中心离地面距离H等高的水平基准线及以车辆纵向中心平面在屏幕上的投影线为基准确定的左右前照灯基准中心位置线。分别测量左右远近光束的水平或垂直照射方位的偏移值

如图3-70所示,在距前照灯10m处设有一专用屏幕,按前述规定的检验条件,在屏幕上画有三条垂直线和三条水平线,中间垂直线$V-V$与被检车辆的纵向中心线对正。两侧的垂直线$V_左-V_左$和$V_右-V_右$分别为被检车辆的左右前照灯的中心线;水平线$h-h$与被检车辆的前照灯的中心等高,距地面高度为$H(mm)$;其下一条水平线的高度为H_1,与被检车辆的前照灯远光光束中心的上限值($0.9H$)等高,最下面的一条水平线的高度为H_2,与被检车辆的前照灯近光光束中心的上限值($0.8H$)等高。标准规定远近光光束中心高度的偏差范围分别为$0.05H$与$0.2H$,即其下限值分别为$0.85H$和$0.6H$。

检测时,先遮住一边的前照灯,然后打开前照灯的近光开关,未遮盖的前照灯的近光明暗截止线转角或光束中心应落在由高度为H_2、$H_2-0.2H$的两条水平线及距汽车纵向中心线

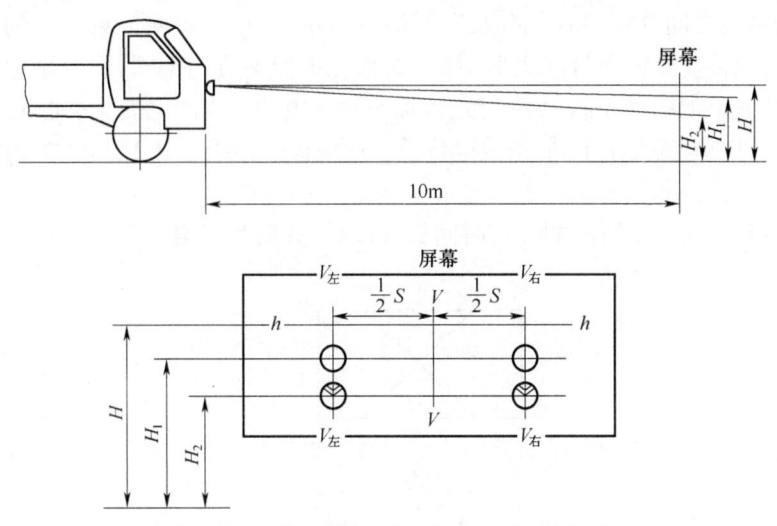

图 3-70 用屏幕检测前照灯的光束照射位置

为 $S/2+100$、$S/2-100$(mm) 两条垂线所围的矩形面积内,否则表明近光光束照射位置偏斜不合格。

对于远光单光束前照灯,则要检测远光光束的照射位置,检测方法与前相同,但其光束中心应落在由高度为 H_1、$H_1-0.05H$ 的两条水平线及距汽车纵向中心线为 $S/2+170$、$S/2-170$(mm) 两条垂线所围的矩形面积内,方为合格。

用屏幕法检测前照灯,其方法简单易行,但它只能检测出光束的偏斜方向和偏斜量,不能检测发光强度,而且为适应不同车型,还需经常更换屏幕,检测效率较低。

2) 用前照灯检测仪检测发光强度和光轴偏移量

前照灯检测仪一般是采用具有把吸收的光能变成电流的光电池元件,按照前照灯主光轴照射光电池产生电流的比例,来测量前照灯的发光强度和光轴偏斜量的。

(1) 前照灯发光强度的检测原理

如图 3-71 所示,把光电池 3 与光度计 1 连接起来,以适当距离使前照灯照射光电池后,光电池把吸收的光能转变成电流,此电流的大小与光的强度大小成正比,便可在光度计 1 上指示出前照灯的发光强度。可变电阻主要是用来使光度计的指针回零。

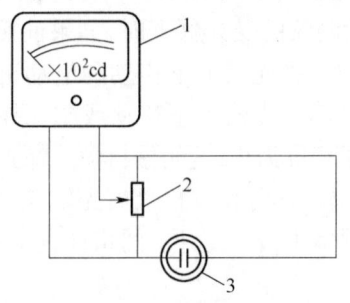

图 3-71 发光强度的检测原理图
1—光度计;2—可变电阻;3—光电池。

(2) 光轴偏斜量的检测原理

测量前照灯光轴偏斜量的电路如图 3-72 所示,该电路由 $S_{左}$、$S_{右}$、$S_{上}$、$S_{下}$ 两对光电池组成,两对光电池之间分别接有左右及上下偏斜指示计,用于检测光束中心的左右及上下偏斜量。当光电池受到前照灯光束照射时,如果光束照射方向偏斜,将分别使光电池的左右及上下两块光电池的受光面积不一致,因而每对光电池产生的电流大小也不一致,即 $S_{左}$、$S_{右}$、$S_{上}$、$S_{下}$ 之间的电流大小不同,形成电流差。此电流差使指示计 1、3 的指针摆动,从而检测出光轴的偏斜方向和偏斜量。

光电池生产出来,无论使用与否,时间长久以后,其灵敏度均会下降。

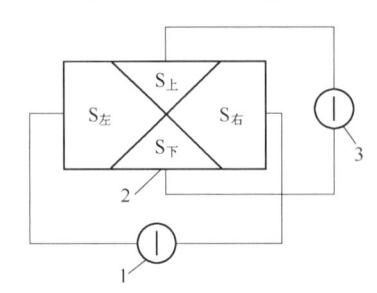

图 3-72 光轴偏斜量检测原理图
1—左右偏斜指示计;2—光电池;3—上下偏斜指示计。

二、前照灯检测仪的结构及检测方法

1. 前照灯检测仪的结构

目前用于汽车前照灯检测的检测仪主要有聚光式、屏幕式、投影式和自动追踪光轴式四种类型,每种形式的检测仪虽然结构和测量方法都不同,但均由接受前照灯光束的受光器、使受光器与前照灯对正的照准装置、汽车摆正找准装置、指示发光强度的指示装置、指示光轴偏斜方向和偏斜量的指示装置及支柱、底板、导轨等组成。下面以自动追踪光轴式前照明灯检测仪为例进行介绍。

自动追踪光轴式前照灯检测仪采用受光器自动追踪光轴的方法检测前照灯发光强度和光轴偏斜量,其结构如图 3-73 所示。

受光器的聚光透镜表面共装有上下和左右四个光电池,其内部也分别装有四个光电池,内外形成主、副受光器。检测仪台架和受光器的移动由电动机驱动,当光电池由于受光不均而产生电流差值时,此电流差既用来使指示计偏转,也用来控制电动机转动。

当前照灯的光束照射到检测仪的受光器上时,如果前照灯的光束偏斜,则光电池的受光量不等,产生的电流的差值控制受光器上下移动的电动机运转,或使控制箱左右移动的电动机运转,并通过传动机构牵动受光器上下移动或驱动控制箱在轨道上左右移动,直至受光器上下、左右光电池受光量相等为止,这叫做自动追踪光轴。

在追踪光轴时,受光器的位移方向和位移量由光轴偏斜指示计指示,此即前照灯光束的偏斜方向和偏斜量,而发光强度则由光度计上的指针直接读出。

2. 检测方法

前照灯的检测参数为发光强度和光轴的偏斜量(光束照射位置),其检测的具体步骤如下:

1)检测仪的准备

(1)在不受光的状态下,检查光度计和光轴偏斜指示计的指针是否能对准机械零点。

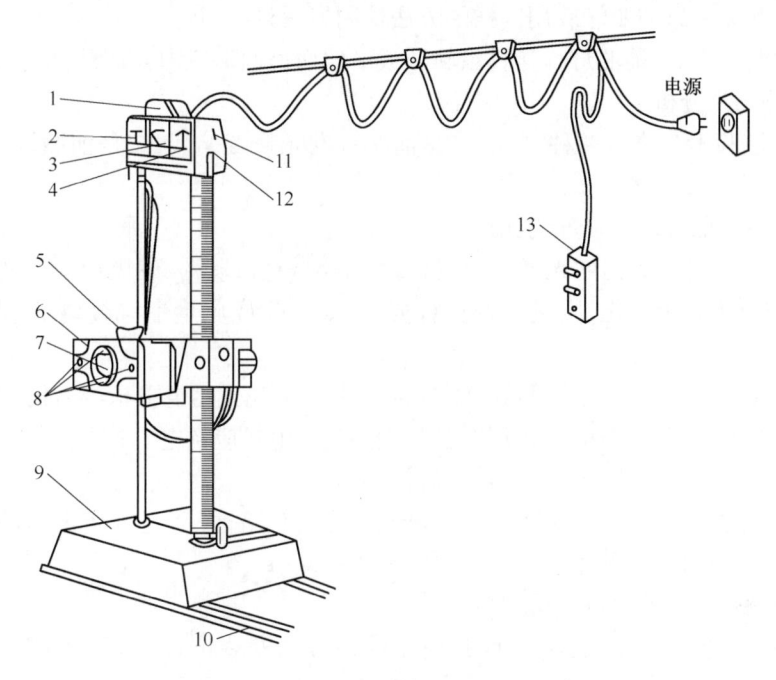

图 3-73 自动追踪光轴式前照灯检测仪

1—在用显示器;2—左右偏斜指示计;3—光度计;4—上下偏斜指示计;5—车辆摆正找准器;6—受光器;7—聚光透镜;8—光电池;9—控制箱;10—导轨;11—电源开关;12—熔丝;13—控制盒。

若指针没有指零,则用调整螺钉进行调整。

(2) 检查聚光透镜和反射镜的镜面上有无污物或模糊不清的地方。如果有,则用柔软的布料或镜头纸擦拭干净。

(3) 检查水准器的技术状况。若水准器无气泡,应进行修理或更换。若气泡不在红线框内时,可用水准器调节器或垫片进行调整。

(4) 检查导轨是否沾有泥土等杂物。若有,应清除干净。

2) 车辆的准备

(1) 用柔软的布料清除汽车前照灯上的油污。

(2) 检查轮胎气压,应符合汽车制造厂的规定。

(3) 检查汽车蓄电池电压,应处于充足电量状态。

3) 检测步骤

由于前照灯检测仪的类型各不相同,其检测的具体方法也不尽相同。这里仍以自动追踪光轴式前照灯检测仪的检测步骤为例进行介绍。

(1) 将被检汽车尽可能地与前照灯检测仪的轨道保持垂直方向驶近检测仪,使前照灯与检测仪受光器相距 3m。

(2) 将车体摆正,用汽车摆正找准器使检测仪与被检汽车对正。

(3) 开亮前照灯,接通检测仪电源,用控制器上的上下、左右控制开关移动检测仪的位置,使前照灯光束照射到受光器上。

(4) 按下检测开关,受光器随即追踪前照灯光轴,根据光轴偏斜指示计和光度计的指示值,即可得到光轴偏斜量和发光强度值。

（5）检测完一只前照灯后用同样的方法检测另一只前照灯。

（6）检测结束后,前照灯检测仪沿轨道或沿地面退回护栏内,汽车驶出。

4）检测结果分析

前照灯检验不合格有两种情况,一是前照灯发光强度偏低,二是前照灯光束照射位置偏斜。

（1）左右前照灯发光强度均偏低

① 检查前照灯反光镜的光泽是否明亮,如昏暗或镀层剥落、发黑应予更换。

② 检查灯泡是否老化,质量是否符合要求,如老化或质量不符合要求,光度偏低者应更换。

③ 检查蓄电池端电压是否偏低,如端电压偏低,应先充足电再检测。仅靠蓄电池供电,前照灯发光强度一般很难达到标准的规定,检测时发电机应供电。

（2）左右前照灯发光强度不一致

检查发光强度偏低的前照灯的反射镜光泽是否灰暗,灯泡是否老化,质量是否符合要求,一般多为搭铁线路接触不良。

（3）前照灯光束照射位置偏斜

光束照射位置发生偏斜时,一般是由于前照灯的安装位置出现了偏移,应进行紧固、调整。

5）前照灯的调整

如果检测结果不合规定,应利用前照灯检测仪对其进行调整。调整光束照射位置时,主要以调整近光光束为主,因为如果制造质量合格的灯泡,近光调整合格后,远光光束一般也能合格;如果近光光束调整合格后,远光光束照射方向经检查不合格,则应更换灯泡。

第六节　车速表的检测

汽车行驶速度对行驶安全有很大影响,车速表是驾驶员准确获得汽车实际车速所依靠的重要仪表装置,为此,要求车速表技术状况必须完好。但车速表在长期使用过程中,其内部技术状况及车轮滚动半径会出现变化,从而使车速表出现误差。如果车速表的指示误差过大,驾驶员就难以正确控制车速,且极易因判断失误而造成交通事故。为确保车速表的指示精度,必须定期对车速表进行检测、校正。

一、车速表误差的测量原理

车速表误差的测量需采用滚筒式车速表试验台进行,将被测汽车车轮置于旋转滚筒上,模拟汽车在道路上的行驶状态。

测量时,由被测车轮驱动滚筒旋转或由滚筒驱动车轮旋转,滚筒端部装有速度传感器（测速发电机）,测速发电机的转速随滚筒转速的增高而增加,而滚筒的转速与车速成正比,因此测速发电机发出的电压也与车速成正比。

滚筒的线速度、圆周长与转速之间的关系,可用下式表达:

$$V = nL \times 60 \times 10^{-6}$$

式中　V——滚筒的线速度（km/h）;

L——滚筒的圆周长(mm);
n——滚筒的转速(r/min)。

因车轮的线速度与滚筒的线速度相等,故上述的计算值即为汽车的实际车速值,由车速表试验台上的速度指示仪表显示,称为试验台指示值。

车轮在滚筒上转动的同时,汽车驾驶室内的车速表也在显示车速值,称为车速表指示值。将试验台指示值与车速表指示值相比较,即可得出车速表的指示误差。

$$车速表指示误差 = \frac{车速表指示值 - 试验台指示值}{试验台指示值} \times 100\%$$

二、车速表的检测

1. 车速表试验台的结构

车速表试验台主要包括无驱动装置的标准型和有驱动装置的驱动型两种,此外还有把车速表试验台与制动试验台或底盘测功试验台组合在一起的综合型测试装置。下面主要对无驱动装置的标准型和有驱动装置的驱动型车速表试验台的结构进行介绍。

1)标准型车速表试验台

该试验台由速度测量装置、速度指示装置和速度报警装置等组成,如图3-74所示。

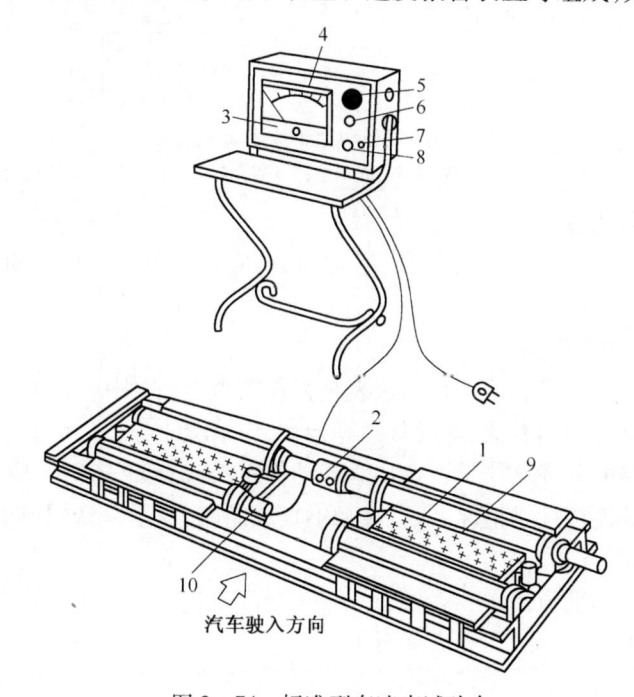

图 3-74 标准型车速表试验台
1—滚筒;2—联轴器;3—零点校正螺钉;4—速度指示仪表;5—蜂鸣器;6—报警灯;
7—电源灯;8—电源开关;9—举升器;10—速度传感器。

速度测量装置主要由框架、滚筒装置、速度传感器和举升器等组成。滚筒一般为4个,通过滚筒轴承安装在框架上。在前、后滚筒之间设有举升器,以便汽车进出试验台,举升器与滚筒制动装置联动,举升器升起时,滚筒不会转动。速度传感器一般采用测速发电机式、差动变压器式、磁电式和光电式等多种,安装在滚筒的一端,将对应于滚筒转速发出的电信号送至速度指示装置。

速度指示装置是根据速度传感器发出的电信号大小来工作的。能把以滚筒圆周长与滚筒转速算出的线速度,以 km/h 为单位在速度指示仪表上显示车速。

速度报警装置是为在测量时,便于判明车速表误差是否在合格范围之内而设置的。

2) 驱动型车速表试验台

汽车车速表的转速信号多数取自变速器或分动器的输出端,但对于后置发动机的汽车,如车速表软轴过长,会出现传动精度和寿命方面的问题,因此转速信号取自前轮。驱动型车速表试验台就是为适应后置发动机汽车的试验而制造的,其结构如图 3-75 所示。

这种试验台在滚筒的一端装有电动机,由它来驱动滚筒旋转。此外,这种试验台在滚筒与电动机之间装有离合器,若试验时将离合器分离,又可作为标准型试验台使用。

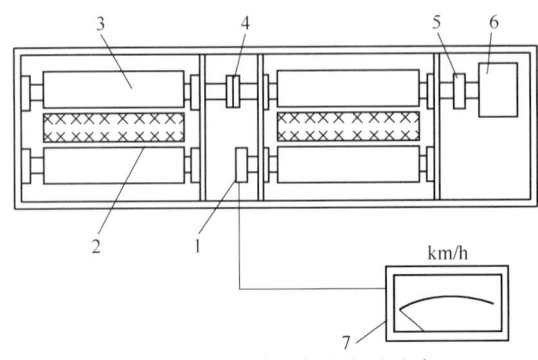

图 3-75 驱动型车速表试验台

1—测速发电机;2—举升器;3—滚筒;4—联轴器;5—离合器;6—电动机;7—速度指示仪表。

2. 车速表的检测方法

车速表的检测方法因试验台的牌号、型式而异,应根据使用说明书进行操作。车速表试验台通用的检测方法如下:

1) 车速表试验台的准备

(1) 在滚筒处于静止状态检查指示仪表是否在零点上,否则应调零。

(2) 检查滚筒上是否沾有油、水、泥、砂等杂物,应清除干净。

(3) 检查举升器的升降动作是否自如。若动作阻滞或有漏气部位,应予修理。

(4) 检查导线的连接接触情况,若有接触不良或断路,应予以修理或更换。

2) 被测车辆的准备

(1) 轮胎气压在标准值。

(2) 清除轮胎上的水、油、泥和嵌夹石子。

3) 检测步骤

(1) 接通试验台电源。

(2) 升起滚筒间的举升器。

(3) 将被检车辆开上试验台,使输出车速信号的车轮尽可能与滚筒成垂直状态地停放在试验台上。

(4) 降下滚筒间的举升器,至轮胎与举升器托板完全脱离为止。

(5) 用挡块抵住位于试验台滚筒之外的一对车轮,防止汽车在测试时滑出试验台。

（6）使用标准型试验台时应做如下操作：

① 待汽车的驱动轮在滚筒上稳定后，挂入最高挡，松开驻车制动器，踩下加速踏板使驱动轮带动滚筒平稳地加速运转。

② 当汽车车速表的指示值达到规定检测车速（40km/h）时，读出试验台速度指示仪表的指示值；或当试验台速度指示仪表的指示值达到检测车速时，读取车速表的指示值。

（7）使用驱动型试验台时应做如下操作：

① 接合试验台离合器，使滚筒与电动机联在一起。

② 将汽车的变速器挂入空挡，松开驻车制动器，起动电动机，使电动机驱动滚筒旋转。

③ 当汽车车速表的指示值达到检测车速时，读取试验台速度指示仪表的指示值；或当试验台速度指示仪表达到检测车速时，读取汽车车速表的指示值。

（8）测试结束后，轻轻踩下汽车制动踏板，使滚筒停止转动。对于驱动型试验台，必须先关断电动机电源，再踩制动踏板。

（9）升起举升器，去掉挡块，汽车驶离试验台。

3. 车速表诊断参数标准及结果分析

1）车速表检测标准

在国家标准《机动车运行安全技术条件》（GB 7258—2012）中规定：车速表允许误差范围（最高设计车速不大于40km/h的机动车除外）为

$$0 \leqslant V_1 - V_2 \leqslant (V_2/10) + 4$$

式中　V_1——车速表指示车速（km/h）；

　　　V_2——实际车速（km/h）。

即当实际车速为40km/h时，汽车车速表指示值应为40~48km/h，超出上述范围车速表的指示为不合格。

2）检测结果分析

车速表经检测出现误差，其主要原因是由于长期使用过程中车速表本身出现了故障、损坏和轮胎磨损。

车速表内有转动的活动盘、转轴、轴承、齿轮、游丝等零件和磁性元件，这些构件在工作过程中产生的磨损和性能变化会造成车速表的指示误差。对于产生磨损的应予更换。磁力式车速表的磁铁磁力退化，也会引起指针指示值失准，应更换磁铁进行修复。

汽车轮胎在使用过程中由于磨损，其半径逐渐减小。在变速器输出轴转速不变的条件下，汽车行驶速度因轮胎半径的变化而变化，而车速表的软轴是与变速器输出轴相联的，因此车速表指示值与实际车速形成误差。

为消除车速表机件磨损和轮胎磨损形成的指示误差，应借助于车速表试验台适时地对车速表进行检验。

第七节　汽车噪声的检测

一、汽车噪声的形成及其危害

1. 汽车噪声的形成

噪声，是一种人们听着不舒服的干扰声，汽车噪声是噪声的一种。根据汽车噪声的对环境的影响区域的不同,可以分为车外噪声和车内噪声。车外噪声主要影响车外道路两旁的声学环境;车内噪声主要影响车内的声学环境。

1) 车外噪声

车外噪声是指汽车各部分噪声辐射到车外空间的那部分噪声,其噪声源主要包括发动机噪声、排气噪声、轮胎噪声、制动噪声和传动系统噪声等。

2) 车内噪声

车内噪声是指车箱外的汽车各部分噪声通过各种声学途径传入车内的那部分噪声,以及汽车各部分振动通过各种振动传递路径激发车身板件的结构振动向车箱内辐射的噪声。这些噪声声波在车内空间声学特性的制约下,生成较为复杂的混响声场,从而形成车内噪声。

通过声学途径传入车内的汽车噪声包括发动机噪声、排气噪声、空气动力学噪声、轮胎噪声和传动系统噪声等;通过振动途径激发车身板件振动的汽车激振源包括发动机振动、传动系统振动和路面振动等。

2. 汽车噪声的危害

噪声对人体的危害是多方面的,噪声使人听力下降,甚至耳聋。在噪声影响下,也可以诱发一些疾病。噪声作用于人的中枢神经系统,使大脑皮层兴奋和抑制失调,产生头痛、头晕、脑胀、耳鸣、失眠、心慌等症状。噪声还可以影响人的其他系统,如消化系统、内分泌系统等。总之,噪声不仅能引起人体的生理改变和损伤,而且还能导致对心理、生活和工作的不利影响。

随着汽车数量的增长,汽车噪声已成为当今社会特别是一些大城市的主要噪声源,因此控制噪声污染越来越受到人们重视。

二、噪声的评价指标

噪声的强度单位用声压级来表示,记为分贝(dB),其它评价指标为噪声级,主要由声压级和声音的频谱共同决定。

1. 声压

声压是声学中表示声音强弱的指标。当声音在空气中传播时,引起空气压力的起伏变化,这个压力的变化量称之为声压,声音越大,声压也越大。声压的单位与压力单位相同,即其单位为帕斯卡(Pa)。正常人耳刚刚能听到的声压(称为听阈声压)是 2×10^{-5}Pa;刚刚使人耳产生疼痛感觉的声压(痛阈声压)是 20Pa,痛阈声压是听阈声压的 100×10^4 倍。

2. 声压级

由于以声压计量数值太大,使用起来不方便,加之人们对声音强弱变化的感觉与声压的相对变化量有关,故实际上采用了对声音进行相对变化比较的无量纲单位"声压级"来作为噪声的测量单位。

声压级是指某点的声压 p 与基准声压 p_0 的比值取常用对数再乘以 20 的值,单位为分贝(dB)。采用声压级之后,就将相差 100×10^4 倍的可听声压范围,简化成 0~120dB 的声压级变化,它既符合人耳对声音的主观感觉,也便于表示。其公式如下:

$$L_p = 20\lg\frac{p}{p_0}$$

式中　　L_p——声压级(dB)；

　　　　p——声压(Pa)；

　　　　p_0——基准声压(取 $2×10^{-5}$Pa)

3. 噪声的频谱

人耳对声音的感觉不仅与声压有关,而且还与声音的频率有关。人耳可闻声音的频率范围为 20~20,000Hz。一般的声源,并不是仅发出单一频率的声音,而是发出具有很多频率成分的复杂声音。声音听起来之所以会有很大的差别,就是因为它们的组成成分不同造成的。因此,为全面了解一个声源的特性,仅知道它在某一频率下的声压级是不够的,还必须知道它的各种频率成分和相应的声音强度,这就是频谱分析,因此噪声的频谱也是噪声的评价指标之一。

4. 噪声级

通过上面我们知道,用声压级测定的声音强弱与人们的生理感觉往往不一样,即还受噪声频谱的影响。因而,对噪声的评价常采用与人耳生理感觉相适应的指标。

为了模拟人耳在不同频率有不同的灵敏性,在声级计内设有一种能够模拟人耳的听觉特性,把电信号修正为与听觉近似值的网络,这种网络称作计权网络。通过计权网络测得的声压级,已不再是客观物理量的声压级,而是经过听感修正的声压级,称作计权声级或噪声级。

国际电工委员会对声学仪器规定了 A、B、C 等几种国际标准频率计权网络,由于 A 计权网络对噪声低频成分的衰减程度最多,其特性曲线接近人耳的听感特性,因此目前世界上对噪声的测量和评价普遍采用 A 计权网络,经 A 计权网络测出的噪声级称为 A 声级,记作 L_A,单位为 dB"。

三、汽车噪声的检测

1. 声级计的结构与工作原理

1) 声级计的结构

汽车噪声检测常用的仪器是声级计,它主要由传声器、放大器、衰减器、检波器、指示表头等组成,按测量精度可分为精密声级计和普通声级计,按所用电源不同可分为交流式声级计和直流式声级计两类。由于直流式声级计具有体积小、重量轻和现场使用方便等特点,所以一般又称为便携式声级计。声级计的外形及结构如图 3-76 所示。

2) 声级计的工作原理

声级计工作时,被测量的声压信号通过传声器转换为电信号,再根据产生的电信号大小通过衰减器或放大器对其进行衰减或者放大,经过处理后的电信号送入计权网络,通过计权网络将电信号修正为与听觉近似的信号,最后经过检波器的检波作用在表头上显示出噪声级数值。

2. 汽车噪声的检测

1) 检测前的准备

检测之前应对仪器进行检查与校准,具体步骤如下：

(1) 指针调零。接通电源前,先检查仪器指针是否指零,如未指零,则将仪器指针调零。

(2) 电池容量检查。按说明书检查电池容量,如不合要求,则应更换电池。

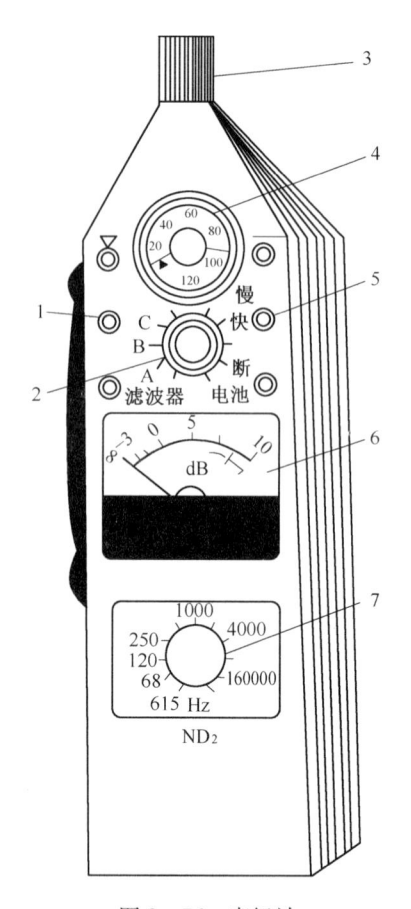

图 3-76 声级计
1—外接滤波器；2—计权网络旋钮；3—电容传声器；4—衰减器；
5—放大器输出；6—指示表头；7—滤波器旋钮。

（3）仪器预热。接通电源开关，预热仪器 10min。

（4）仪器校准。为了保证测量精度，每次使用仪器前或使用一段时间后，必须对声级计的电路和传声器进行校准。声级计上一般都配有校准的"参考"位置，可校验放大器的工作是否正常。如不正常，应调节微调电位器。电路校准后，再利用已知灵敏度的标准传声器对声级计上的传声器进行对比校准。

（5）将声级计的功能开关对准"线性"、"快"挡。由于一般检测时，具有一定的环境噪声（一般为 40~60dB），声级计上应有相应的示值。变换衰减器刻度盘，表头示值应相应变化 10dB 左右。

（6）检查计权网络。按上述步骤，将"线性"位置依次转换为"C"、"B"、"A"。由于室内环境噪声多为低频成分，故经三挡计权网络后的噪声级示值将低于线性值，而且应依次递减。

（7）检查"快"、"慢"挡。将声级计衰减器刻度盘调到高分贝值处（例如 90dB），通过操作人员发声，来观察"快"挡时的指针能否跟上发音速度，"慢"挡时的指针摆动是否明显迟缓。这是"快"、"慢"两挡所要求的表头阻尼程度的基本特征。

(8)经过以上检查后,仪器可投入使用。如果不知道被测噪声级多大,必须把衰减器刻度盘预先放在最大衰减位置(即120dB),然后在实测中再逐步旋至被测声级所需要的衰减挡。

2)车外噪声测量方法

(1)测量场地应平坦而空旷,其场地跑道应有20m以上平直、干燥的沥青路面或混凝土路面。在测试中心以25m为半径的范围内,不应有大的反射物,如建筑物、围墙等。

(2)周围环境的噪声应比所测车辆噪声至少低10dB。

(3)被测车辆空载,为减少车辆起动辅助设备产生的其它噪声源,影响测试精度,测量时发动机应处于正常使用温度。

(4)测量场地及测点位置如图3-77所示,测试传声器位于20m跑道中心点O两侧,各距中线7.5m,距地面高度1.2m,用三角架固定,传声器平行于路面,其轴线垂直于车辆行驶方向。

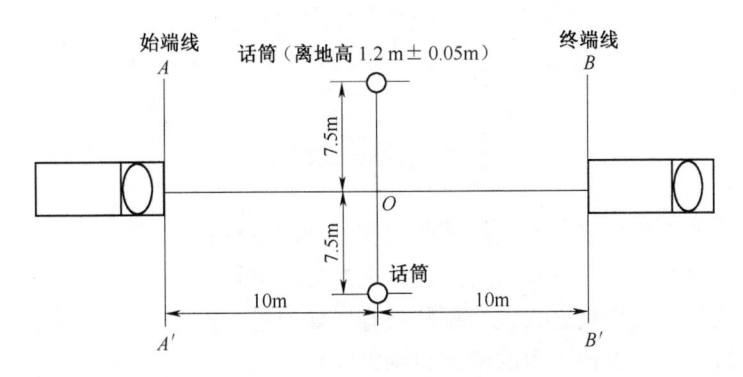

图3-77 车外噪声测量场地及测量位置

3)加速行驶车外噪声测量方法

(1)车辆须按规定条件稳定地到达始端线。对于手动挡车辆,4挡以上的车辆用第3挡,4挡或4挡以下的用第2挡,车辆到达始端线的速度为相当于发动机额定功率转速3/4的速度。如果此时车辆速度超过了50km/h,那么车辆应以50km/h的车速稳定地到达始端线。对于自动挡的车辆,使用在试验区间加速最快的挡位以发动机额定功率转速的3/4到达始端线。

(2)从车辆前端到达始端线开始,立即将加速踏板踏到底或节气门全开,直线加速行驶,当车辆后端到达终端线时,立即停止加速。

(3)声级计用"A"计权网络、"快"挡进行测量,读取车辆驶过时的声级计表头最大读数。

(4)用同样的测量方法往返进行1次。车辆同侧两次测量结果之差应不大于2dB,并取每侧2次声级平均值中最大值作为检测车的最大噪声级。若只用1只声级计测量,每侧测量2次,然后取4次测量的平均值作为该车的最大噪声级。

4)匀速行驶车外噪声测量方法

(1)车辆用常用挡位,以50km/h的车速匀速通过测量区域。

(2)声级计用"A"计权网络、"快"挡进行测量,读取车辆驶过时声级计表头的最大读数。

（3）用同样的测量方法往返进行 1 次。车辆同侧两次测量结果之差应不大于 2dB，并取每侧 2 次声级平均值中最大值作为检测车的最大噪声级。若只用 1 只声级计测量，每侧测量 2 次，然后取 4 次测量的平均值作为该车的最大噪声级。

5. 汽车喇叭声的测量

汽车喇叭声的测点位置如图 3-78 所示，测量点距车前 2m，离地高 1.2m，测量次数宜在 2 次以上，并注意监听喇叭声是否悦耳。

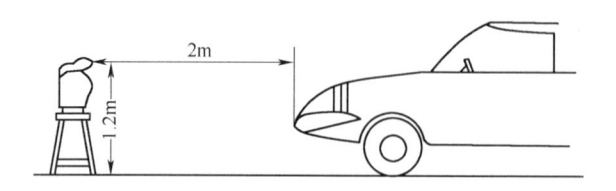

图 3-78 汽车喇叭噪声的测点位置

[复习思考题]

1. 传动系统的常规检查主要包括哪些内容？如何进行？
2. 进行自动变速器失速试验的目的是什么？如何进行？
3. 转向系统的常规检查主要包括哪些内容？如何进行？
4. 如何进行前轮最大转向角的检测与调整？
5. 行驶系统的常规检查主要包括哪些内容？如何进行？
6. 简述离车式车轮动平衡的检测步骤。
7. 如何利用四轮定位仪进行车轮定位检测？
8. 制动系统的常规检查主要包括哪些内容？如何进行？
9. 制动系统的性能评价指标主要有哪些？

第四章 汽车电子控制系统的检测与故障诊断

【学习目标】
1. 理解电控系统故障诊断的基本程序、原则及一般方法。
2. 掌握电控系统疑难故障的常见类型及故障征兆的模拟检查方法。
3. 理解电控系统的故障自诊断的功能及使用方法。
4. 理解数据流参数的的检测与分析方法。
5. 熟练掌握利用故障检测仪对发动机电控系统进行检测与诊断的方法。
6. 熟练掌握利用万用表检测发动机电控系统主要部件的检测方法。
7. 掌握利用示波器检测发动机电控系统主要部件的检测方法。
8. 熟练掌握利用故障检测仪对自动变速器电控系统进行检测与诊断的方法。
9. 熟练掌握自动变速器电控系统主要部件的检测方法。
10. 熟练掌握利用故障检测仪对制动防抱死系统进行检测与诊断的方法。
11. 熟练掌握制动防抱死系统主要部件的检测方法。

第一节 汽车电控系统故障诊断基础

随着电子技术在汽车上的应用日趋完善,使得汽车在满足日益严格的排放及安全法规要求的前提下,动力和操纵性能不断提高,而且满足了人们对汽车舒适性的追求。目前,汽车电子控制技术已广泛应用于汽车发动机、底盘、车身控制及故障诊断等方面。

电控系统的使用,使得汽车的性能日益完善的同时,对汽车的检测与故障诊断技术的要求也不断提高。

一、电控系统故障诊断的基本程序

为保证迅速、准确地排除故障电控系统故障,应在掌握电控系统基本原理、熟知电控系统测量参数的前提下,按照合理的步骤、充分利用相关的检测仪器和适当的检测方法,对电控系统故障进行诊断和检查。不同车型及其电控系统的故障诊断方法不尽相同,但通常可以按照图4-1所示的基本程序进行故障诊断。

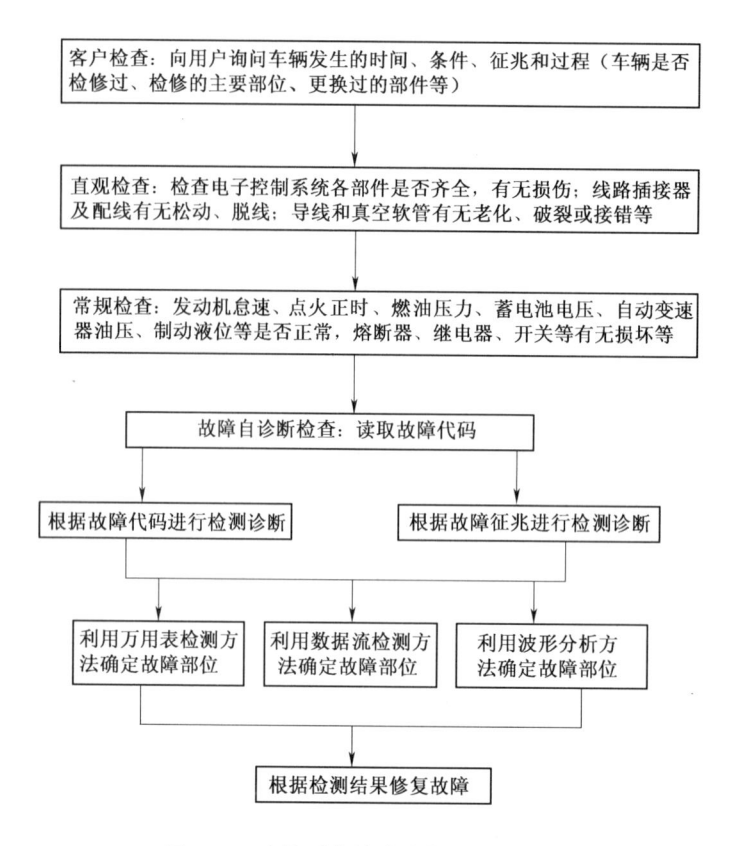

```
┌─────────────────────────────────────────────────────┐
│ 客户检查：向用户询问车辆发生的时间、条件、征兆和过程（车辆是否 │
│ 检修过、检修的主要部位、更换过的部件等）                        │
└─────────────────────────────────────────────────────┘
                          ↓
┌─────────────────────────────────────────────────────┐
│ 直观检查：检查电子控制系统各部件是否齐全，有无损伤；线路插接器 │
│ 及配线有无松动、脱线；导线和真空软管有无老化、破裂或接错等       │
└─────────────────────────────────────────────────────┘
                          ↓
┌─────────────────────────────────────────────────────┐
│ 常规检查：发动机怠速、点火正时、燃油压力、蓄电池电压、自动变速   │
│ 器油压、制动液位等是否正常，熔断器、继电器、开关等有无损坏等     │
└─────────────────────────────────────────────────────┘
                          ↓
            ┌──────────────────────────┐
            │ 故障自诊断检查：读取故障代码 │
            └──────────────────────────┘
                   ↓              ↓
     ┌──────────────────┐  ┌──────────────────┐
     │ 根据故障代码进行检测诊断 │  │ 根据故障征兆进行检测诊断 │
     └──────────────────┘  └──────────────────┘
          ↓          ↓               ↓
   ┌─────────┐ ┌─────────┐ ┌─────────┐
   │利用万用表检测方│ │利用数据流检测方│ │利用波形分析方│
   │法确定故障部位 │ │法确定故障部位 │ │法确定故障部位│
   └─────────┘ └─────────┘ └─────────┘
                          ↓
            ┌──────────────────────────┐
            │    根据检测结果修复故障      │
            └──────────────────────────┘
```

图 4-1 电控系统故障诊断的基本程序

二、电控系统故障检测与诊断的基本原则

1. 先思后行

当汽车电控系统出现故障时，应首先对故障现象进行综合分析，在了解各种可能故障原因的基础上，再进行故障检查。这样，可避免检查的盲目性，不会对故障现象无关的部位做无效的检查，又可避免对一些有关部位漏检，从而迅速排除故障。

2. 先外后内

在怀疑汽车电控系统出现故障时，应先对电控系统之外的可能故障部位予以检查。这样可避免本来是一个与电控系统无关的故障，却对电控系统的控制器、传感器、执行器及线路等进行复杂且又费时费力的检查，而真正的故障部位却未找到。

3. 先简后繁

能以简单方法检查的可能故障部位应优先检查。比如，直观检查最为简单，可以用问、看、摸、嗅和试等直观检查方法，将一些较为显露的故障部位迅速查出。若直观检查未找出故障，也应对较易检查的部位优先检查，能就车检查的项目优先进行检查。

4. 先易后难

电控系统的故障可能存在多个可能的原因，由于结构特点和使用环境等原因，某一故障现象通常是由电控系统的某些总成或部件的原因引起的，应先对这些常见故障部位进行检查。若未查出故障，再对其他不常见的故障部位进行检查。这样做，可以迅速排除故障，省时省力。

5. 故障代码优先

汽车电子控制系统一般都有故障自诊断功能,当电控系统出现某种故障时,故障自诊断系统多数情况下会监测到故障,并通过故障指示灯发出提示,与此同时,以故障代码的方式储存该故障信息。但是对于某些故障,自诊断系统只储存故障代码,并不报警。因此,在对汽车电控系统进行检查前,应先读取故障代码,再参考故障代码的内容,进行故障的诊断与检测。

6. 先备后用

电控系统元件性能的好坏,电气线路是否正常,常以其电压或电阻等参数来判断。如果没有这些数据资料,系统的故障检测将会很困难,往往只能采取新件替换的方法,这些方法有时会造成修理费用增加且费工费时。因此在诊断电控系统故障前,应准备好与所检车型有关的数据资料,除了从维修手册等资料上收集整理这些资料外,另一个有效的途径是随时检测记录无故障车辆的有关参数,逐渐积累,作为日后检修同类型车辆的检测比较参数。

三、故障诊断的一般方法

1. 问诊法

为迅速查找故障原因,维修人员首先应认真倾听客户对故障现象的描述,在此基础上进行分析思考,作出初步判断。随后询问一些相关问题,以帮助进一步诊断和确诊。问诊时应注意防止心理暗示,以免引导客户说出实际上不存在但符合维修人员主观臆测的某些症状和现象,以免导致错误的判断。

通过问诊法可以获得重要依据,为故障诊断指明方向,同时有些故障可以通过问诊法直接找到答案。问诊的内容很多,其中几个比较重要的内容包括:故障发生的时间和频率;故障发生的道路条件和天气状况;故障发生时车辆的运行情况和驾驶状况;故障发生时的主要症状等。

此外,还应向客户了解曾出现的与故障并不一定直接相关的问题,以及车辆维修史等情况,尽可能多地收集信息,供诊断故障时参考。

2. 直观检查法

直观检查是指利用人的感觉器官,对车辆的一般状态以及与故障症状相关的系统或部件进行观察、触摸或听诊。直观检查最好在自然光线下进行,以便于观察。对电控部分进行直观检查时,通常应注意以下内容:线缆有无破损、烧焦、短路以及断路等现象;传感器、执行器的外观是否异常,安装是否牢固可靠,有无腐蚀及污染等现象;插接器是否有破损、脱落,连接是否可靠等。

进行直观检查时,为及时发现故障,避免不必要的麻烦和损害,首先要做到细致耐心,结合故障症状确定检查内容及顺序,做到既系统全面,又有所侧重;有些设备如汽车防盗系统、防盗音响等,需要车主提供有关说明书和密码,否则不得拆下搭铁线,以免给维修带来不必要的麻烦;检查时,一定要知道哪些部件属于安全气囊系统,不要轻易触碰相关元件。即使安全气囊系统有故障,如无全面正确的资料,也不要试图去检修,以免因不正确的操作使安全气囊张开,造成意外事故。

3. 仪器检查法

仪器检查法是利用检测仪器、设备,通过检测电控系统及其主要部件的参数、波形等方法,为分析和判断汽车电控系统故障提供定量依据的故障检查方法。这种方法检测速度快、准确性高、易于定量分析和快速诊断,但需要专用设备,检测成本相对较高,对检测人员的技术能力也有一定的要求。

4. 经验法

经验法是一种快速、简洁的故障诊断方法,此方法适用于有经验的维修技术人员。在利用经验法时,将故障现象、特征与以往所遇到的类似故障进行比较,找出相同与不同点,然后进行具体分析,必要时借助仪器检测加以确认。

5. 故障自诊断检查方法

现代汽车的电控系统都配备有故障自诊断系统,该系统可以为故障诊断提供必要的信息,其主要功能包括:当某一电路出现超出规定范围的信号时,诊断系统就判定该电路出现故障;如果故障状态存在超过一定的时间,此故障代码就会储存在电控系统的存储器中;如果在一定时间内该故障不再出现,则电控系统就把它判定为偶发性故障(也叫间歇性故障),如果发动机起动50次后故障不再出现,该偶发性故障的故障码就会自动消除。

利用故障自诊断检查方法时需要注意,故障代码的出现不仅与传感器和执行机构有关,而且与整个线路有关。为了查出故障,除了要检查传感器和执行机构外,还需对相关的线束、插接器等进行检查。

6. 系统分析法

系统分析法是一种通过综合分析诊断故障的方法,它把车辆维修过程从故障车进入维修场地,到排除故障、试车、合格出厂看成一个整体综合考虑。

当车辆进入维修场地后,首先使用问诊法对驾驶员进行调查;再使用人工直观检查法进一步缩小故障范围,并对所怀疑的故障部位进行检查;然后读取并清除故障代码。

确认故障征兆后,再一次读取故障代码,以确认电控系统是否存在故障。如有故障,可参考故障代码,进一步进行检测和诊断。

四、疑难故障的检查

汽车电子控制系统故障可分为常见故障和疑难故障两种。在电子控制系统有明显的异常的症状时,经仪器检测、车载自诊断系统检测,或依靠维修经验能顺利查出的故障,称为常见故障,其诊断相对容易。疑难故障是指利用仪器检测未能发现,使用车载自诊断系统检测无法确定,以及依靠维修经验难以顺利查出的故障。

1. 疑难故障的常见类型

疑难故障是汽车电子控制系统故障诊断中的技术难点。归纳疑难故障出现的概率,总结疑难故障存在的性质,疑难故障大体有以下五种:

1)潜伏性故障

潜伏性故障是指汽车电子控制系统存在故障,但是故障原因难以查明。它的征兆表现为汽车电子控制系统故障特征不明显,平时很难发现,只有在特定情况下其症状才有所显示。

2）间断性故障

间断性故障是指汽车电子控制系统出现故障后,征兆表现很不确定,即时而出现、时而又消失,故障原因难以查明。它的征兆表现为汽车电子控制系统故障特征极不稳定。通常为汽车电子控制系统故障的断续性状态。

3）交叉性故障

交叉性故障是指汽车同时出现机械、液压、油路和电子控制系统综合故障后,非汽车电子控制系统故障交叉掩盖汽车电子控制系统故障,故障原因难以查明。它的表现为电子控制系统故障特征极不明显,通常为汽车电子控制系统故障的错觉性状态。汽车出现交叉性故障后,各种不同性质的故障混为一体,故障征兆相互混淆,易使检修人员形成判断错误。

4）虚假性故障

虚假性故障是指汽车电子控制系统出现单一故障后,由于汽车处于运转状态,使得故障损坏程度进一步延伸并恶化,将汽车电子控制系统以非汽车电子控制系统故障的征兆显示,故障原因难以查明。它的故障表现为完全以虚假的非汽车电子控制系统故障出现,通常为汽车电子控制系统故障的假象性状态,如当汽车电子控制系统中的传感器出现故障时,其测定的信号参数出现异常,电控单元接收到虚假的信号参数,则以异常数据进行程序控制,其结果必然引起汽车控制程序紊乱,造成故障的恶性循环。

5）误导性故障

误导性故障是指汽车电子控制系统出现单一故障后,由于驾驶员错误描述或车载自诊断故障代码紊乱而出现误导,维修人员不假思索地照搬硬套,而造成新的电控系统故障。它的表现为过分依赖于驾驶员和车载自诊断故障码,通常为汽车电子控制系统故障检测的盲目性状态。

汽车电子控制程序的设计,是根据汽车的不同状况,预先设定运行方案并存储于电子控制单元中,对各种传感器输入电子控制单元的参数,经电子控制单元内部的 A/D 参数转换,组成各种运行方案的地址码。当某一个参数发生变化时,其对应的运行方案也将发生变化。另外,由于汽车电子控制系统所检测的参数有些是间接参数,故障码反映的不是某个器件的状态,而是某个系统的状态,如果简单地认为某个器件损坏,就可能产生误导。

2. 疑难故障征兆的模拟检查

对于汽车电子控制系统的疑难故障,通常利用故障征兆模拟的方法进行检测与诊断。故障征兆模拟的方法,实际上就是以实地检查与试验的方式,让待修车辆以相同或相似的条件和环境再现其故障,然后经过模拟验证和分析判断后,确切诊断出故障原因和部位。常用的故障征兆模拟方法有以下几种。

1）环境模拟方法

汽车电子控制系统的某些故障,是发生在特定环境中的。例如:电控汽车冷车时无故障,暖车后故障征兆出现;汽车在平坦道路与坎坷道路上行驶时,故障征兆表现不一致;在清洗汽车后或雨天时,电控汽车出现运转不平稳、喘振等现象。在这些特定的外界环境下,由于电子元器件对颠簸、发热和潮湿等因素非常敏感,可能导致汽车电子控制系统出现故障。

对于由环境因素所造成的故障,一般常用以下几种环境模拟方法进行诊断。

(1) 振动模拟法

当怀疑振动可能是导致故障的主要原因时,通常采用振动模拟法进行检查。如图4-2所示,对于怀疑有故障的插接器可在垂直和水平方向轻轻摇动,对于怀疑有故障的配线可在垂直和水平方向轻轻摆动。检查时应注意,插接器的接头、振动支架和穿过开口的插接器体,都是应仔细检查的部位。

对于怀疑有故障的电子元器件,可用手轻轻拍打,以检查器件内部是否存在虚焊、松动、接触不良等故障。操作时要注意不可用力过大,以免损坏电子器件。尤其是拍打继电器部件时,更不可用力过度,否则将会引起继电器开路。

利用振动进行检查时,应随时注意被检装置的工作反应,以确定故障部位。如果在振动某一元件时故障再现,则说明该故障与此元件无关。

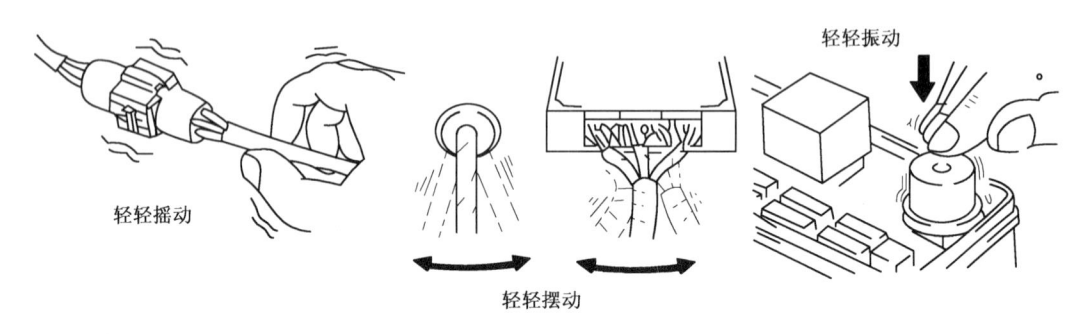

图4-2 振动模拟法

(2) 加热模拟法

如果有些故障只是在热车时才出现,可能是因有关零件或传感器受热而引起的。此时应对某些怀疑有故障的元器件、导线束、插接器等进行局部加热。加热器宜选用电吹风或类似的加热装置,加热时不可直接对电控单元加热,加热温度不得超过80℃,如图4-3所示。

若在汽车起动或电子设备开机后,经过一段时间电控系统的故障才出现,说明有电子元器件出现软击穿故障,即只有达到一定温度后故障才出现,冷却后故障现象消失,系统工作恢复正常。这时,应根据故障出现的征兆,初步确定需要加热的部位或元器件,当烘烤到哪个部位或元件时故障出现,即说明该部位或元件与电控系统故障有关。

图4-3 加热模拟法

(3) 加湿模拟法

当故障发生在雨天或洗车之后,可使用加湿模拟法。如图4-4所示,用水喷淋汽车外部,进行高湿度环境模拟试验。喷淋前应对电子设备予以保护,以免损坏电子设备;不可将水直接喷淋在汽车零部件上,喷水角度应尽量朝向空中,让水滴自由落下。当对车辆进行喷淋后,如果故障再现,可以沿着水迹确定故障部位和元件。

图 4-4　加湿模拟法

2) 增减载荷模拟方法

在汽车电子控制系统疑难故障的检测诊断中,也可采用增减载荷的模拟方法,再现电控系统的故障征兆,以诊断由载荷引起的疑难故障。与载荷大小有关的故障,必须在与产生故障时相似的载荷条件下再现。一般常用的以下两种方法进行增减载荷模拟试验。

(1) 增加载荷模拟方法

当怀疑故障可能是由于系统电路载荷过大而引起,而故障症状又不明显时,可采用增加载荷法来进行模拟验证。通过不断增加系统电路的载荷,使故障部位和征兆显示出来,以便于进行检测和诊断。例如,接通车辆所有的用电设备,如加热器、刮水器、鼓风机、空调、冷却风扇和前照灯等,在增加电路负荷的情况下,检查电控系统是否发生故障,以便进行检测和诊断。

(2) 减少载荷模拟方法

在检测局部电路短路或烧断熔断丝的故障时,常采用减少载荷法来模拟诊断。此时只要将各路负载逐一减少,一般会找到短路的故障部位。

当某一个局部电路出现短路故障时,通过它的电流就会大大增加。这时,如果采用其他方法检测,在检测时间较长时,就会导致其他故障,以致烧坏电器元件。使用减少载荷模拟方法,可将一部分电路断开,同时用万用表测量电阻、电压和电流,以此来判断故障。其中,使用最多的是测量电流,通过观察总电流的变化,既可以诊断出故障的大致范围,又不致于损坏其他电路或电子元器件。如果断开某一电路后,总电流立即降为正常值,即说明此电路存在故障。

3) 模拟输入方法

模拟输入法实质上就是在怀疑电路中某些元器件有故障时,将电路参数(电阻、电压、电流)输入到相关的元器件,进行模拟验证后诊断故障。以下是常用的两种输入模拟法。

(1) 电阻模拟输入方法

电阻模拟输入方法又称串联法,是以电阻元件代替被怀疑的电阻式传感器,进行模拟验证,以便诊断该传感器是否损坏。例如,当怀疑冷却液温度传感器可能有故障时,可将一只与冷却液温度传感器电阻值相似的电阻,串联在冷却液温度传感器的插接器上,进行模拟验证,以确认冷却液温度传感器是否存在故障。

(2) 电压输入模拟方法

电压输入模拟方法又称并联法,是以外接电压或用合适的元器件来代替被怀疑损坏的传感器,进行电压信号模拟验证,以便诊断该传感器是否损坏。利用电压信号模拟还可以诊断除了损坏的传感器外其他电子设备性能的好坏。例如,当发动机不能起动,怀疑曲轴位置传感器可能有故障,经汽车示波器检测,发现没有曲轴转角信号输入电控单元,可利用外接模拟起动脉冲信号输入给电控单元,同时起动汽车,如有明显起动征兆,就进一步说明故障出在曲轴位置传感器,应予以更换后重新进行起动试验。

五、电控系统检测与故障诊断的注意事项

电控系统对于高温、高压、高湿度十分敏感,因此在诊断与维修时应注意以下事项。

(1) 无论发动机是否运转,只要在点火开关接通时,决不可断开任何 12V 的电气工作装置。因为任何线圈都具有自感作用,因此在断开此类装置时,会产生很高的瞬变电压,有可能使电控单元和传感器受到致命性破坏。

(2) 当诊断出故障原因,对电控系统进行检修时,应先关掉点火开关,并将蓄电池搭铁线拆下。如果只检查电控系统,则只须关闭点火开关即可。

(3) 跨接起动其他车辆或用其他车辆跨接起动本车时,必须先断开点火开关,才能拆装跨接电缆。

(4) 音响的扬声器应尽量远离电控单元,以免对电控单元的工作产生不良影响。

(5) 在打开点火开关,发动机没有起动时,故障指示灯亮为正常,起动发动机后故障指示灯应熄灭。若故障指示灯仍亮,则表示电控诊断系统已检测到系统中的故障或异常情况。根据故障代码,有助于判断发动机电控系统的故障。

(6) 在进行车辆的检测与维护作业时,如果需要断开蓄电池,应首先检查故障自诊断系统的故障代码是否存在。如果有故障代码,应记下故障代码后再断开蓄电池。

(7) 电控单元、传感器必须防潮,不允许将电控单元、传感器的密封装置损坏,更不允许用水冲洗电控单元和传感器。必须避免电控单元受剧烈振动。

(8) 除在测试程序中特别指出外,通常不能使用指针式万用表测试电控单元及传感器,应使用高阻抗数字式万用表。

(9) 除非有说明,不要盲目地用测试灯测试任何和电控单元相连的电气装置。通常使用高阻抗数字式万用表。

(10) 蓄电池的搭铁极性切不可接错,必须负极搭铁,以免电控单元损坏。

(11) 在车身上进行电弧焊时,应先断开电控单元电源。

(12) 电控系统的常见故障往往是由接触不良引起的,所以要保证各接头、接线柱的清洁和接触可靠。

(13) 电控单元本身故障较少,检查时,要使用专用的仪器,一般不允许在修理作业时盲目拆修。

(14) 在进行车辆的检测与维护作业时,如果曾经断开蓄电池,重新安装后若出现技术状况不如断开蓄电池之前,可能是由于蓄电池断开后电控系统内的学习修正数据也已消除。因此,不要轻易更换零部件,应让发动机运行一段时间,使汽车电控单元自动建立学习

修正记忆。

（15）在进行车辆检测时,应尽量避免未燃混合气进入三元催化转化器。因为未燃混合气中含有大量的 HC、CO,进入三元催化转化器后,会产生过度的氧化反应,产生的热量会使三元催化转化器因温度过高而损坏。因此,在检测过程中应尽量避免出现发动机怠速运转过久、个别火花塞不工作、拔出高压线试火时间过长、喷油器喷油但发动机不着火、起动时间较长等现象。

第二节　发动机电控系统的检测与故障诊断

发动机电子控制系统主要由电控燃油喷射系统、怠速控制系统、排放控制系统、电控点火系统、自诊断与报警系统、失效保护和应急备用系统等子系统组成。部分车型的发动机上,还装有可变进气系统、可变配气系统、增压系统、巡航控制系统等。

无论发动机电子控制系统的子系统有多少,一般都采用同一电控单元进行控制,其基本组成如图 4-5 所示,主要由信号电源、输入装置、电子控制单元(ECU)、执行器等组成。

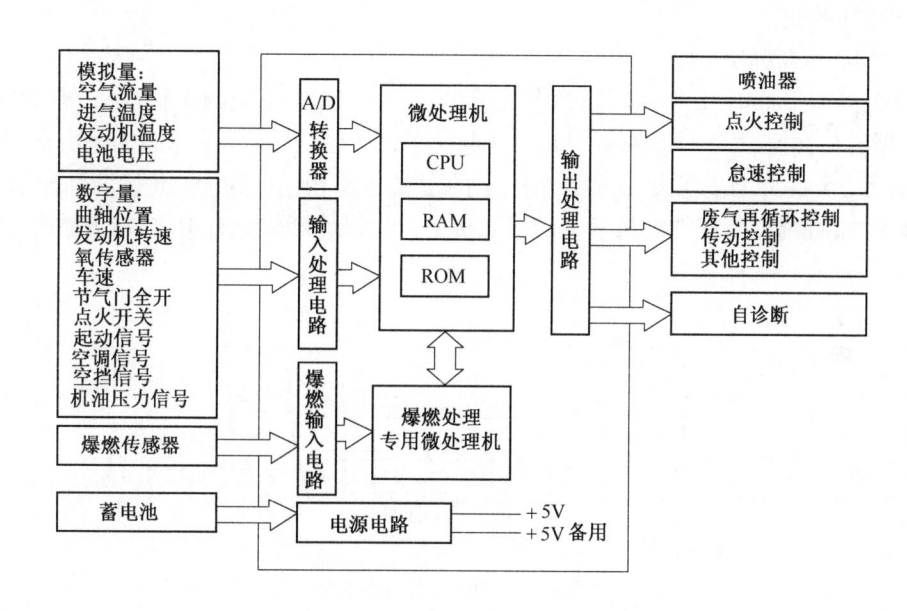

图 4-5　发动机电子控制系统的组成

一、电控系统的故障自诊断检测

1. 车载自诊断系统的功能

现代汽车的电控系统都配备有自诊断系统,该系统主要用于监测、诊断电子控制系统中各传感器、执行器以及电子控制单元(ECU)的工作是否正常。

1) 传感器的自诊断

对于电子控制系统的传感器,ECU 通过监测其输入信号是否在规定的范围内来判断该传感器及其相关电路是否有故障。在发动机工作过程中,若偶尔出现一次不正常信号,发动机ECU不会产生故障代码,但如果输入信号不在规定的范围内超过一定的时间,此故障代码就会储存在电控系统的存储器中。

在发动机运转过程中,若发动机ECU在一段时间内收不到输入电压信号或输入的电压信号不发生变化,也会产生故障代码。

2)执行器的自诊断

在开环控制系统中,电子控制系统的执行器,如喷油器、电动燃油泵、开关电磁阀等,一般只接收ECU的指令信号,而没有输入到ECU的反馈信号,为监测执行器的工作状况,一般都设有专用监控电路,当监控电路输入到ECU的信号异常时,即产生故障代码。

3)电控单元(ECU)的自诊断

电控单元内设有监控电路,当电控单元出现故障时,在产生故障代码的同时,启用备用电路,以免汽车不能运行。

4)故障的确认

对于自诊断系统已确认的故障,故障代码均储存在电控系统的存储器中。如果在一定时间内该故障不再出现,则电控系统就把它判定为偶发性故障(也叫间歇性故障)。如果发动机起动50次后故障不再出现,该偶发性故障的故障代码就会自动消除。

2. OBD 系统

1)OBD诊断插座

OBD(On Board Diagnosis),即车载诊断。装有OBD系统的车辆,都设有诊断插座,也叫数据通信插座,用DLC(Data Link Connector)表示。OBD-Ⅰ诊断插座由于没有统一规范,故各个厂家的插头端子数和各个端子的定义各不相同。OBD-Ⅱ诊断插座有统一的形状和尺寸,且都安装在驾驶员一侧的仪表板下方。该诊断插座有16个端子插座,如图4-6所示。

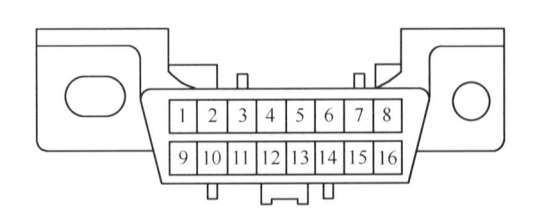

图4-6 OBD-Ⅱ诊断插座

在OBD-Ⅱ诊断插座中,SAE(美国汽车工程师学会)对其中7个端子,如电源、搭铁、信号传输等都作了明确定义,其余9个端子由生产厂家自行设定,具体定义见表4-1。后来,SAE在原来的基础上进行调整,将CAN+和CAN-分别添加到6号和14号端子上,具体定义见表4-2。

2)OBD-Ⅱ故障代码

OBD-Ⅱ故障代码由5个数字组成,每个数字代表了不同的含义,如图4-7所示。故障代码P0000~P0999是SAE统一规定的。这部分及其故障定义对所有符合标准的车型都是一样的。但是,不同车型对同一故障代码的检测与诊断方式不完全一致,所以检测时还应查阅相应的维修手册。

表 4-1 OBD-Ⅱ诊断插座各端口功能

端口	功能	端口	功能
1	生产厂家自行设定	9	生产厂家自行设定
2	总线正极(BUS+)	10	总线负极(BUS-)
3	生产厂家自行设定	11	生产厂家自行设定
4	底盘搭铁	12	生产厂家自行设定
5	信号搭铁	13	生产厂家自行设定
6	生产厂家自行设定	14	生产厂家自行设定
7	ISO 9141 的 K 线	15	ISO 9141 的 L 线
8	生产厂家自行设定	16	蓄电池正极

表 4-2 带 CAN 协议端子的各端口功能

端口	功能	端口	功能
1	生产厂家自行设定	9	生产厂家自行设定
2	总线正极(BUS+)	10	总线负极(BUS-)
3	生产厂家自行设定	11	生产厂家自行设定
4	底盘搭铁	12	生产厂家自行设定
5	信号搭铁	13	生产厂家自行设定
6	ISO-15765-4CAN-C(+)	14	ISO-15765-4CAN-C(-)
7	9141 的 K 线	15	ISO 9141 的 L 线
8	生产厂家自行设定	16	蓄电池正极

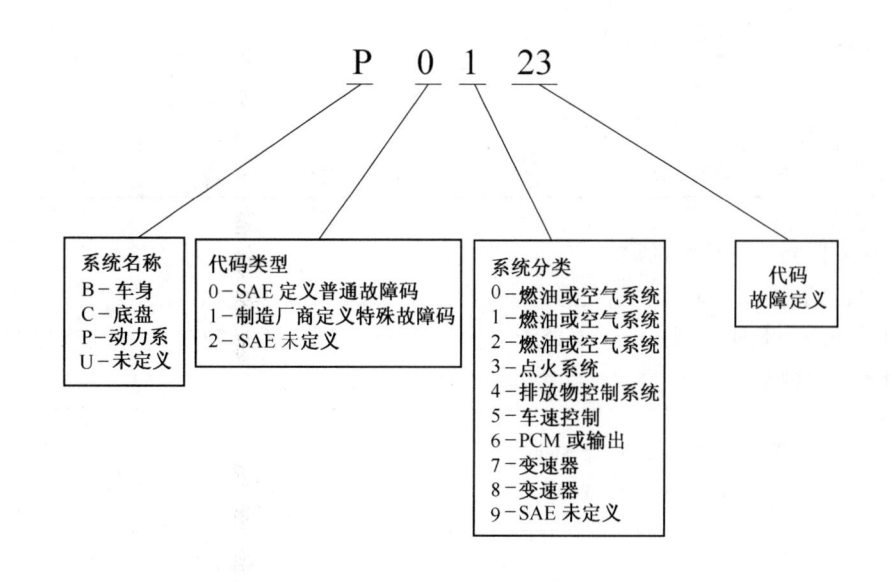

P 0 1 23

系统名称
B-车身
C-底盘
P-动力系
U-未定义

代码类型
0-SAE 定义普通故障码
1-制造厂商定义特殊故障码
2-SAE 未定义

系统分类
0-燃油或空气系统
1-燃油或空气系统
2-燃油或空气系统
3-点火系统
4-排放物控制系统
5-车速控制
6-PCM 或输出
7-变速器
8-变速器
9-SAE 未定义

代码
故障定义

图 4-7 故障代码的结构

3. 系统故障的自诊断检测

发动机电控系统的故障代码,有人工读取和故障检测仪读取两种方法,对于 OBD-Ⅱ型诊断系统,需要用电控单元检测仪读取故障代码。

汽车故障检测仪分为通用型和专用型两种。专用型检测仪是汽车制造厂家专门为其所生产的车辆设计制造的仪器,仅适用于某种车型,对其他车型却无法检测,但是专用型检测仪对于相对应的车辆而言,功能强大;通用型检测仪是一种通过更换不同的软件和检测插头,可以对多种车型电子控制系统进行检测和诊断的仪器,适用范围广泛,但是与专用型检测仪相比,对于特定车型的检测功能相对较弱。

利用故障检测仪检测发动机电控系统,各种检测仪的操作方式大致相似,但具体方法略有不同。下面主要以 V.A.G1552 故障检测仪和桑塔纳 2000GSi 型轿车的 AJR 型发动机为例,对发动机电控系统的检测与诊断过程进行介绍。

1)自诊断检测的条件

(1) 蓄电池电压在 11.5V 以上。

(2) 熔断器完好。

(3) 发动机搭铁良好、可靠。

2)选择 V.A.G1552 故障检测仪功能

V.A.G1552 故障检测仪的功能如表 4-3 所示。

表 4-3 故障检测仪功能表

代号	功能	点火开关接通	发动机怠速运转
01	询问发动机电控单元版本	是	否
02	读出故障代码及显示故障范围	是	是
03	最终控制诊断	是	否
04	基本设定	是	是
05	清除故障代码存储	是	是
06	结束输出	是	是
07	电控单元编码	是	否
08	读测量数据块	是	是

3)故障代码的读取与清除

(1) 打开驻车制动器手柄旁边诊断插座上的盖板。

(2) 如图 4-8 所示,将 V.A.G1552 故障检测仪用 V.A.G1552/3 电缆线连接到诊断插座上。此时屏幕显示:

```
Test  of  Vehicle  System           HELP
Enter  Address  Word  XX


车辆系统测试                         帮助
输入地址码 XX
```

(3) 接通点火开关,输入数字键 0 和 1,按 Q 键确认。屏幕显示:

第四章 汽车电子控制系统的检测与故障诊断

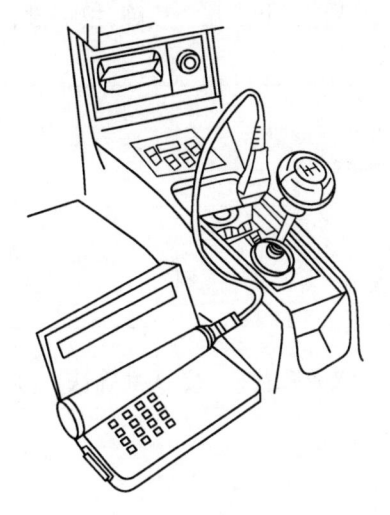

图 4-8 V.A.G1552 故障检测仪的连接

```
330 907 404 1.8L R4/2V MOTOR HS D01    →
Coding 08001        WSC XXXXX
```

其中：
330 907 404   发动机控制单元零件号
1.8L   发动机排量
R4/2V   直列式发动机, 4 缸, 每缸 2 气门
MOTOR   Motronic
HS   手动变速器
D01   控制单元软件版本
WSC XXXXX   维修站代码

(4) 按→键, 屏幕显示：

```
Test of Vehicle System          HELP
   Select function  XX

车辆系统测试                    帮助
   选择功能 XX
```

输入数字键 0 和 2, 查询故障代码, 按 Q 键确认。屏幕显示上显示出故障的数量或者"No Fault Recognized"(没有故障)：

```
     X Faults Recognized            →

        X 个故障出现!                →
```

如果没有故障,按→键;如果有1个或几个故障,按→键,逐一显示各个故障代码和它的文字说明。按→键,屏幕显示:

Test of Vehicle System Select function XX	HELP
车辆系统测试 输入地址码 XX	帮助

(5) 输入数字键 0 和 5,清除故障代码,按 Q 键确认。屏幕显示:

Test of Vehicle System Fault Memory is Erased	→
车辆系统测试 故障存储已被清除	→

(6) 按→键,屏幕显示:

Test of Vehicle System Select function XX	HELP
车辆系统测试 选择功能 XX	帮助

(7) 若要进行其他功能检测,此时输入相应的功能代号即可。如果要结束检测,则输入数字键 0 和 6,结束输出,按 Q 键确认即可。

4) 最终控制诊断

(1) 最终控制诊断只能在点火开关接通、发动机不能运转的情况下完成。如果起动发动机,电控单元获得转速脉冲信号,最终控制诊断立即终止。执行元件在检测时,能听到动作的声音或者可以触摸感觉到。要再进行一次最终控制诊断,必须关闭点火开关,2s 后再接通。最终控制诊断时,电动燃油泵连续不断地工作。10min 后,最终控制诊断自动结束。

(2) 连接故障检测仪 V.A.G1552,打开点火开关,输入数字键 0 和 1,选择发动机电子控制系统。屏幕显示:

Test of Vehicle System Select function XX	HELP
车辆系统测试 选择功能 XX	帮助

(3) 输入数字键 0 和 3,选择最终控制诊断功能。屏幕显示:

Test of Vehicle System	HELP
03 Final control diagnosis	

车辆系统测试	帮助
03 最终控制诊断	

(4) 按 Q 键确认。屏幕显示:

Final control diagnosis	→
Injector cylinder1—N30	

最终控制诊断	→
第 1 缸喷油器—N30	

(5) 踩油门,使节气门控制部件中的怠速开关打开,第 1 缸喷油器将发出 5 次咔嗒声。按→键进入下缸喷油器检查。同上方法,依次对其余喷油器进行检查,如果没有听到喷油器的咔嗒声,也就是喷油器不动作。按→键,屏幕显示:

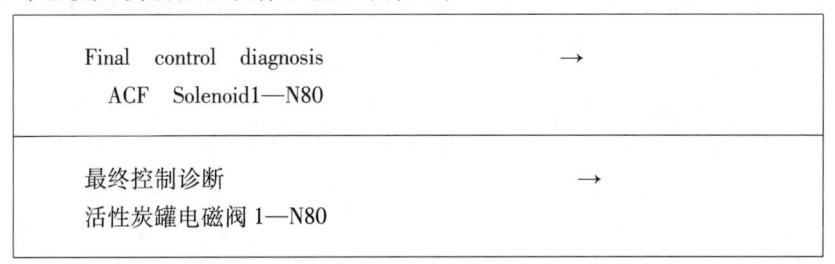

Final control diagnosis	→
ACF Solenoid1—N80	

最终控制诊断	→
活性炭罐电磁阀 1—N80	

(6) 活性炭罐电磁阀有连续动作,可以听到咔嗒声或者触摸感觉到电磁阀动作。按→键,还可以依次对以下元件进行检查:二次空气进气阀 N112、二次空气泵继电器 J229 和进气歧管压力变化阀 N156。在 AJR 发动机上没有这些执行元件,故不必进行检查。

5) 基本设定

基本设定是对发动机控制单元和节气门控制部件进行匹配。如果发动机单元被切断电源后,必须进行基本设定。

(1) 基本设定的功能。当发动机不运转时,在基本设定功能可以完成节气门控制部件与发动机控制单元的匹配。当发动机运转时,在基本设定功能可以借助 λ 控制功能的开、闭,帮助查找故障,进行点火正时检查。

(2) 进行基本设定的条件。

进行基本设定时,发动机运转时必须满足下列条件:

① 冷却液温度不低于 80℃。

② 测试时,散热器风扇不允许转动。

③ 空调关闭。

④ 其他用电设备关闭。

⑤ 故障存储中没有故障存在。
（3）基本设定步骤

① 连接故障检测仪 V. A. G1552，让发动机怠速运转。输入数字键 0 和 1，选择发动机电子控制系统。屏幕显示：

| Test of Vehicle System   HELP |
Select function XX
车辆系统测试   帮助
选择功能 XX

② 输入数字键 0 和 4，选择基本设定功能。屏幕显示：

| Introduction of basic setting   HELP |
Enter display group number XX
引入基本设定   帮助
输入组别号 XX

③ 输入需要显示的组别号，可以参见"读测量数据块"功能。这里用 01 显示组为例说明操作过程。输入 01 显示组，屏幕显示：

| Introduction of basic setting   Q |
Enter display group number 01
引入基本设定   确认
输入组别号 01

④ 按 Q 键确认。屏幕显示：

| System in basic setting 1   → |
1   2   3   4
引入基本设定 1   →
1   2   3   4

⑤ 如果全部显示区域都在标准范围内，按 → 键。屏幕显示：

| Test of Vehicle System   HELP |
Select function XX
车辆系统测试   帮助
选择功能 XX

⑥ 输入数字键 0 和 6,选择结束输出功能。按 Q 键确认。

6) 控制单元编码

如果控制单元编码没有显示,或者更换了控制单元后,都必须对控制单元编码。

(1) 连接故障检测仪 V.A.G1552,接通点火开关。输入数字键 0 和 1,选择发动机电子控制系统。屏幕显示:

Test of Vehicle System	HELP
Select function XX	
车辆系统测试	帮助
选择功能 XX	

(2) 输入数字键 0 和 7,选择控制单元编码功能,按 Q 键确认。屏幕显示:

Code control unit	Q
Feed in code number XXXXX(0~32000)	
控制单元编码	Q
输入编码号码 XXXXX(0~32000)	

(3) 输入这种车辆的编码号(桑塔纳 2000GSi 型轿车的编码号为 08001),按 Q 键确认。控制单元的识别内容将显示在故障检测仪 V.A.G1552 的屏幕上。

(4) 关闭点火开关,然后再打开,新输入的编码将起作用。按→键。屏幕显示:

Test of Vehicle System	HELP
Select function XX	
车辆系统测试	帮助
选择功能 XX	

(5) 输入数字键 0 和 6,选择结束输出功能。按 Q 键确认。

二、电控系统的数据流分析

故障自诊断系统一般只能监测电子控制系统的电路信号,并且只能监测信号的范围,而不能监测传感器特性的变化。因此,在诊断故障时不能完全依赖故障代码,而只能把它作为一种重要的参考数据。

汽车数据流是指电子控制单元与传感器和执行器交流的数据参数,它是通过诊断接口由故障检测仪读取的数据,且随时间和工况而变化。数据的传输就像队伍排队一样,一个一个通过数据线流向检测仪。通过故障检测仪,可将发动机运转过程中各种传感器和执行器的输入、输出信号的瞬时值以数据表的方式在显示屏上显示出来。这样,可以根据发动机工作过程中电控系统内各种数据的变化情况,判断发动机电控系统的工作是否正常。因此,应充分利用与开发数据流功能,以提高发动机电控系统故障诊断的效率。

1. 数据流的检测方法

下面仍以 V.A.G1552 故障检测仪和桑塔纳 2000GSi 型轿车的 AJR 型发动机为例,对发动机电控系统数据流的检测方法进行介绍。

1)发动机电控系统数据流的检测条件

(1)冷却液温度不低于 80℃。

(2)测试时,散热器风扇不允许转动。

(3)空调关闭。

(4)其他用电设备关闭。

(5)故障存储中没有故障存在。

2)数据流检测步骤

(1)连接故障检测仪 V.A.G1552,让发动机怠速运转。输入数字键 0 和 1,选择发动机电子控制系统。屏幕显示:

Test of Vehicle System	HELP
Select function XX	
车辆系统测试	帮助
选择功能 XX	

(2)输入数字键 0 和 8,选择选择读测量数据块,按 Q 键确认。屏幕显示:

Read Measuring Value Block	HELP
Enter display group number XX	
读测量数据块	帮助
输入组别号 XX	

(3)输入需要显示的组别号,按 Q 键确认,屏幕即显示相关的数据块信息。例如输入 00 显示组号,按 Q 键确认。屏幕显示:

| Read measured value block 0 → |
| 1 2 3 4 5 6 7 8 9 10 |
| 读测量数据块 → |
| 1 2 3 4 5 6 7 8 9 10 |

(4)各显示组之间的切换操作,可按照表 4-4 进行。本车型部分显示组的内容见表 4-5。

表 4-4 显示组之间的切换操作

显示组	V.A.G1552	V.A.G1551
进一组	按↑键	按 3 键
退一组	按↓键	按 1 键
退回重输组号	按 C 键	按 C 键

表 4-5 部分显示组内容

显示组号	屏幕显示	说　　明
00 基本功能	Read measuring value block 0 1 2 3 4 5 6 7 8 9 10	冷却液温度 发动机负荷 发动机转速 蓄电池电压 节气门角度 怠速空气质量控制值 怠速空气质量测量值 混合气成分控制值(λ 控制值) 混合气成分测量值(λ 测量值)
01 基本功能	Read measuring value block 1 1　2　3　4	1—发动机转速 2—发动机负荷(每转喷射持续时间) 3—节气门角度 4—点火提前角
03 基本功能	Read measuring value block 3 1　2　3　4	1—发动机转速 2—蓄电池电压 3—冷却液温度 4—进气温度
04 怠速稳定	Read measuring value block 4 1　2　3　4	1—节气门角度 2—怠速空气质量测量值(空挡位置) 3—怠速空气质量测量值(自动变速器驱动挡位置) 4—工作状况 Leerlauf 怠速 Tetllast 部分负荷 Vollast 全负荷 Schub 加浓 Anreichenrung 超速
09 λ 调节值	Read measuring value block 9 1　2　3　4	1—发动机转速(测量值) 2—混合气 λ 控制 3—λ 传感器电压 4—怠速时 λ 调节值
10 λ 调节值	Read measuring value block 10 1　2　3　4	1—活性炭罐电磁阀 N80 占空比 2—油箱净化系统动作时混合气修正因素 3—活性炭罐过滤器充满水平 4—ACF 阀供应空气的比例

(续)

显示组号	屏幕显示	说明
12 汽油消耗	Read measuring value block 12 1　2　3　4	1—发动机转速 2—蓄电池电压 3—汽油消耗 4—点火提前角
14 爆震控制	Read measuring value block 14 1　2　3　4	1—发动机转速 2—发动机负荷(曲轴每转喷射持续时间) 3—第1缸爆震控制滞后角 4—第2缸爆震控制滞后角
15 爆震控制	Read measuring value block 15 1　2　3　4	1—发动机转速 2—发动机负荷(曲轴每转喷射持续时间) 3—第3缸爆震控制滞后角 4—第4缸爆震控制滞后角
16 爆震控制	Read measuring value block 16 1　2　3　4	1—第1缸爆震传感器信号电压 2—第2缸爆震传感器信号电压 3—第3缸爆震传感器信号电压 4—第4缸爆震传感器信号电压
20 工作状态	Read measuring value block 20 1　2　3　4	1—发动机转速 2—变速杆位置 3—空调开关 4—空调压缩机状态
21 λ控制工作状态	Read measuring value block 21 1　2　3　4	1—发动机转速 2—发动机负荷(曲轴每转喷射持续时间) 3—冷却液温度 4—λ控制关闭/打开
23 节气门控制部件	Read measuring value block 23 1　2　3　4	1—节气门控制部件工作状态 2—节气门定位器最小停止位置 3—节气门定位器紧急运行停止位置 4—节气门定位器最大停止位置
98 节气门控制 部件匹配	Read measuring value block 98 1　2　3　4	1—节气门电位计电压 2—节气门定位电位计电压 3—工作状态:怠速/部分负荷 4—匹配状态:正在匹配 　　　　　匹配完成 　　　　　匹配未完成 　　　　　匹配错误
99 λ控制	Read measuring value block 99 1　2　3　4	1—发动机转速 2—冷却液温度 3—混合气λ控制 4—λ控制关闭/打开

2. 数据流参数的分析

在发动机运行过程中，电控单元将以一定的时间间隔不断地接收各个传感器传送的输入信号，并向各个执行器发出指令。对于某些执行器的工作状态，电控单元还可根据相应传感器的反馈信号加以修正。技术人员可通过读取并分析电控单元与传感器、执行器之间交流的信号参数，诊断发动机电子控制系统的故障。

1) 发动机参数分析

(1) 发动机转速

读取电控系统的数据流时，在检测仪上显示出来的发动机转速，是由电控单元根据发动机点火信号或曲轴位置传感器的脉冲信号计算而得的，它反映了发动机的实际转速。发动机转速的单位一般采用 r/min，其变化范围为 0 至发动机最高转速。该参数主要用于对其他参数进行分析时作为参考依据。

(2) 发动机起动转速

该参数是发动机起动时，由起动机带动的发动机转速，其单位为 r/min，显示的数值范围为 0~800r/min。该参数是发动机电控系统控制起动喷油量的依据。分析发动机起动转速，可以分析起动困难的故障原因，也可分析发动机的起动性能。

(3) 冷却液温度

发动机冷却液温度是一个数值参数，其单位可以通过检测仪选择为℃或℉。在单位为℃时，其变化范围为-40~199℃。该参数表示电脑根据冷却液温度传感器送来的信号计算后，得出的冷却液温度数值。该参数的数值应能在发动机冷车起动至热车的过程中逐渐升高。在发动机完全热车后怠速运转时，冷却液的温度应在 85~105℃。当冷却液温度传感器或其线路断路时，该参数显示为-40℃。若显示的数值超过 185℃，则说明冷却液温度传感器或其线路短路。

在有些车型中，发动机冷却液温度参数的单位为 V，表示这一参数的数值直接来自冷却液温度传感器的信号电压。该电压和冷却液温度之间的比例关系依控制方式的不同而不同，通常成反比例关系。在冷却液温度传感器正常工作时，该参数值的范围为 0~5V。

如果发动机工作时冷却系统的节温器已完全打开，而冷却液温度不是逐渐上升而是下降，这就表明冷却液温度传感器已损坏。冷却液温度传感器损坏引发的主要故障现象有：发动机冒黑烟；发动机不易起动；加速不良；怠速不稳，有时熄火。

(4) 发动机负荷

发动机负荷是一个数值参数，其单位为 ms 或%，显示的数值范围为 1.3~4.0ms（怠速时）或 15%~40%。

发动机负荷是由电控单元根据传感器参数计算出来，并由进气压力或喷油量显示，一般通过观察怠速时发动机的负荷，来判断发动机电子控制系统是否存在故障。

发动机负荷的喷射时间是一个纯计算的理论值。在怠速下发动机的负荷可以理解为发动机所需克服的自身摩擦力和附件驱动装置载荷。

发动机负荷的喷射时间与基本喷油量，仅与发动机曲轴转速和负荷有关，不包括喷油修正量，正常数值如下：

① 海拔每升高 1000m，发动机负荷（输出功率）降低约 10%。

② 当外界温度很高时，发动机输出功率也会降低，最大降低幅度可达 10%。

③ 在汽车行驶过程中,当发动机达到最大负荷:发动机转速为 4000r/min 时,显示值应达到 7.5ms;发动机转速为 6000r/min 时,显示值应达到 6.5ms。

发动机负荷异常的主要原因有:进气系统漏气;真空管堵塞;配气正时错误;有额外负荷。

2) 燃油控制参数分析

(1) 喷油脉冲宽度

喷油脉冲宽度是指电控发动机喷油器每次喷油时间的长度,是喷油器工作是否正常的主要指标。该参数所显示的喷油脉冲宽度数值的单位是 ms。

该参数所显示的数值大,表示喷油器每次打开喷油的时间长,发动机将获得较浓的混合气;该参数所显示的数值小,表示喷油器每次打开喷油的时间短,发动机将获得较稀的混合气。喷油脉冲宽度没有一个固定的标准,它将随着发动机转速和负荷的不同而变化。

影响喷油脉冲宽度的主要因素如下:

① λ 调节。

② 活性炭罐的混合气浓度。

③ 空气温度与密度。

④ 蓄电池电压(喷油器打开的快慢)。

喷油量过大的常见原因有:空气流量传感器损坏;节气门控制部件损坏;有额外负荷;某缸或数缸工作不良。

(2) 目标空燃比

该参数不是通过测量而得到的发动机实际空燃比,而是发动机电控单元在闭环控制时,根据各种传感器的输入信号计算后得出的应提供的空燃比,发动机电控单元将依照此参数的大小来控制喷油器的喷油量。

该参数的显示数值一般为 14.7 左右。低于此值表示电控系统要提供较浓的混合气;高于此值表示电控系统要提供较稀的混合气。有些车型以状态参数的方式显示这一参数,其显示内容为浓或稀。

(3) 短时燃油修正

短时燃油修正是一个数值参数,其数值范围是 -10% ~ 10%。短时燃油微调,即发动机电控单元响应氧传感器的信号,在信号电压高于或低于 450mV 限度的时间内,短时校正供油。若氧传感器信号电压主要保持在 450mV 以下,表示混合气过稀,短时燃油微调则提高至 0% 以上的正值范围内,同时增加供油量;若氧传感器信号电压主要保持在 450mV 以上,表示混合气过浓,短时燃油微调则减小至 0% 以下的负值范围内,同时减少供油量。

在一定条件下,如长时间在怠速运行或环境温度较高,炭罐清污也会使短时燃油微调显示在负值范围内。在控制短时燃油微调时,最大允许调节范围是 -10% ~ 10%。在最大允许调节值时,燃油微调值则表示系统过浓或过稀。

(4) 长时燃油修正

长时燃油修正是一个数值参数,其数值范围是 -23% ~ 16%。长时燃油微调追随短时燃油修正值,并表示长时供油校正。0% 表示供油不需要补偿,就能保持发动机电控单元指令的空燃比。若显著低于 0%,为一个负值,表示系统过浓,供油量应减少(减小喷油器脉宽);若显著高于 0%,为一个正值,表示系统过稀,供油量应增加(增加喷油器脉宽)。

由于长时燃油微调力图追随短时燃油微调,因怠速炭罐清污产生的负值,不属于异常。在控制长时燃油微调时,最大允许调节范围是-23%~16%。在最大允许调节值时,表示系统过浓或过稀。

(5) 动力增强模式

动力增强模式(混合气加浓)是一个状态参数,其显示状态为起动或未起动。如果显示ACTIVE(起动),表示已检测的条件适合在动力增强模式(混合气加浓)模式中操作。当检测到大幅度增加的节气门位置和负载时,发动机电控单元将指令动力增强模式(混合气加浓)模式。当系统在动力增强模式(混合气加浓)模式下,发动机电控单元通过进入开环模式和增加喷油器脉宽的方式来增加供油量,以防止加速过程中可能产生的降速。

(6) 减少燃油模式

减少燃油模式是一个状态参数,其显示状态为起动或未起动。如果显示起动,表示已检测的条件适合在减少燃油模式中操作。当检测到节气门位置突然减小,同时车辆以高于25mile/h(1 mile/h=0.477m/s)速度行驶时,发动机电控单元指令减少燃油模式。当在减少燃油模式下,发动机电控单元通过进入开环模式和减小喷油器脉宽的方式来减少供油量。

3) 进气状态参数分析

(1) 大气压力

大气压力是一个数值参数,它表示大气压力传感器送给发动机电控单元的信号电压的大小,或计算机根据这一信号经计算后得出的大气压力的数值。该参数的单位依车型而不同,有 V、kPa 及 cmHg 三种,其变化范围分别为 0~5.12V、10~125kPa 和 0~100cmHg。有些车型的计算机显示两个大气压力参数,其单位分别为 V、kPa 或 cmHg。这两个参数分别代表大气压力传感器信号电压的大小及电控单元根据这一信号计算后得出的大气压力数值。

大气压力数值和海拔有关:在海平面为 100kPa 左右;高原地区大气压力较低,在海拔4000m 附近为 60kPa 左右。在数值分析中,如果发现该参数和环境大气压力有很大的偏差,说明大气压力传感器或发动机电控单元有故障。

(2) 进气歧管压力

进气歧管压力是一个数值参数,它表示由进气歧管压力传感器送给发动机电控单元的信号电压的大小,或表示电控单元根据这一信号电压计算出的进气歧管压力数值。该参数的单位依车型而不同,有 V、kPa 及 cmHg 三种,其变化范围分别为 0~5.12V、10~205kPa 和 0~150cmHg。

进气歧管压力传感器所测量的压力,是发动机节气门后方的进气歧管内的绝对压力。在发动机运转时,该压力的大小取决于节气门的开度和发动机的转速。在相同转速下,节气门开度越小,进气歧管内的压力就越低(即真空度越大);在相同的节气门开度下,转速越高,进气歧管内的压力就越低。涡轮增压发动机的进气歧管压力在增压器起作用时,则大于102kPa(大气压力)。在发动机熄火状态下,进气歧管压力应等于大气压力,该参数的数值应为 100~102kPa。如果在数值分析时,发现该数值和发动机进气歧管内的绝对压力不符,则说明进气歧管压力传感器或发动机电控单元有故障。

(3) 空气流量

空气流量是一个数值参数,它表示发动机电控单元接收到的空气流量传感器的进气量信号。该参数的数值变化范围和单位取决于车型和空气流量传感器的类型。

采用翼板式空气流量传感器、热线式空气流量传感器及热膜式空气流量传感器的汽车,该参数的数值单位均为V,其变化范围为0~5V。在大部分车型中,该参数的大小和进气量成反比,即进气量增加时,空气流量传感器的输出电压下降,该参数的数值也随之下降。5V表示无进气量,0V表示最大进气量。也有部分车型该参数的大小和进气量成正比,即:数值大表示进气量大;数值小表示进气量小。

采用涡流式空气流量传感器的发动机,该参数的数值单位为Hz和ms,其变化范围分别为0~1600Hz或0~625ms。在急速时,不同排量的发动机该参数的数值为25~50Hz。进气量越大,该参数的数值也越大。在2000r/min时,为70~100Hz。如果在不同的工况时,该参数的数值没有变化或与标准有很大差异,说明空气流量传感器有故障。

进气流量不准,常引起以下故障:加速不良;发动机回火;排气管放炮。

(4) 进气急速控制

进气急速控制是一个数值参数,它表示发动机电控单元所控制的节气门体上的急速控制阀的开度。在检测时,根据不同的车型,该参数有采用百分数(%)及不采用百分数两种情况,其数值范围有0~100%、0~15和0~255三种。数值小,表示急速控制阀的开度小,经急速控制阀进入发动机的进气量较小;数值大,表示急速控制阀的开度大,经急速控制阀进入发动机的进气量较多。

在进行数值分析时,通过观察该参数,可以监测到发动机电控单元对急速控制阀的控制情况,以作为判断发动机急速故障或其他故障时参考。

(5) 进气温度

进气温度是一个数值参数,其数值单位为℃或℉。在单位为℃时,其变化范围为-50℃~185℃。该参数表示发动机电控单元按进气温度传感器的信号计算后得出的进气温度数值。在进行数值分析时,应检查该数值与实际进气温度是否相符。

在冷车起动之前,该参数的数值应与环境温度基本相同;在冷车起动后,随着发动机的升温,该参数的数值应逐渐升高。若该参数显示为-50℃,则表示进气温度传感器或其线路断路;若该参数显示为185℃,则表示进气温度传感器或其线路有短路故障。

(6) 节气门开度

节气门开度是一个数值参数,其数值单位根据车型的不同,有电压(V)、角度(°)、百分数(%)三种。若单位为电压(V),则数值范围为0~5.1V;若单位为角度(°),则数值范围为0~5.1V;若单位为百分数(%),则数值范围为0%~100%。

节气门开度数值表示发动机电控单元接收到的节气门位置传感器的信号值,或根据该信号计算出的节气门开度的大小。其绝对值小,则表示节气门开度小;其绝对值大,则表示节气门开度大。在进行数值分析时,应检查节气门全关时参数的数值大小。以电压为单位时,节气门全关时该参数的数值应为0.5V;以角度为单位,节气门全关时该参数的数值应为0°;以百分数为单位时,节气门全关时该参数的数值应为0%。

此外,还应检查节气门全开时参数的数值大小。以电压为单位时,节气门全关时该参数的数值应为4.5V;以角度为单位时,节气门全关时该参数的数值应为82°以上;以百分数为单位时,节气门全关时该参数的数值应为95%以上。

若以上参数有异常,则可能是节气门位置传感器有故障或调整不当,也可能是线路或发动机电控单元存在故障。

对于线性输出的节气门位置传感器,应输出与节气门开度成比例的电压信号,控制系统根据其输入信号来判断节气门的开度,即负荷的大小,从而进行喷油量的控制。如果传感器的特性发生了变化,即由线性输出变成了非线性输出,如图4-9(b)所示,这时传感器的输出电压信号虽然在规定的范围内,但并不与节气门的开度成比例的变化,就会出现发动机工作不良却故障指示灯并不亮也不会有故障代码的现象。

节气门位置传感器损坏引起的常见故障有:加速不良;怠速不稳;发动机熄火;自动变速器进入紧急运行状态等。

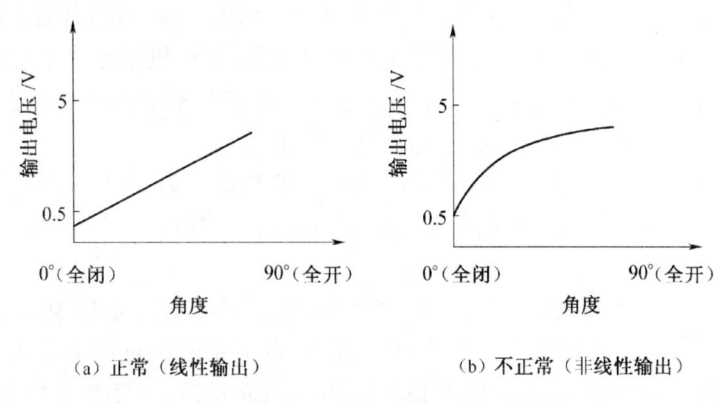

(a) 正常(线性输出)　　　(b) 不正常(非线性输出)

图4-9　线性输出节气门位置传感器的输出特性

(7) 怠速开关

怠速开关是一个状态参数,其显示内容为 ON 或 OFF。它表示发动机电控单元接收到的节气门位置传感器中的怠速开关的信号。当节气门全关时,节气门位置传感器中的怠速开关闭合,此时该参数应显示为 ON;当节气门打开时,节气门位置传感器中的怠速开关打开,此时该参数应显示为 OFF。

若该参数有异常,说明节气门位置传感器或其线路存在故障。

4) 点火参数分析

(1) 蓄电池电压

蓄电池电压是一个数值参数,它反映了发动机电控单元所检测到的蓄电池电压,其数值变化范围为0~25V。发动机电控系统中,没有专门用来检测蓄电池电压的传感器。电控单元是根据其内部电路对输入的电源电压进行检测后,获得这一数值的。在发动机运转时,该参数实际数值通常接近正常的充电电压,怠速时为13.5~14.5V。在进行数值分析时,可将该参数与蓄电池接线柱上的电压进行比较。若电压过低,说明电控单元的电源电路有故障。

(2) 5V 基准电压

5V 基准电压是一个数值参数,它表示发动机电控单元向某些传感器输出的基准工作电压的数值,其变化范围为0~5.12V。大部分汽车电控单元的基准电压为5V左右。该电压是衡量电控单元工作是否正常的一个标志。若该电压异常,则表示电控单元有故障。

(3) 点火提前角

点火提前角是一个数值参数,它表示由发动机电控单元控制的总点火提前角(包括基本点火提前角),其变化范围为-90°~90°。在发动机运转过程中,该参数的数值取决于发动机的工况及有关传感器的信号,通常在10°~60°之间变化。

在进行数值分析时,应检查该参数能否随发动机工况不同而变化。通常在发动机怠速运转时该参数为15°左右;发动机加速或中高速运转时,该参数增大。如果该参数在发动机不同工况下保持不变,则说明计算机有故障。也可以用正时灯检测发动机点火提前角的实际数值,并与该参数进行比较。如果发现实际点火提前角和该参数不符,可能是曲轴位置传感器安装位置不正确,应按规定进行检查和调整。

(4) 起动信号

起动信号是一个状态参数,其显示内容为 YES 或 NO。该参数反映由发动机电控单元检测到的点火开关的位置。在点火开关转至起动位置,起动机回路接通运转时,该参数应显示 YES,其他情况下为 NO。电控单元根据这一参数来判断发动机是否处于起动状态,并由此来控制发动机起动时的燃油喷射、怠速和点火正时。

在进行数值分析时,应在发动机起动时检查该参数是否为 YES。如果在起动时该参数仍显示为 NO,则说明起动系统至电控单元的信号电路有故障。

(5) 点火控制

点火控制是一个状态参数,其显示内容为 YES 或 NO。该参数反映发动机电控单元是否在控制点火提前角。通常在发动机起动过程中,点火正时由点火电子组件控制,发动机电控单元不进行点火提前角控制,此时该参数为 NO;起动后,发动机电控单元控制点火提前角后,此时该参数为 YES。如果在发动机运转中,该参数没有显示为 YES,说明控制系统的某些传感器有故障,使发动机电控单元无法进行点火提前角控制。

(6) 爆燃

爆燃是一个状态参数,其显示内容为 YES 或 NO。该参数反映发动机电控单元是否接到爆燃传感器送来的爆燃信号。当参数显示为 YES 时,说明电控单元接收到爆燃信号;参数显示为 NO 时,说明电控单元没有接收到爆燃信号。

在进行数值分析时,可在发动机运转中急加速,此时该参数应能先显示 YES,后又显示 NO。如果在急加速时该参数没有显示为 YES,或在等速运转时也显示为 YES,说明爆燃传感器或其电路有故障。

(7) 爆燃计数

爆燃计数是一个数值参数,其变化范围为 0~255。它表示发动机电控单元根据爆燃传感器送来的爆燃信号,计算出爆燃的数量和相关的持续时间。参数的数值并非爆燃的实际次数和时间,它只是一个与爆燃次数及持续时间成正比的相对数值。任何大于 0 的数值都表示已发生爆燃。数值低,表示爆燃次数少或持续时间短;数值高表示爆燃次数多或持续时间长。

(8) 爆燃推迟

爆燃推迟是一个数值参数,其变化范围为 0°~99°。它表示发动机电控单元在接收到爆燃传感器送来的爆燃信号后,将点火提前角推迟的数值。该参数的数值不代表点火提前角的实际数值,仅表示点火提前角相对于当前工况下最佳点火提前角向后推迟的角度。

5) 排放控制参数分析

(1) 炭罐指令

炭罐指令是一个状态参数,其显示内容为 ON 或 OFF。它表示发动机电控单元输出至活性炭罐电磁阀的控制信号。发动机在冷车或怠速运转时,发动机电控单元让电磁阀关闭,切断发动机进气歧管至活性炭罐的真空通路,停止活性炭罐的净化回收工作,此时该参数显示为OFF;发动机在热车并以高于怠速的转速运转时,发动机电控单元让电磁阀打开,导通发动机进气歧管至活性炭罐的真空通路,此时该参数显示为ON。如果在进行数值分析时,显示规律异常,说明发动机电控单元或相关传感器有故障。

(2) 废气再循环指令

废气再循环指令是一个状态参数,其显示内容为ON或OFF。它表示发动机电控单元是否控制信号,让废气再循环控制电磁阀打开。该参数显示为ON时,表示发动机电控单元输出控制信号,废气再循环控制电磁阀接收到通路信号,让真空进入废气再循环阀,使废气再循环装置开始工作;该参数显示为OFF时,电磁阀不通电,切断废气再循环阀的真空通路。

废气再循环指令在汽车停车或发动机处于怠速状态、开环控制状态时,显示为OFF;在汽车处于行驶状态时,显示为ON。该参数仅反映电控单元有无输出控制信号,它不表示废气再循环阀是否接收到控制信号及是否打开。

(3) 氧传感器工作状态

氧传感器工作状态参数表示由发动机排气管上的氧传感器所测得的排气的浓稀情况。有些采用双排气管的发动机,将这一参数显示为左氧传感器和右氧传感器工作状态两种参数。排气中氧气含量取决于进气中混合气的空燃比。氧传感器是测量发动机混合气浓稀状态的主要传感器。氧传感器必须被加热到300℃以上,才能向发动机电控单元提供正确的信号;而发动机电控单元必须处于闭环控制状态,才能对氧传感器的信号做出反应。

氧传感器工作状态参数的类型依车型而异,有些车型以状态参数的形式显示出来,其变化为浓或稀;也有些车型以数值参数的形式显示出来,其单位为mV。浓或稀表示排气的总体状态,数值表示氧传感器的输出电压。该参数在发动机热车后以中速(1500~2000r/min)运转时,呈现浓稀的交替变化或输出电压在100~900mV之间来回变化,每10s内的变化次数应大于8次(0.8Hz)。若该参数变化缓慢、不变化或数值异常,则说明氧传感器或反馈控制系统有故障。

氧传感器工作电压过低,一直显示在0.3V以下,其主要原因有:

① 喷油器泄漏。
② 燃油压力过高。
③ 活性炭罐的电磁阀常开。
④ 空气流量传感器有故障。
⑤ 氧传感器加热故障或氧传感器脏污。

氧传感器工作电压过高,一直显示在0.6V以上,其主要原因有:

① 喷油器堵塞。
② 燃油压力过低。
③ 空气流量传感器与节气门之间有未计量的空气进入。
④ 空气流量传感器有故障。
⑤ 在排气歧管垫片处有未计量的空气进入。
⑥ 氧传感器加热故障或氧传感器脏污。

氧传感器工作电压不正常可能引起的故障主要有：加速不良；车辆发冲；发动机冒黑烟；发动机有时熄火等。

（4）反馈状态

反馈状态开环或闭环是一个状态参数，它表示发动机电控单元的控制方式是开环还是闭环。在发动机冷车运转中，应显示为开环；当发动机达到正常的工作温度后，发动机电控单元对氧传感器的信号有反应时，应显示为闭环状态。

有些故障（通常会显示出故障代码）会使发动机电控单元回到开环控制状态。此外，有些车型在怠速运转一段时间后，也会回到开环状态，这常常是因为氧传感器在怠速时温度太低所致。对此，可踩下加速踏板，让发动机以快怠速运转来加热氧传感器。如果该参数一直显示为开环状态，快怠速运转后仍不能回到闭环状态，说明氧传感器或发动机电控系统有故障。

为了保证发动机具有良好的工作性能，混合气的空燃比不是在发动机所有工况下都进行反馈控制。在下述情况下，发动机电控单元对空燃比将不进行反馈控制，而是进行开环控制。

① 发动机起动工况。此时需要浓混合气，以便提高转速。

② 发动机起动后暖机工况。此时发动机温度低于正常工作温度，需要迅速升温。

③ 发动机大负荷（节气门全开）工况。此时需要加浓混合气，使发动机输出最大功率。

④ 加速工况。此时需要发动机输出最大转矩，以便提高汽车车速。

⑤ 减速工况。此时需要停止喷油，使发动机转速迅速降低。

⑥ 氧传感器温度低于正常工作温度。氧化锆式氧传感器的温度低于300℃，氧化钛式氧传感器的温度低于600℃，氧传感器不能正常输出电压信号。

⑦ 氧传感器输入发动机电控单元的信号电压持续10s以上保持不变，说明氧传感器失效，系统自动进入开环控制状态。

3. 数据流参数的应用

汽车数据流可作为汽车ECU的输入输出数据，使维修人员随时可以了解汽车的工作状况，及时诊断汽车的故障。下面仅举3例，对数据流参数的应用予以介绍。

1）发动机怠速的检测

不同的车型，进行发动机怠速检测的步骤不尽相同，下面仅以桑塔纳2000GSi型轿车的AJR型发动机为例，介绍通过读取数据流相关参数的方式，检测发动机怠速的方法。

（1）怠速检测条件

进行发动机怠速的检测时，必须满足以下条件：

① 冷却液温度大于80℃。

② 测试时冷却风扇不转。

③ 空调关闭。

④ 其他用电设备关闭。

⑤ 油门拉索调节正常。

（2）检测步骤

① 连接故障检测仪 V.A.G1552，让发动机怠速运转。输入数字键0和1，选择发动机电子控制系统。屏幕显示：

第四章　汽车电子控制系统的检测与故障诊断

```
Test   of   Vehicle   System              HELP
   Select   function   XX
```

```
车辆系统测试                               帮助
   选择功能 XX
```

② 输入数字键 0 和 8,选择读测量数据块,按 Q 键确认。屏幕显示：

```
Read   Measuring   Value   Block          HELP
   Enter   display   group   number   XX
```

```
读测量数据块                               帮助
   输入组别号 XX
```

③ 输入数字键 0 和 3,进入选择读测量数据块功能,显示组 03,按 Q 键确认。屏幕显示：

```
Read   Measuring   Value   Block   3      →
   800r/min   13.650V  92.0℃   42.3℃
```

```
读测量数据块   3                           →
   800r/min   13.650V  92.0℃   42.3℃
```

其中,区域 1 发动机怠速值应为(800±30)r/min,区域 3 冷却液温度应不大于 80℃。

④ 如果怠速不在标准范围内,按 C 键,再输入数字键 2 和 0,进入选择读测量数据块功能,显示组 20,按 Q 键确认。屏幕显示：

```
Read   Measuring   Value   Block   20     →
   800r/min   0000   A/C-Low   Kompr. AUS
```

```
读测量数据块   20                          →
   800r/min   0000   A/C-Low   Kompr. AUS
```

其中,区域 3 空调 A/C 开关应关闭,区域 4 压缩机应关闭。如果 A/C 开关打开、压缩机工作,应把空调 A/C 开关关闭,让压缩机停止工作。

⑤ 如果怠速仍不在标准范围内,按 C 键,再输入数字键 0 和 4,进入选择读测量数据块功能,显示组 04,按 Q 键确认。屏幕显示：

```
Read   Measuring   Value   Block   4      →
   3∠°   0.23g/s   0.00g/s   Leerlauf
```

```
读测量数据块   4                           →
   3∠°   0.23g/s   0.00g/s   急速
```

其中,区域4应当是"Leerlauf"(怠速)。如果没有显示怠速,应检查怠速开关是否脏污或线路开路。区域1标准值为0~5∠°。如果没有达到标准值,应检查节气门控制部件与发动机控制单元的匹配。

⑥ 按↑键,进入选择读测量数据块功能,显示组05。屏幕显示:

| Read Measuring Value Block 5　　　　　　　　　　→ |
| 800r/min　810r/min　1.7%　2.9 g/s |
| 读测量数据块　5　　　　　　　　　　　　　　　　　　→ |
| 800r/min　810r/min　1.7%　2.9 g/s |

其中,区域1是怠速转速测量值,区域2是怠速转速规定值。

(3) 参数分析

通过读取数据流中发动机的怠速转速值,可以了解发动机怠速的技术状况。怠速转速是由发动机控制单元预先设置的,不可以调整。怠速不正常的原因主要有:

① 怠速过低的原因可能是:节气门组件与发动机控制单元匹配不当;发动机负荷过大;节气门组件故障。

② 怠速过高难度的原因可能是:节气门组件与发动机控制单元匹配不当;进气系统漏气;节气门组件故障;活性炭罐电磁阀常开。

2) 空气流量传感器技术状况的检测

热膜(热线)式空气流量传感器制造成本低、寿命长,使用较为广泛。下面以桑塔纳2000Gsi轿车为例,介绍通过读取数据流相关参数的方式,检测空气流量传感器技术状况的方法。

(1) 检测步骤

① 利用V.A.G1552读测量数据块显示组02。进行发动机电控系统数据流的检测条件为:冷却液温度不低于80℃;测试时,散热器风扇不允许转动;空调关闭;其他用电设备关闭;故障存储中没有故障存在。

② 连接故障检测仪V.A.G1552,让发动机怠速运转。输入数字键0和1,选择发动机电子控制系统。屏幕显示:

| Test of Vehicle System　　　　　　　HELP |
| Select function　XX |
| 车辆系统测试　　　　　　　　　　　　　　帮助 |
| 选择功能XX |

③ 输入数字键0和8,选择读测量数据块,按Q键确认。屏幕显示:

| Read Measuring Value Block　　　　　　HELP |
| Enter display group number　XX |
| 读测量数据块　　　　　　　　　　　　　　帮助 |
| 输入组别号XX |

④ 输入需要显示的组别号 02,按 Q 键确认,屏幕即显示相关的数据块信息。读测量数据块显示组 02 的区域 2,检查进气质量。

(2) 参数分析

进气质量标准值应为 2.0~4.0g/s。如果不在标准范围内,说明空气流量传感器技术状况不正常,应进行进一步的检查。

3) 氧传感器技术状况的检测

下面以桑塔纳 2000Gsi 轿车为例,介绍通过读取数据流相关参数的方式,检测氧传感器技术状况的方法。

(1) 检测步骤

① 利用 V. A. G1552 读测量数据块显示组 07。进行发动机电控系统数据流的检测条件为:冷却液温度不低于 80℃;测试时,散热器风扇不允许转动;空调关闭;其他用电设备关闭;故障存储中没有故障存在。

② 连接故障检测仪 V. A. G1552,让发动机怠速运转。输入数字键 0 和 1,选择发动机电子控制系统。输入数字键 0 和 8,选择读测量数据块,按 Q 键确认。输入需要显示的组别号 07,按 Q 键确认,屏幕即显示相关的数据块信息。

Read Measuring Value Block 3	→
1 2 3 4	
读测量数据块 3	→
1 2 3 4	

③ 读测量数据块显示组 07 的区域 2,显示氧传感器信号电压。

(2) 参数分析

① 如果氧传感器电压读数波动缓慢,应检测氧传感器加热器。

② 如果氧传感器电压读数维持在 0.45~0.5V 不变,说明信号线路断路。

③ 如果氧传感器电压读数维持在 0~0.3V,表明 λ 控制已达到最大浓度极限,但氧传感器仍记录"混合气太稀"。

④ 如果氧传感器电压读数维持在 0.7~1.0V,表明 λ 控制已达到最稀浓度极限,但氧传感器仍记录"混合气太浓"。

⑤ 氧传感器读数不正常的原因,可能是氧传感器本身存在故障,也可能是发动机其他传感器或进气系统、燃油系统、点火系统等工作不良,导致混合气过浓或过稀,应分别进行检查。

三、电控系统主要部件的检测

1. 电控系统主要部件的万用表检测

万用表是一种携带方便、测量范围广、用途广泛的电工测量仪表,是汽车电控系统部件检测的不可缺少的有效检测工具。在进行检测时,万用表主要适用于对汽车电控系统部件的静态或变化频率较小的电信号的检测,如电压、电流、电阻及用于判断电路和电子器件的通断、搭铁情况等。

下面即以万用表为主要检测工具,对发动机电控系统主要部件的检测方法进行介绍。

1) 热线(热膜)式空气流量传感器的检测

不同车型发动机所使用热线(热膜)式空气流量传感器的电路不尽相同,但其检测方法相差不大,主要是对空气流量传感器的供电电路和信号输出端的信号进行检测。下面以图4-10所示的空气流量传感器电路为例,对热线(热膜)式空气流量传感器及其电路的检测方法进行介绍。

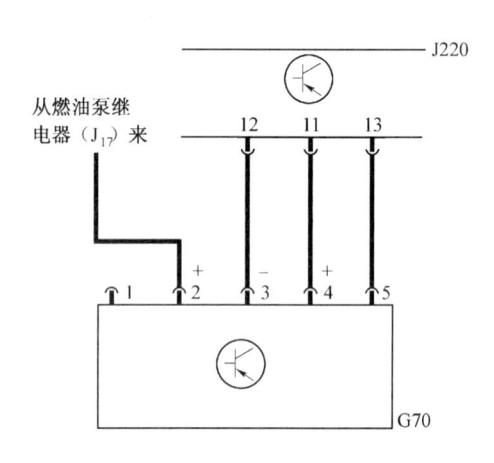

图4-10 热膜式空气流量传感器的连接电路

(1) 供电电压的检测

① 将发光二极管连接到空气流量传感器端子2和搭铁点之间,起动发动机,试灯应亮。

② 如试灯不亮,应检查熔断器与传感器端子2之间的线路是否正常。如正常,则应对燃油泵继电器进行检查。

③ 测量空气流量传感器端子4和搭铁点之间的电压,应为5V左右。如果空气流量传感器供电电压正常,应对空气流量传感器的信号线路进行检查。

(2) 离车单件检测

① 将点火开关置于"OFF"位置,拔下空气流量传感器的导线插接器,从车上将空气流量传感器拆下。

② 观察空气流量传感器内的热线或热膜有无断开或脏污,护网有无堵塞或破裂。

③ 将蓄电池电压加于空气流量传感器的端子2、4和3(3接负极、2和4接正极),然后用万用表的电压挡,测量空气流量传感器5、3(空气流量信号—搭铁)端子之间的输出电压值。

④ 用电吹风给空气流量传感器的进气口吹风,此时电压值应上升至2~4V。信号电压值应该随风量大小的变化而变化(风量增大、电压值增大;风量减小,电压值减小)。如果信号电压在风量变化时不变、变化小或变化迟缓,则表明传感器存在故障。

(3) 检测结果分析

① 在上述检测中,如供电电压检测、离车单件检测结果均正常,则热线(热膜)式空气流量传感器信号系统正常。

② 如离车单件检测的结果不在技术要求的规定范围内,而供电电压检测的结果正常,

则表明热线(热膜)式空气流量传感器不良,应予以更换。

③ 如离车单件检测的结果正常,而供电电压检测的结果不正常,则说明热线(热膜)式空气流量传感器本身正常,发动机电控单元或相应的连接线路不正常,应予以检修或更换。

2) 卡门涡流式空气流量传感器的检测

反光镜检测方式的卡门涡流式空气流量传感器的导线插接器一般有5个端子,以图4-11所示的电路为例,在无空气流动时,流量传感器内的反光镜不产生振动,光敏晶体管因得不到光信号而截止,KS端为高电平;当气流流过时,反光镜的振动使光敏晶体管交替导通和截止,从而在KS端输出脉冲信号。进气量越大,信号频率越高。

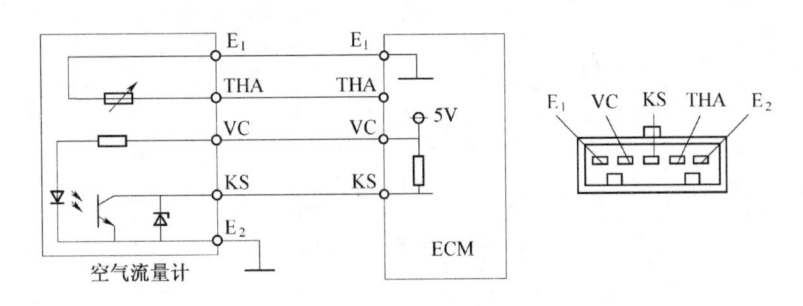

图4-11 卡门涡流式空气流量传感器的连接电路

(1) 电阻检测

将点火开关置于"OFF"位置,拔下空气流量传感器的导线插接器,用万用表的电阻挡测量空气流量传感器上THA和E1之间的电阻值,其值应符合本车型技术要求的规定值。对于1UZ-FE发动机上的卡门涡流式空气流量传感器,其电阻值应符合表4-6的规定要求。

表4-6 卡门涡流式空气流量传感器THA-E1之间的电阻值

端　子	温度/℃	标准电阻/kΩ
THA-E1	-20	10~20
	0	4~7
	20	2~3
	40	0.9~1.3
	60	0.4~0.7

(2) 供电电压的检测

拔下空气流量传感器的插接器,将点火开关置于"ON"位置,用万用表的电压挡测量VC和E2端子间的电压,其值应4~6V。

(3) 信号电压的检测

插好空气流量传感器的插接器,用万用表的电压挡,分别在点火开关置于"ON"位置、不起动,以及发动机运转时,测量KS和E2端子间的电压,其值应符合本车型技术要求的规定值。对于1UZ-FE发动机上的卡门涡流空气流量传感器,其电压在点火开关接通但不起动时为4~6V;发动机运转时,其电压为2~4V。

(4) 检测结果分析

① 在上述检测中,如电阻检测、信号电压检测、供电电压检测的结果均正常,则卡门涡

流式空气流量传感器信号系统正常。

② 如电阻检测、信号电压检测的结果中,有任何一项检测结果不在技术要求的规定范围内,而供电电压检测的结果正常,则表明卡门涡流式空气流量传感器不良,应予以更换。

③ 如电阻检测、信号电压检测的结果均正常,而供电电压检测的结果不正常,则说明卡门涡流式空气流量传感器本身正常,发动机电控单元或相应的连接线路不正常,应予以检修或更换。

3) 半导体压敏电阻式进气压力传感器的检测

半导体压敏电阻式进气压力传感器的导线插接器一般有3个端子,其连接电路如图4-12所示。

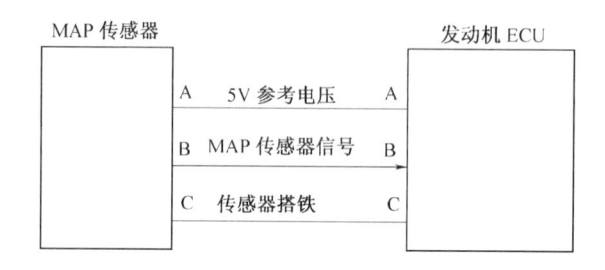

图4-12 半导体压敏电阻式进气压力传感器的连接电路

(1) 供电电压的检测

① 将点火开关置于"OFF"位置,拔下进气压力传感器的导线插接器。

② 将点火开关置于"ON"位置,不起动发动机,用万用表的电压挡测量插接器中的A和C端子间的电压,其值应为4.5~5.0V,如图4-13(a)所示。

(2) 输出信号电压的检测

① 将点火开关置于"ON"位置,不起动发动机,拆下进气压力传感器与进气歧管的真空软管,如图4-13(b)所示。

② 在发动机电控单元导线插接器侧,用万用表的电压挡测量进气压力传感器信号端子B与搭铁端子C间在大气压力状态下的输出电压,如图4-13(c)所示。记下电压值。

③ 利用真空泵向进气压力传感器内施加真空,从13.3kPa起,每次递增13.3kPa,一直增加到66.7kPa为止,同时测量在不同真空度下进气压力传感器的输出信号电压。该电压应随真空度的增大而不断下降。不同真空度下的输出电压的下降量应与该车型技术要求相符。

(3) 检测结果分析

① 在上述检测中,如供电电压的检测、输出信号电压检测的结果均正常,则半导体压敏电阻式进气压力传感器信号系统正常。

② 如供电电压的检测结果不在技术要求的规定范围内,则应检查进气压力传感器与发动机电控单元之间的线路是否导通。

③ 若线路断路或短路,应更换或修理线束;若线路正常,则应更换发动机电控单元。

④ 若供电电压的检测结果正常,而输出信号电压检测的结果不正常,则说明进气压力传感器不正常,应予以更换。

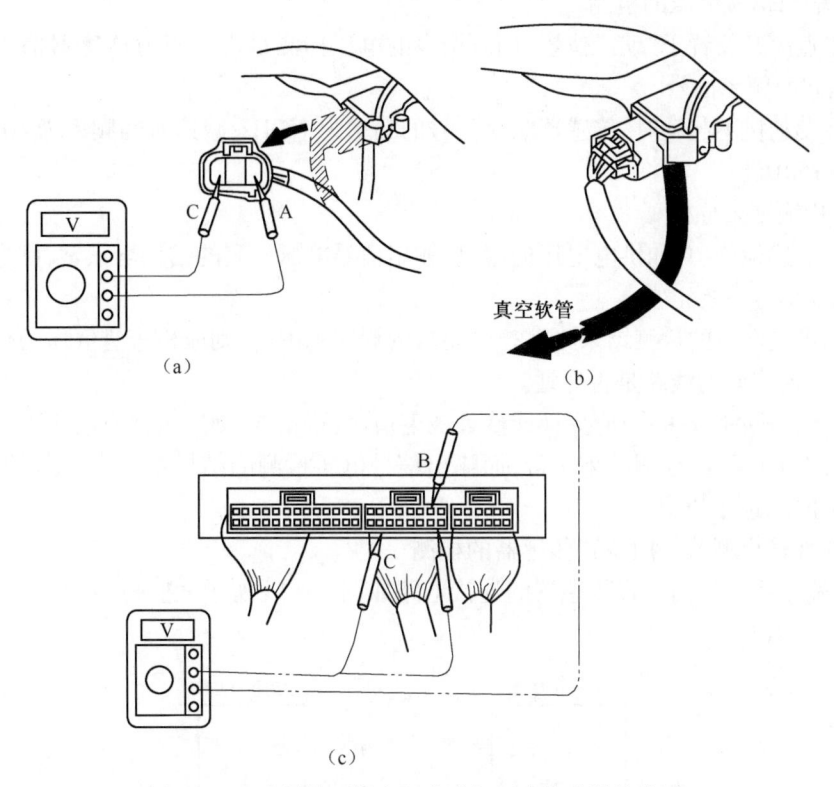

图 4-13 半导体压敏电阻式进气压力传感器的检测

4）电容式进气压力传感器的检测

在电容式进气压力传感器中,传感器能产生可变的频率信号,其输出信号的频率与进气歧管的绝对压力成正比,发动机电控单元根据输入信号的频率,感知进气歧管的绝对压力,从而计算出进气量。电容式进气压力传感器的连接电路如图 4-14 所示。

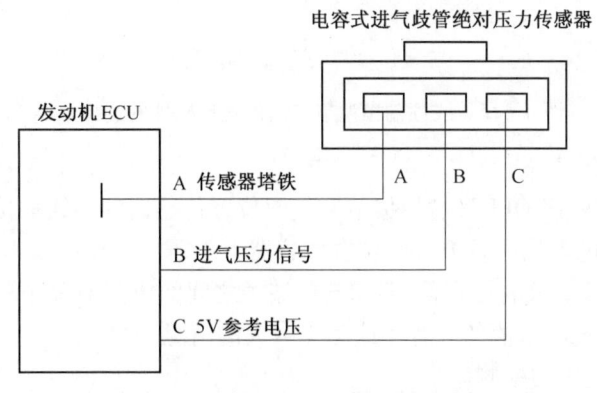

图 4-14 电容式进气压力传感器的连接电路

(1) 供电电压的检测

① 检查与进气歧管连接的真空软管有无老化、破裂及连接不牢的现象。

② 在真空软管连接可靠的情况下,将点火开关置于"ON"位置,不起动发动机,用万用表的电压挡检测发动机电控单元插接器中的 A 和 C 端子间的电压,其值应为 5.0V。

(2) 输出信号电压的检测

① 将点火开关置于"ON"位置,用万用表的电压挡测量进气压力传感器信号端子 B 与端子 C 之间的频率信号。

② 在发动机不起动时,传感器输出信号的频率为 160Hz;减速时的频率为 80Hz;怠速时的频率为 150Hz。

(3) 检测结果分析

① 在上述检测中,如供电电压的检测、输出信号电压检测的结果均正常,则电容式进气压力传感器信号系统正常。

② 如供电电压的检测结果不在技术要求的规定范围内,则应检查进气压力传感器与发动机电控单元之间的线路是否导通。

③ 若线路断路或短路,应更换或修理线束;若线路正常,则应更换发动机电控单元。

④ 若供电电压的检测结果正常,而输出信号电压检测的结果不正常,则说明进气压力传感器不正常,应予以更换。

5) 线性输出型节气门位置传感器的检测

线性输出型节气门位置传感器的连接电路如图 4-15 所示,它一般有 3 条导线与发动机电控单元相连。

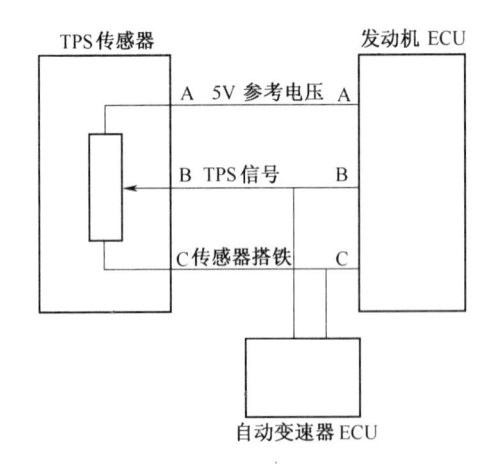

图 4-15 线性输出型节气门位置传感器的连接电路

(1) 电阻的检测

① 将点火开关置于"OFF"位置,拔下节气门位置传感器的导线插接器。

② 用万用表的电阻挡测量节气门位置传感器上端子 A-C 以及 B-C 之间的电阻,其值应符合本车型技术要求的规定值,且 B-C 端子之间的电阻应随节气门开度的增大而呈线性增大,不允许出现电阻值忽大忽小或为无穷大的情况。

(2) 输出信号电压的检测

① 将点火开关置于"ON"位置,用万用表的电压挡测量测量节气门位置传感器上端子 B-C 之间的电压(即节气门位置传感器输出信号电压值),其值应随节气门位置的变化而变化。

② 当节气门处于怠速位置(节气门关闭)时,其电压值应大于 0.5V;当节气门慢慢地从怠速位置转到全开位置时,其电压值应逐渐增大;当节气门全开时,其电压值应小于 4.8V。

(3) 供电电压的检测

① 将点火开关置于"OFF"位置,拔下节气门位置传感器的导线插接器。

② 再将点火开关置于"ON"位置,用万用表的电压挡测量节气门位置传感器导线侧上端子 A - C 之间的电压值,应该为 4.5~5V。

(4) 检测结果分析

① 在上述检测中,如电阻检测、信号电压检测、供电电压检测的结果均正常,则节气门位置传感器信号系统正常。

② 如电阻检测、信号电压检测的结果中,有任何一项检测结果不在技术要求的规定范围内,而供电电压检测的结果正常,则表明节气门位置传感器不良,应予以更换。

③ 如电阻检测、信号电压检测的结果均正常,而供电电压检测的结果不正常,则说明节气门位置传感器本身正常,发动机电控单元或相应的连接线路不正常,应予以检修或更换。

6) 冷却液温度传感器的检测

冷却液温度传感器的连接电路如图 4 - 16 所示,它一般有 2 条导线与发动机电控单元相连。冷却液温度传感器是负温度系数热敏电阻式传感器,冷却液温度低时电阻值大,冷却液温度高时电阻值小。

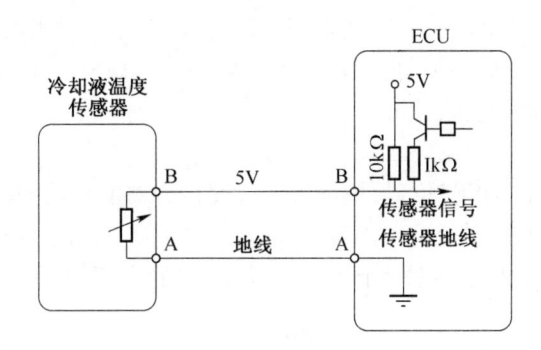

图 4 - 16 冷却液温度传感器的连接电路

(1) 电阻的检测

① 将点火开关置于"OFF"位置,拔下冷却液温度传感器的导线插接器。

② 如图 4 - 17 所示用万用表的电阻挡测量冷却液温度传感器上端子 A—B 之间的电阻。其值在温度低时电阻大,温度高时电阻小。各种不同温度下传感器的电阻,应符合本车型技术要求的规定值。

(2) 输出信号电压的检测

在传感器正常连接和工作时,从传感器插接器内的 B 端子(或发动机电控单元插接器内的 2 端子)测量传感器的输出信号电压。其电压值应随冷却液温度的变化而变化。温度低时电压高,温度高时电压低。各种不同温度下传感器的输出信号电压,应符合本车型技术要求的规定值。

(3) 供电电压的检测

拔开传感器的线束插接器,从发动机电控单元插接器内的 2 端子测量电压值。当点火开关接通时,电压应为 5V 左右。

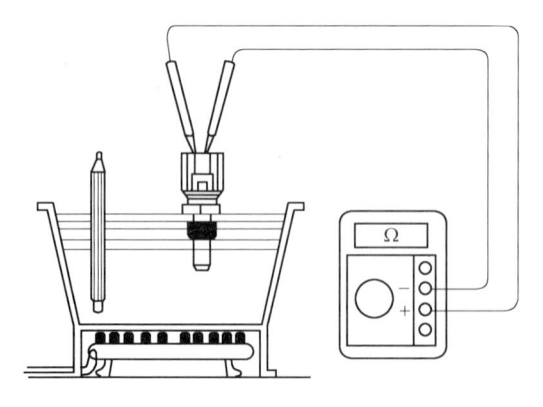

图 4-17 电阻的检测

(4) 检测结果分析

① 在上述检测中,如电阻检测、信号电压检测、供电电压检测的结果均正常,则冷却液温度传感器信号系统正常。

② 如电阻检测、信号电压检测的结果中,有任何一项检测结果不在技术要求的规定范围内,而供电电压检测的结果正常,则表明冷却液温度传感器不良,应予以更换。

③ 如电阻检测、信号电压检测的结果均正常,而供电电压检测的结果不正常,则说明冷却液温度传感器本身正常,发动机电控单元或相应的连接线路不正常,应予以检修或更换。

7) 进气温度传感器的直观检测

(1) 电阻的检测

① 将点火开关置于"OFF"位置,拔下进气温度传感器的导线插接器。

② 用万用表的电阻挡测量进气温度传感器上端子 A—B 之间的电阻。其值在温度低时电阻大,温度高时电阻小。各种不同温度下传感器的电阻,应符合本车型技术要求的规定值。

(2) 输出信号电压的检测

在传感器正常连接和工作时,从传感器插接器内的 B 端子(或发动机电控单元插接器内的 2 端子)测量传感器的输出信号电压。其电压值应随进气温度的变化而变化。温度低时电压高,温度高时电压低。各种不同温度下传感器的输出信号电压,应符合本车型技术要求的规定值。

(3) 供电电压的检测

拔开传感器的线束插接器,从发动机电控单元插接器内的 2 端子测量电压值。当点火开关接通时,电压应为 5V 左右。

(4) 检测结果分析

① 在上述检测中,如电阻检测、信号电压检测、供电电压检测的结果均正常,则进气温度传感器信号系统正常。

② 如电阻检测、信号电压检测的结果中,有任何一项检测结果不在技术要求的规定范围内,而供电电压检测的结果正常,则表明进气温度传感器不良,应予以更换。

③ 如电阻检测、信号电压检测的结果均正常,而供电电压检测的结果不正常,则说明进气温度传感器本身正常,发动机电控单元或相应的连接线路不正常,应予以检修或更换。

第四章　汽车电子控制系统的检测与故障诊断

8) 磁感应式曲轴位置传感器的检测

磁感应式传感器一般由绕着线圈的磁铁和两个接线端组成,这两个接线端就是传感器的输出端子,当铁质环状齿轮(有时称为磁阻轮)转动时,线圈里就会产生电压信号。磁感应式曲轴位置传感器连接电路如图 4-18 所示。

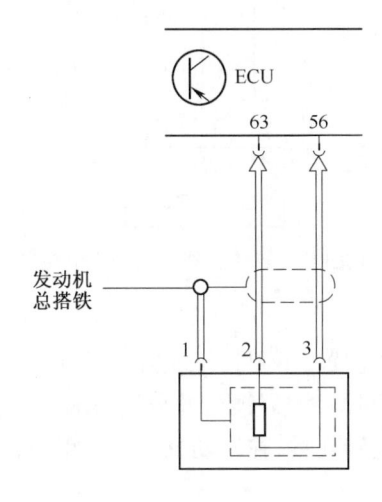

图 4-18　磁感应式曲轴位置传感器连接电路

磁感应式曲轴位置传感器和磁感应式凸轮轴位置传感器的基本检测方法相似,下面主要对磁感应式曲轴位置传感器的检测方法进行介绍。

(1) 直观检查

① 检查发动机电控单元与磁感应式曲轴位置传感器之间的线束及连接情况。

② 检查传感器内部转子轴和转子是否松动、转子齿是否断裂、转子齿与传感器线圈铁芯之间的空气间隙是否符合要求。

(2) 电阻的检测

① 将点火开关置于"OFF"位置,拔下磁感应式曲轴位置传感器的导线插接器。

② 用万用表的电阻挡测量磁感应式曲轴位置传感器线圈的电阻。其电阻应符合本车型技术要求的规定值。

(3) 检测结果分析

如上述检测和检查的结果均正常,说明传感器工作基本正常。为进一步检测传感器的输出信号是否可靠,可利用示波器进行检测。

9) 霍耳式曲轴位置传感器的检测

霍耳传感器一般由一个永久磁铁或磁极的几乎完全闭合的回路组成,一个软磁叶轮转过磁铁和磁极间的空隙,叶轮通过间断性地遮断磁场,控制霍耳传感器像开关一样接通或断开,因此有人也将霍耳传感器称为霍耳开关。

霍耳传感器在汽车电控系统上应用广泛,不仅用作曲轴位置传感器和凸轮轴位置传感器,还可用于检测其他转速或车速信号,如车速传感器等。

各种霍耳传感器的基本检测方法相似,下面主要对霍耳式曲轴位置传感器的检测方法进行介绍。霍耳式曲轴位置传感器与发动机电控单元的连接电路如图 4-19 所示。

213

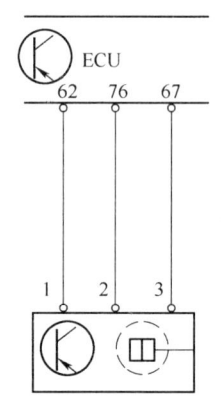

图 4-19 霍耳式曲轴位置传感器与发动机电控单元的连接电路

(1) 输出信号的检测

① 将点火开关置于"OFF"位置,不要拔下霍耳式曲轴位置传感器的导线插接器,将测试灯的两端从背面插入传感器的导线插接器,并分别与端子 1 和 2 相接。

② 用起动机带动发动机运转几秒,在发动机转动过程中,测试灯应闪烁。

(2) 供电电压的检测

① 在上述检测中,若测试灯不闪烁,应断开点火开关,拔开霍耳式曲轴位置传感器的导线插接器。

② 接通点火开关,测量发动机电控单元一侧的线束插接器内的端子 1 和 3 之间的电压,应为 5V 左右。

(3) 检测结果分析

① 如上述检测和检查的结果均正常,说明传感器工作基本正常。

② 如供电电压不正常,应对发动机电控单元及相关线路进行检查。

③ 如供电电压正常,但进行输出信号检测时测试灯不闪烁,则表明霍耳式曲轴位置传感器存在故障,应予以更换。

10) 爆燃传感器的检测

目前在发动机电控系统上使用较多的爆燃传感器,多数是压电式爆燃传感器,其连接电路如图 4-20 所示。爆燃传感器通常安装在发动机机体的不同位置,当振动或敲缸发生时,会产生一个小的电压峰值,振动或敲缸越大,爆燃传感器产生的电压峰值越大。当发动机电控接收到上述信号时,将重新修正点火正时,以阻止继续爆燃。

(1) 电阻的检测

① 将点火开关置于"OFF"位置,拔下爆燃传感器的导线插接器。用万用表的 MΩ 挡检测爆燃传感器的接线端子 A 或 C 与外壳间的电阻。

② 若所测得电阻值为无穷大,说明燃传感器的接线端子 A 或 C 与外壳间不导通,检测结果正常;否则,表明爆燃传感器损坏,应予以更换。

(2) 输出信号的检测

① 起动发动机,并让其怠速运转至正常的工作温度。

② 用工具敲击爆燃传感器周围的缸体,同时用正时灯观察点火提前角的变化情况。点

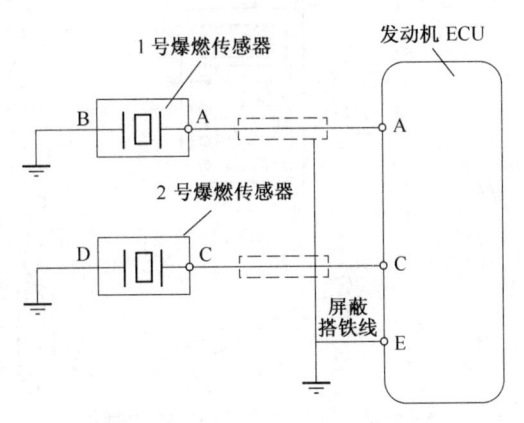

图 4-20 爆燃传感器的连接电路

火提前角应相应地减小。

③ 如果点火提前角没有变化,表明爆燃传感器损坏,应予以更换。

11) 氧传感器的检测

氧传感器是燃油反馈控制系统的重要部件,目前发动机电控系统使用的氧传感器一般是加热型氧化锆式氧传感器,其连接电路如图 4-21 所示。

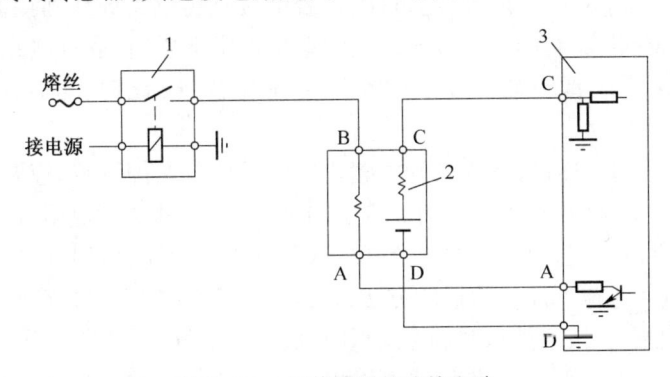

图 4-21 氧传感器的连接电路

(1) 氧传感器加热电阻的检测

① 将点火开关置于"OFF"位置,拔下氧传感器的导线插接器。

② 用万用表的电阻挡测量氧传感器导线插接器中加热端子与搭铁端子(图 4-21 中的端子 A 和 B)间的电阻,如图 4-22 所示。

③ 所测电阻值应符合本车型技术要求的规定值(一般为 4~40Ω)。如不符合标准,应更换氧传感器。

(2) 氧传感器反馈信号的检测

① 将点火开关置于"OFF"位置,拔下氧传感器的导线插接器,对照被测车型的电路图,从氧传感器反馈信号输出端引出一条细线,重新插好导线插接器。

② 将发动机热车至正常工作温度,将指针式电压表的负表笔接蓄电池负极、正表笔接氧传感器导线插接器上的引出线。让发动机保持 2500r/min 左右的转速运转,同时检查电压表指针是否在 0.1~0.9V 之间来回摆动,记下 10s 内电压表指针摆动的次数。

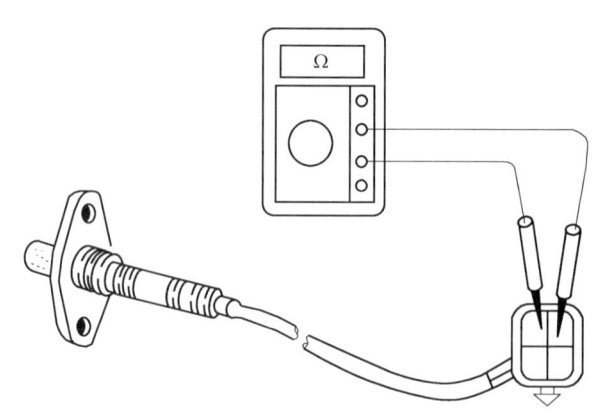

图 4-22 氧传感器加热电阻的测量

③ 正常情况下,随着反馈控制的进行,氧传感器的反馈电压将在 0.45V 上下不断变化,10s 内反馈电压的变化次数不少于 8 次。

④ 如果 10s 内反馈电压的变化次数等于或多于 8 次,说明氧传感器及其反馈控制系统工作正常;如果 10s 内反馈电压的变化次数少于 8 次,说明氧传感器及其反馈控制系统工作不正常。

⑤ 仍将电压表的负表笔接蓄电池负极、正表笔接氧传感器导线插接器上的引出线,让发动机保持 2500r/min 左右的转速运转。在发动机正常运转时,脱开接在进气管上的曲轴箱强制通风管或其他真空软管,人为地形成稀混合气,此时,电压表读数应下降到 0.1~0.3V。

⑥ 恢复以上管路的连接,将点火开关置于"OFF"位置,拆开冷却液温度传感器的导线插接器,在传感器的导线插接器内的两个端子间接一个 4~8kΩ 的电阻,以代替冷却液温度传感器。再次起动发动机,以形成浓混合气。这时电压表的读数应上升到 0.7~0.9V。

⑦ 也可以用突然踩下加速踏板的方法,来改变混合气浓度。突然踩下加速踏板时,混合气变浓,反馈电压上升;突然松开加速踏板时,混合气变稀,反馈电压下降。

⑧ 如果混合气浓度变化时,氧传感器输出电压不能相应地改变,则说明氧传感器有故障,应进一步进行检修。

(3) 氧传感器的外观颜色判断

氧传感器使用时,需要按照规定行程或时间间隔进行定期检测或更换。拆下氧传感器后,可以通过观察氧传感器的外观(氧传感器顶端)的颜色,判断氧传感器故障原因。

① 氧传感器顶端的正常颜色为淡灰色,一旦发现氧传感器顶端的颜色发生变化,就表示氧传感器失效。

② 氧传感器顶端为黑色,表示其被炭污染;氧传感器顶端为红棕色,表示氧传感器铅中毒;氧传感器顶端为白色,表示其被硅污染(多是由于发动机在维修时使用了不符合要求的硅密封胶所致)。

③ 氧传感器被炭污染时,可用火烧的方法恢复氧传感器的工作性能。其他情况下,均应更换氧传感器。

12) 节气门控制组件

桑塔纳 2000Gsi 轿车节气门控制组件如图 4-23 所示。节气门定位计 G69 为线性节气门位置传感器,为发动机控制单元提供节气门开度信号;节气门定位电位计 G88 为节气门怠速位置传感器。

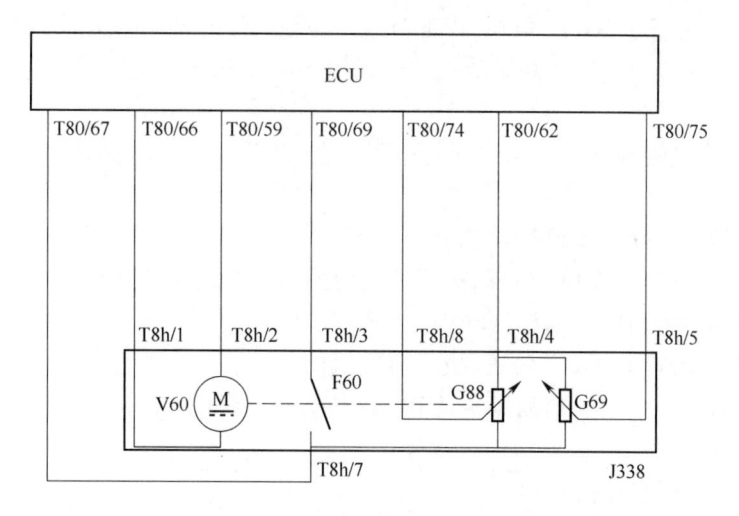

图 4-23 节气门控制组件的连接电路
F60—怠速开关;G69—节气门定位计;G88—节气门定位电位计;V60—节气门定位器

节气门定位电位计 G88 可将怠速控制电动机的位置信号输送给发动机控制单元,当节气门到达怠速位置调节范围极限时,节气门定位电位计 G88 不再移动,节气门仍可继续开启中。当节气门定位电位计 G88 的信号中断时,节气门控制组件将利用应急弹簧将节气门拉到固定位置,使怠速转速升高。

节气门定位器 V60 是怠速控制电动机,通过齿轮传动操纵节气门,使其开度增大或减小。当发动机在怠速下工作时,节气门定位电位计 G88 将其位置变化转变为电信号输入发动机电控单元,发动机电控单元根据该信号识别节气门的位置,再控制节气门定位器 V60,微量调节节气门的开度,从而控制怠速转速。

(1) 电阻检测
① 将点火开关置于"OFF"位置,拔下节气门控制组件的导线插接器。
② 用万用表的电阻挡测量节气门位置控制组件上端子 4 与 7 之间的电阻,其值为固定值 700Ω;端子 5 与 7 之间的电阻应随节气门开度的增大而减小(1.6~0.95kΩ);端子 5 与 4 之间的电阻应随节气门开度的增大而增大(0.9~1.73kΩ)。

(2) 供电电压的检测
① 拔下节气门位置控制组件的导线插接器,将点火开关置于"ON"位置,用万用表的电压挡测量测量节气门位置控制组件导线侧上端子 4 与搭铁点之间的电压,应在 4V 左右。
② 再将点火开关置于"OFF"位置,用万用表的电压挡测量节气门位置控制组件上端子 7 与搭铁点之间的电阻,应小于 0.5Ω。

(3) 输出信号电压的检测
① 将点火开关置于"ON"位置,用万用表的电压挡测量节气门位置控制组件上端子 5 与搭铁点之间的电压,其值应随节气门位置的增大而减小。
② 将点火开关置于"ON"位置,用万用表的电压挡测量节气门位置控制组件上端子 3

与搭铁点之间的电压。节气门关闭时为 0V;节气门全开时为电源电压。

(4) 怠速开关 F60 的检测

① 将点火开关置于"OFF"位置,拔下节气门控制组件的导线插接器。将点火开关置于"ON"位置,用万用表的电压挡测量节气门位置控制组件导线侧上端子 3 与 7 之间的电压,应在 9V 以上。

② 测量传感器侧端子 3 与 7 之间的电阻。在节气门关闭时应小于 1.5Ω,节气门全开时为∞。

(5) 怠速控制电动机 V60 的检测

① 将点火开关置于"OFF"位置,拔下节气门控制组件的导线插接器。测量传感器侧端子 1 与 2 之间的电阻,其阻值应符合规定值(3~200Ω)。

② 将点火开关置于"OFF"位置,拔下节气门控制组件的导线插接器。将点火开关置于"ON"位置,用万用表的电压挡测量测量节气门位置控制组件导线侧上端子 1 与 2 之间的电压,应在 9V 以上。

13) 步进电机式怠速控制阀

步进电机式怠速控制阀的怠速控制电路如图 4-24 所示。当发动机怠速负荷变化时,在怠速转速变化之前,ECU 将按照一定顺序控制驱动电路中的三极管 VT1、VT2、VT3、VT4 适时导通,分别接通步进电机定子绕组电流,使电机转子旋转,带动控制阀的阀芯移动,从而调节进气量,使发动机怠速转速达到目标转速。

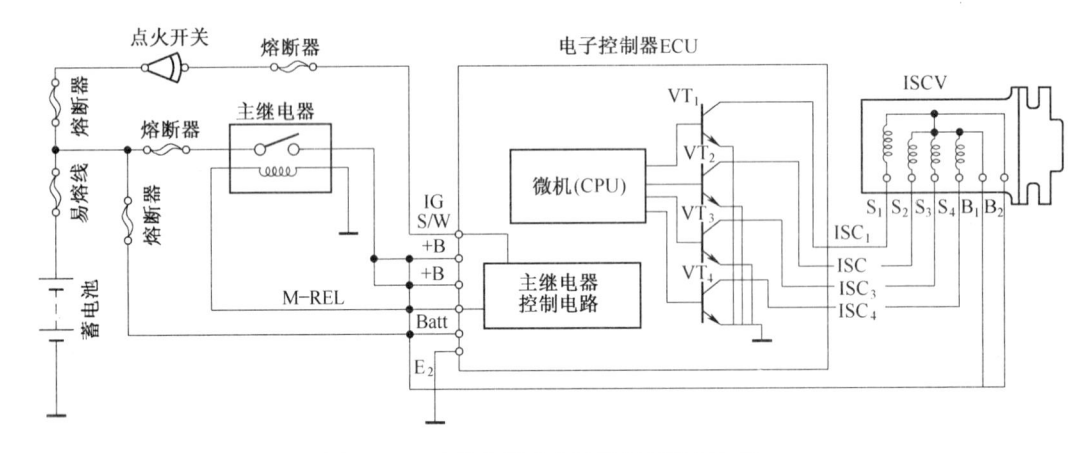

图 4-24 步进电机式怠速控制阀控制电路

(1) 怠速控制阀的就车检查

当发动机熄火时,怠速控制阀会发出"咔嗒"的响声,使阀门的开度退到最大位置。如果听不到阀门复位的响声,应对怠速控制阀进行检查。

(2) 检测线圈电阻

将点火开关置于"OFF"位置,拔下怠速控制阀的导线插接器。测量怠速控制阀侧端子 B1 与 S1 和 S3,B2 与 S2 和 S4 之间的电阻,其阻值应符合规定值(10~30Ω),如图 4-25 所示。否则,说明怠速控制阀存在故障。

(3) 工作情况检查

① 从节气门体上拆下步进电动机,将其插接器的端子 B1 和 B2 与蓄电池的正极连接,

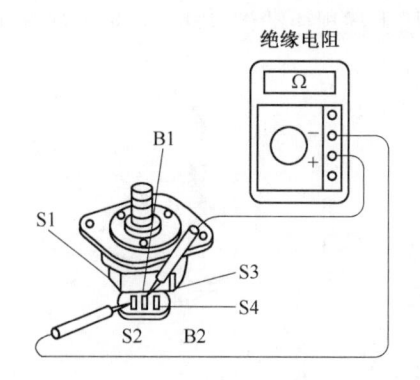

图 4‑25　步进电机式怠速控制阀电阻的检测

将端子 S1、S2、S3、S4 依次与蓄电池的负极连接,此时步进电动机应转动,阀芯伸出,如图 4‑26 所示。

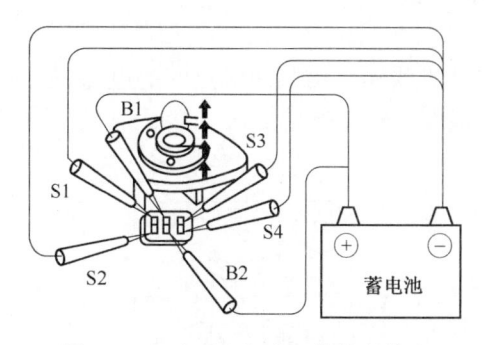

图 4‑26　步进电机式工作情况检查

② 按 S4、S3、S2、S1 的顺序,使上述各端子依次与蓄电池的负极连接,步进电动机应反向转动,阀芯缩回。

③ 若怠速控制阀不能正常动作,说明其工作异常。

(4) 供电电压的检查

将步进电动机装到节气门体上,接好插接器,将点火开关置于"ON"位置,检测 ISC1、ISC2、ISC3、ISC4 端子与搭铁点之间的电压,应为 9~14V。若无电压,应检查主继电器与步进电动机间的电路。

14) EGR 电磁阀的检查

(1) 电阻的检查

将点火开关置于"OFF"位置,拔下 EGR 电磁阀的线束插接器,用万用表的电阻挡测量电磁线圈的电阻,应符合规定值(20~500Ω)。

(2) 工作情况的检查

① 拔下与 EGR 电磁阀相连的真空软管,从发动机上拆下 EGR 电磁阀。

② 在 EGR 电磁阀的电磁线圈不接通电源时,检查各管口之间是否通气。此时电磁阀的管接口 A 与 B、A 与 C 不通气;管接口 B 与 C 之间通气,如图 4‑27(a)所示。

③ 给 EGR 电磁阀的电磁线圈接通电源时,检查各管口之间是否通气。此时电磁阀的管接口 A 与 B 之间通气、B 与 C 不通气,如图 4‑27(b)所示。

④ 若EGR电磁阀不能按上述规律动作,说明EGR电磁阀工作异常。

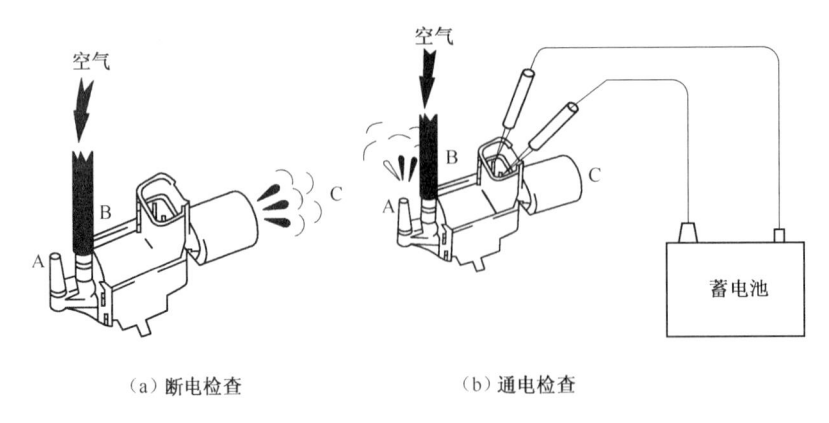

（a）断电检查　　　　（b）通电检查

图4-27　EGR电磁阀的检查

15）活性炭罐电磁阀的检测

（1）电阻检查

用数字式万用表测量活性炭罐电磁阀两触点间的电阻,如图4-28所示,其阻值应为22~30Ω。否则,说明活性炭罐电磁阀存在故障。

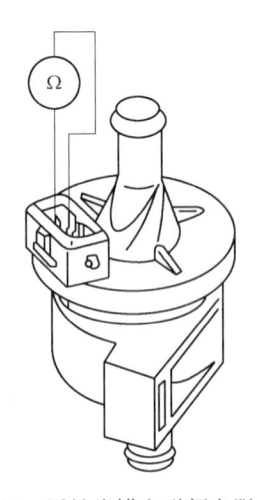

图4-28　活性炭罐电磁阀电阻的检测

（2）供电电压检查

在点火开关断开时,拔下活性炭罐电磁阀插接器,用发光二极管测试灯连接线束侧插接器两端子时,试灯应亮。否则说明活性炭罐电磁阀的控制电路存在故障。

（3）动作情况测试

拔下活性炭罐电磁阀连接软管,连接电磁阀插头,进入最终控制诊断,选择活性炭罐电磁阀,对准电磁阀进气孔吹气检查阀开、闭是否良好。若活性炭罐电磁阀不能正常开、闭,说明其工作异常。

16）发动机电子控制单元的检测

（1）检测注意事项

在利用万用表检测发动机电控单元时,应注意以下事项:

① 在检测之前,首先检查保险丝、易熔线和接线端子的状况,在排除上述部位可能存在的故障后,再用万用表进行检查。

② 在点火开关处于"ON"位置时,蓄电池电压不应低于11V,蓄电池电压过低会影响测量结果。

③ 必须使用高阻抗的万用表(阻抗应大于10MΩ),低阻抗的万用表会损坏发动机电控单元。最好使用汽车专用万用表进行检测。

④ 必须在发动机电控单元和导线插接器处于连接的状态下测量发动机电控单元各端子的电压,并且用万用表的表笔从导线插接器一侧插入进行测量。

⑤ 不可在脱开发动机电控单元导线插接器的状态下直接测量发动机电控单元各端子的电阻。

⑥ 若要脱开发动机电控单元的导线插接器测量各控制线路,应先拆下蓄电池负极搭铁线。不可在蓄电池连接完好的状态下脱开发动机电控单元的导线插接器,否则可能损坏发动机电控单元。

⑦ 在检测发动机电控单元时,应先将发动机电控单元连同导线一同拆下,在导线插接器处于连接的状态下,按照具体车型的技术要求,测量发动机电控单元各端子与搭铁端子之间的电压。也可以脱开发动机电控单元导线插接器,测量各控制线路的电阻,从而确定控制线路是否正常。

(2)检测步骤与方法

① 用万用表电压挡检测蓄电池的电压,电压值应大于11V,否则应对蓄电池充电后再进行测量。

② 从汽车上拆下发动机电控单元,但保持其导线插接器与发动机电控单元处于连接状态(即不拔下导线)。

③ 将点火开关置于"ON"位置,万用表置于电压挡。

④ 依次将万用表表笔从导线插接器的导线一侧插入,测量发动机电控单元各端子与搭铁端子之间的电压。

⑤ 记录各发动机电控单元端子与搭铁端子之间的电压值,并与具体车型的标准数据相比较。

⑥ 如果所测得的电压值与标准值不符,说明发动机电控单元或其控制线路有故障,则应检修发动机电子控制线路或更换发动机电控单元。

⑦ 用万用表电阻挡测量发动机电控单元导线插接器各端子间的电阻,测量时应注意不要触碰发动机电控单元的接线端子,应将表笔从导线侧插入导线插接器中。

⑧ 记录所测得的电阻值,并将其与具体车型的标准数据相比较。如果所检测的技术数据均与标准检测数据相符,但是车辆仍有故障存在,则应更换发动机电控单元。

2. 电控系统主要部件的示波器的检测

在现代电控发动机的诊断与检测中,汽车专用示波器是必不可少的设备之一。对于电控单元的输入与输出信号来讲,基本上可分为模拟信号和数字信号两类,目前汽车电控系统中大约有80%的信号是模拟信号,而数字信号大约为20%的比例。汽车专用示波器可以准确地将上述信号显示出来。对于空气流量传感器、氧传感器、转速传感器等信号变化频率较高的电控系统部件,通过对其输入或输出信号波形的变化,可以比较容易分析判断其技术状况。

下面即以示波器为主要检测工具,对发动机电控系统主要部件的检测方法进行介绍。

1) 热线(热膜)式空气流量传感器

(1) 检测步骤

① 将示波器通道 A 的测试线与传感器的信号输出端或高电位端相接,示波器的接地线与传感器的输出低电位端或接地端相接。

② 关闭所有附件,起动发动机并使其怠速运转;将变速杆置于 P 或 N 挡。在发动机怠速运转稳定后,检查怠速信号电压。

③ 以中等加速方式,从怠速开始提高发动机转速,直至节气门全开(此动作不要超过 2s,以避免超速)。

④ 在 2s 内迅速松开节气门使发动机返回怠速。

⑤ 以非常快的速度再次将节气门打开至全开,以提高发动机转速,然后返回怠速。

⑥ 按 HOLD 键冻结波形,以便仔细检查。实测波形如图 4-29 所示。

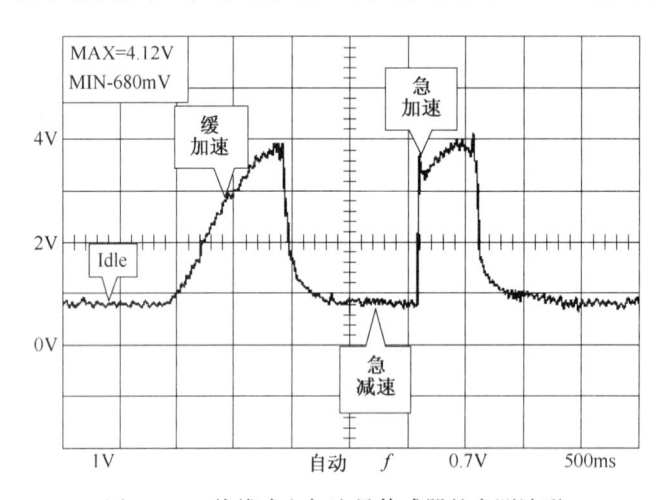

图 4-29 热线式空气流量传感器的实测波形

(2) 波形分析

① 热线(热膜)式空气流量传感器输出信号电压的范围是:怠速时大于 0.2V;以后逐渐增大,至节气门全开时超过 4V;在急减速时,电压应略低于怠速时的电压。

② 因为热线(热膜)式空气流量传感器没有任何运动部件,因此没有惯性,能够快速地对空气流量的变化做出反应。发动机运转时,波形的幅值看上去在不断地波动,这是正常的。在加速时波形上所看到的杂波,实际上是各缸进气口上的空气气流脉动。发动机电控单元中的处理电路读入上述信号后,会清除波动信号,对电控系统的工作没有影响。

③ 不同的车型的输出电压将可能存在差异。另外,根据排气是否冒黑烟,也可以判断空气流量传感器的好坏。

④ 如果信号波形与上述情况不符,或空气流量传感器在怠速时输出信号电压太高,而节气门全开时输出电压信号又达不到 4V,则说明空气流量传感器已经损坏。

⑤ 如果发动机在急加速时,空气流量传感器输出电压信号波形上升缓慢,而发动机在急减速时,空气流量传感器输出电压信号波形下降缓慢,则说明空气流量传感器的热线(热

膜)脏污。

2) 卡门涡流式空气流量传感器

(1) 检测步骤

① 将示波器通道 A 的测试线与传感器的信号输出端或高电位端相接,示波器的接地线与传感器的输出低电位端或接地端相接。

② 起动发动机,通过踩踏油门踏板控制发动机加、减速运转,特别是在发动机出现故障的转速范围内,更应反复、仔细检测。

③ 反复检测,以确认对给定的发动机转速或流量比率,传感器能产生正确的频率信号。检查波形的形状在一致性、方波拐角和两边垂直是否良好。

④ 按 HOLD 键冻结波形,以便仔细检查。实测波形如图 4-30 所示。

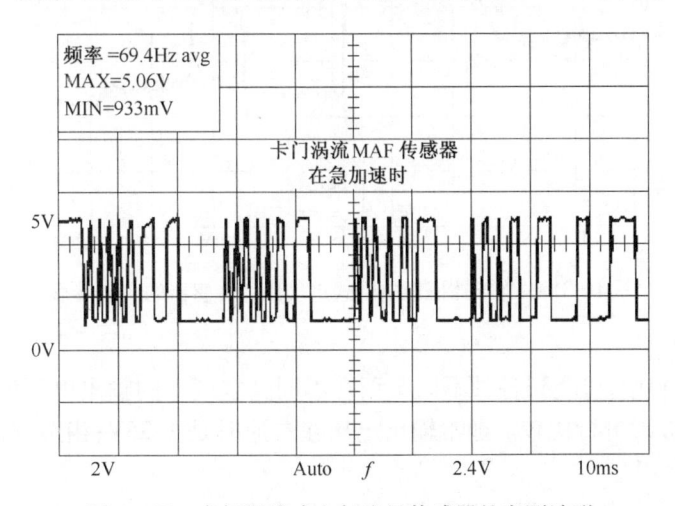

图 4-30　卡门涡流式空气流量传感器的实测波形

(2) 波形分析

① 与多数数字式空气流量传感器不同,卡门涡流式空气流量传感器不仅信号频率随空气流量的比率变化而变化,而且其脉冲宽度也将随空气流量的变化而变。这样,在发动机加速时,不仅信号输出频率增高,而且其脉冲宽度也增加,从而向发动机电控单元提供非同步加浓及额外喷射脉冲信号。

② 图 4-30 中的脉冲振幅应接近 5V。在稳定的空气流量下,波形中产生的频率也应该是稳定的。

③ 注意观察图 4-30 中的波形,不应该有脉冲不全、多余尖峰和拐角圆滑的问题,这些都将造成"电子通信"的错乱,影响发动机的动力及排放性能。

3) 半导体压敏电阻式进气压力传感器

(1) 检测步骤

① 将示波器通道 A 的测试线与传感器的信号输出端或高电位端相接,示波器的接地线与传感器的输出低电位端或接地端相接。

② 关闭所有附件,起动发动机并使其怠速运转;将变速杆置于 P 或 N 挡。在发动机怠速运转稳定后,检查信号电压。

③ 以中等加速方式,从怠速开始提高发动机转速,直至节气门全开(此动作不要超过

2s,以避免超速)。

④ 在 2s 内迅速松开节气门使发动机返回怠速。

⑤ 以非常快的速度再次将节气门打开至全开,以提高发动机转速,然后返回怠速。

⑥ 按 HOLD 键冻结波形,以便仔细检查。实测波形如图 4-31 所示。

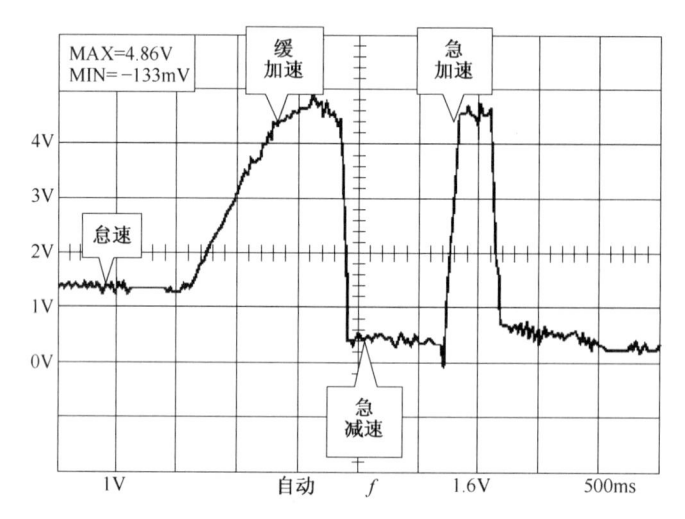

图 4-31　半导体压敏电阻式进气压力传感器的实测波形

(2) 波形分析

① 从汽车资料中,可查到各种不同车型在不同真空度下的输出电压值,可将这些参数与示波器显示的波形进行比较。通常输出电压在怠速时是 1.25V;当节气门全开时略低于 5V;全减速时接近 0V。

② 大多数半导体压敏电阻式进气压力传感器在真空度高时产生低的电压信号,真空度低时产生高的电压信号,如图 4-32 所示。也有些传感器设计成相反方式,即当真空度高时输出电压也增高。

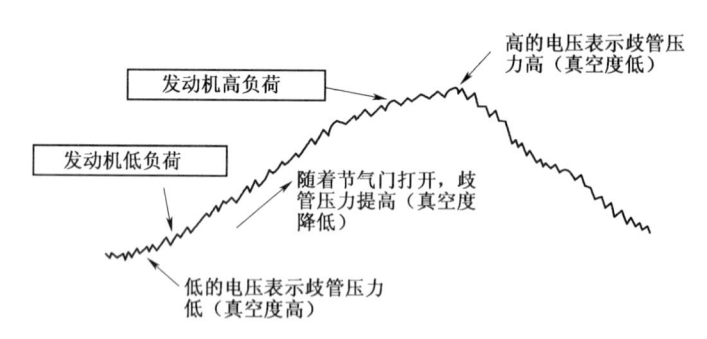

图 4-32　进气压力传感器在不同真空度下的输出电压值

③ 当进气压力传感器有故障时,波形的幅度应保持在接近特定的真空度范围内,波形幅度的变化不应有较大的偏差。当进气压力传感器的输出电压不能随发动机的真空度变化时,在波形图上可以明显看出来,同时发动机不能正常工作。

④ 有些车型的波形上,可能显示出许多杂波,这主要是因为在两个进气行程之间真空波动较大。这些杂波在传送到发动机电控单元后,信号处理电路会清除杂波干扰,一般不

会对系统工作产生影响。

4）电容式进气压力传感器

（1）检测步骤

① 将示波器通道 A 的测试线与传感器的信号输出端或高电位端相接,示波器的接地线与传感器的输出低电位端或接地端相接。

② 打开点火开关,发动机不起动,用手动真空泵向传感器提供不同的真空度,同时观察示波器的波形。

③ 反复检测,以确认在给定的真空度下传感器能产生正确的频率信号。检查波形的振幅、频率和形状是否具有一致性。波形的频率应随真空度的变化而变化。

④ 按 HOLD 键冻结波形,以便仔细检查。实测波形如图 4-33 所示。

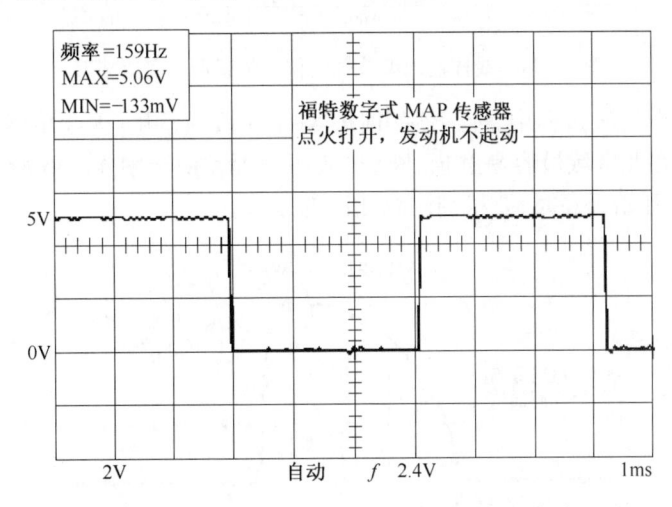

图 4-33 电容式进气压力传感器的实测波形

（2）波形分析

① 观察传感器波形,其频率应随真空度增加而降低;信号波形的振幅应达到 5V;同时波形的形状应正确,波形稳定、上升沿垂直。

② 传感器不良时,主要可能产生与真空度不相符的频率。此外,还可能出现脉冲不全、有多余尖峰、拐角圆滑等现象,导致"电子通信"的错乱,影响发动机的动力及排放性能。

5）线性输出型节气门位置传感器

（1）检测步骤

① 将示波器通道 A 的测试线与传感器的信号输出端相接,示波器的接地线与传感器的接地线相接。

② 接通点火开关,但不起动发动机,将节气门从关闭位置慢慢转动至全开(WOT)位置,并重新返回至节气门关闭位置。

③ 反复上述过程几次,按 HOLD 键冻结波形,以便仔细检查。实测波形如图 4-34 所示。

（2）波形分析

① 通常线性输出型节气门位置传感器的电压,应从急速时低于 1V 到节气门全开时略低于 5V 变化。波形上不应有任何断裂、对地尖峰或大跌落。

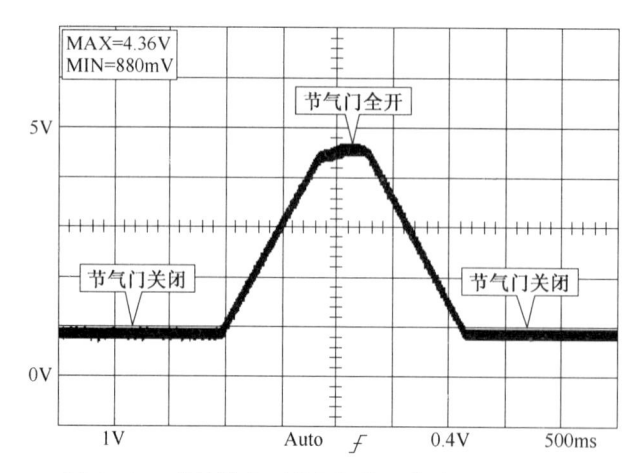

图 4-34 线性输出型节气门位置传感器的实测波形

② 由于在汽车行驶过程中,传感器的前 1/8~1/3 段最常用,因此传感器内的电阻中的碳膜(电阻材料)在此区域最容易磨损、断裂,从而出现类似于图 4-35 所示的信号失落现象。因此,在电压开始提高时,要特别注意此段的波形。

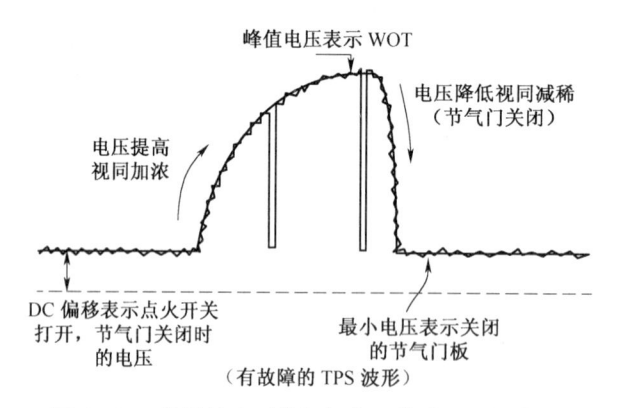

图 4-35 线性输出型节气门位置传感器的故障波形

6) 冷却液温度传感器

(1) 检测步骤

① 将示波器通道 A 的测试线和接地线探针分别从冷却液温度传感器插接器的背面插入,使其分别与传感器插接器内的 B、A 端子相接。

② 起动发动机,随着发动机温度升高,传感器信号电压应降低。

③ 也可根据对车辆的故障分析,直接在怀疑可能存在故障的温度范围内进行检测。在发动机以 2500r/min 转速运转的情况下,保持节气门开度不变,直到信号轨迹穿过整个显示屏幕。

④ 合理设置仪器的时基,以便观察传感器从完全冷机状态至正常工作在内的全部波形。

⑤ 按 HOLD 键冻结波形,以便仔细检查。实测波形如图 4-36 所示。

(2) 波形分析

① 在全冷机状态下,冷却液温度传感器的电压通常在 3~5V 范围内;在正常工作温度

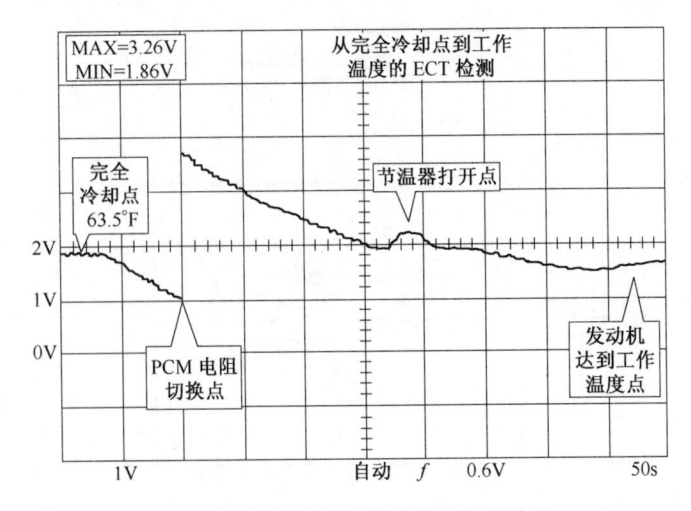

图 4-36 冷却液温度传感器的实测波形

时降至 1V 左右。

② 性能良好的冷却液温度传感器,在任何给定的温度下,必须能产生确定的信号幅值,并符合相应车型的技术规定要求。

③ 冷却液温度传感器电路开路时,波形上将出现跃至参考电压的尖峰信号;冷却液温度传感器电路对地短路时,波形上将出现降至接地电平的尖峰信号。

7) 进气温度传感器

(1) 检测步骤

① 将示波器通道 A 的测试线和接地线探针分别从进气温度传感器插接器的背面插入,使其分别与传感器插接器内的 B、A 端子相接。

② 起动发动机,从完全冷机开始,随着发动机温度逐渐升高,传感器信号电压应逐渐降低。

③ 也可根据对车辆的故障分析,直接在怀疑可能存在故障的温度范围内进行检测。在发动机以 2500r/min 转速运转的情况下,保持节气门开度不变,直到信号轨迹穿过整个显示屏幕。

④ 合理设置仪器的时基,以便观察传感器从完全冷机状态至正常工作在内的全部波形。

⑤ 当发动机上的进气温度传感器达到正常工作温度后,也可用喷雾器向传感器头部喷射清洁剂。此时打开点火开关,在发动机不起动的条件下进行检测,随着传感器头部冷却,其波形幅值应该相应地提高。

⑥ 按 HOLD 键冻结波形,以便仔细检查。实测波形如图 4-37 所示。

(2) 波形分析

① 在全冷机状态下,进气温度传感器的电压通常在 3~5V 范围内;在正常工作温度时降至 1~2V 左右。

② 性能良好的进气温度传感器,在任何给定的温度下,必须能产生确定的信号幅值,并符合相应车型的技术规定要求。

③ 进气温度传感器电路开路时,波形上将出现跃至参考电压的尖峰信号;进气温度传

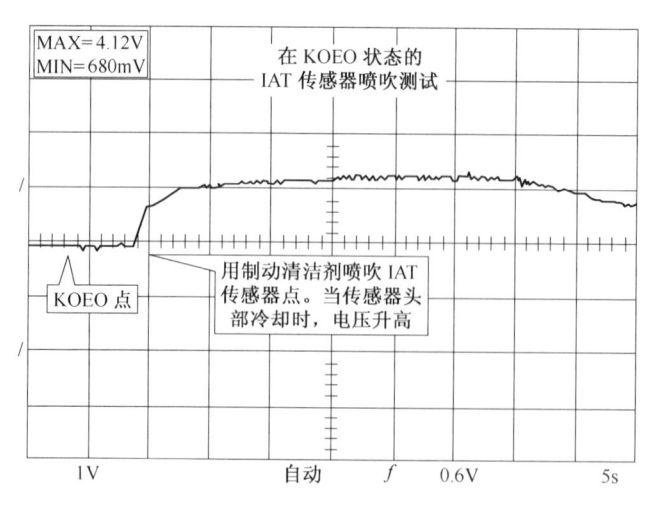

图 4-37 进气温度传感器的实测波形

感器电路对地短路时,波形上将出现降至接地电平的尖峰信号。

8) 磁感应式曲轴位置传感器

(1) 检测步骤

① 将示波器通道 A 的测试线和接地线探针分别从磁感应式曲轴位置传感器插接器的背面插入,使其分别与传感器插接器内的 B、A 端子相接。

② 起动发动机并使其怠速运转。通过对节气门的控制,使发动机加、减速,同时观察示波器的波形。

③ 也可根据对车辆的故障分析,直接在怀疑可能存在故障的转速范围内进行检测,以重现行驶性或排放性故障现象。

④ 按 HOLD 键冻结波形,以便仔细检查。实测波形如图 4-38 所示。

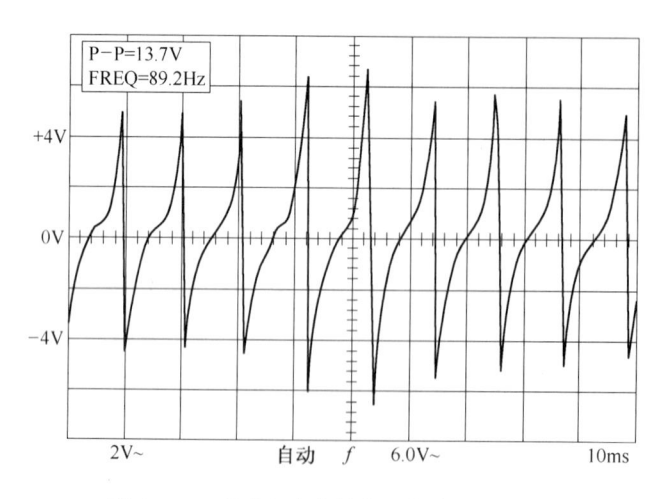

图 4-38 磁感应式曲轴位置传感器的实测波形

(2) 波形分析

① 示波器上上下波动的波形,不可能以 0V 为对称轴完全对称,但对于多数传感器,0V

上下两侧的波形形状应该是相当接近的。

② 在转速相等的条件下,示波器波形的幅值、频率和形状应该是一致、可重复、有规律和可预测的,即波形的幅值足够高,两脉冲时间间隔(频率)一致、形状一致并可预测。

③ 在转速相等的条件下,能使两脉冲时间间隔改变的唯一理由是磁阻轮的齿数缺少,或特殊齿经过传感器线圈,任何其他改变脉冲时间间隔的现象,都表明传感器出现故障。

④ 注意观察与发动机燃烧不良、异响等故障与示波器波形异常是否有关。通常最常见的传感器故障是根本不产生信号。

⑤ 当观察到异常波形后,应先对传感器的线束及插接器进行检查。还要注意检查传感器内部的旋转部件工作是否正常。

9) 霍耳式曲轴位置传感器

(1) 检测步骤

① 将示波器通道 A 的测试线与传感器的信号输出端或高电位端相接,示波器的接地线与传感器的输出低电位端或接地端相接。

② 起动发动机并使其怠速运转。通过对节气门的控制,使发动机加、减速,同时观察示波器的波形。

③ 也可根据对车辆的故障分析,直接在怀疑可能存在故障的转速范围内进行检测,以重现行驶性或排放性故障现象。

④ 按 HOLD 键冻结波形,以便仔细检查。实测波形如图 4-39 所示。

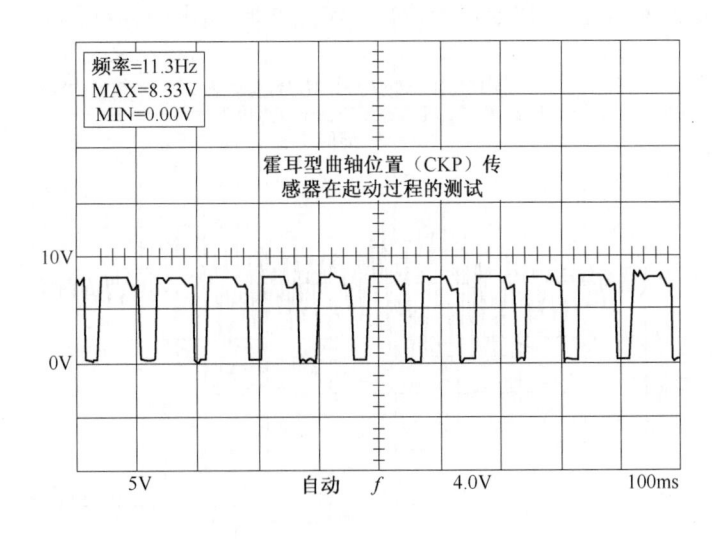

图 4-39 霍耳式曲轴位置传感器的实测波形

(2) 波形分析

① 示波器显示的波形中,其上下的拐角应尖锐清晰,边沿的电压跃变应平直和垂直。确认波形下边沿应接近接地电平,否则表示传感器接地电阻过高或接地不良。

② 在转速相等的条件下,示波器波形的幅值、频率和形状应该是一致、可重复、有规律和可预测的。即波形的幅值足够高(通常等于传感器的供电电压),两脉冲时间间隔(频率)一致、形状一致并可预测。

③ 只有在显示"同步"脉冲信号(如果该传感器信号系统中包含同步信号),波形的占空比才会变化。能使波形的占空比改变的唯一理由是不同宽度的转子叶片经过传感器。因此,正常情况下波形的占空比变化,即表明传感器出现故障。

④ 注意观察与发动机燃烧不良、异响等故障与示波器波形异常是否有关。尽管霍耳传感器一般设计为可在150℃高温下工作,但它们的运行还是会受到温度的影响,许多霍耳传感器在一定温度(冷或热)条件下会失效。

⑤ 当观察到异常波形后,应先对传感器的线束及插接器进行检查;同时对示波器的接线也要进行检查。通过摆动示波器的接线,有助于查出故障原因。检查转动部件工作是否正常。

10) 爆燃传感器

(1) 检测步骤

① 将示波器通道 A 的测试线与传感器的信号输出端或高电位端相接,示波器的接地线与传感器的输出低电位端或接地端相接。

② 起动发动机并给发动机一定的负荷,同时观察示波器的波形,波形的峰值电压和频率将随着发动机负荷和转速增加而增加。若发动机由于点火正时提前过大,产生爆燃或轻度爆燃,振幅和频率将增加。

③ 打开点火开关,但不起动发动机。用小榔头把轻击传感器附近的缸体,示波器上将随敲击立即显示振荡的波形。敲击越重,波形中显示的振荡幅值越大。

④ 按 HOLD 键冻结波形,以便仔细检查。实测波形如图 4-40 所示。

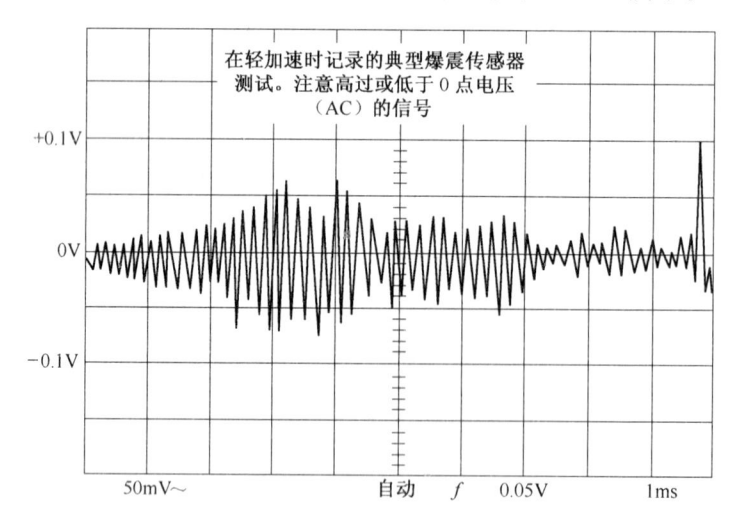

图 4-40 爆燃传感器的实测波形

(2) 波形分析

① 波形的峰值电压和频率,将随发动机的负荷和转速的增加而增加。

② 如果发动机因点火过早、燃烧温度不正常、废气再循环不正常流动等引起爆燃或敲击声,其幅度和频率也增加。

③ 爆燃传感器非常耐用,通常故障都是由于传感器本身物理损坏所致。因此若在发动机加速运转过程中或轻击传感器附近缸体时,波形始终平坦,说明爆燃传感器存在故障。

第四章 汽车电子控制系统的检测与故障诊断

④ 检查爆燃传感器时,应先检查传感器和示波器的连接情况,确认电路没有搭铁,才能确定爆燃传感器损坏。

11) 普通氧化锆式氧传感器

(1) 检测步骤

① 将示波器通道 A 的测试线与传感器的信号输出端相接,示波器的接地线与传感器的输出低电位端或接地端相接。

② 起动发动机,使其以 2500r/min 的转速运转,使发动机及氧传感器预热 2~3 min。然后再让发动机急速运转 20s。

③ 在 2s 时间内,完成发动机从急速至节气门全开(WOT)的全过程,将上述过程反复进行 5~6 次。在进行上述操作时,注意不要使发动机的空转转速超过 4000r/min,只要通过操纵节气门进行急加速和急减速即可。

④ 按 HOLD 键冻结波形,以便仔细检查。实测波形如图 4-41 所示

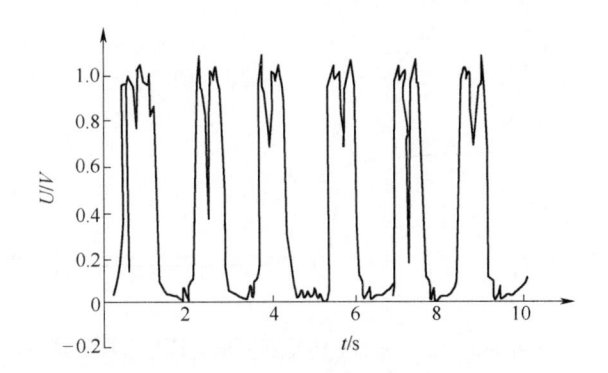

图 4-41 急加速法测试时氧传感器的实测波形

(2) 波形分析

① 工作正常的氧传感器,应输出如图 4-42 所示的波形,波形中的最高信号电压、最低信号电压、混合气从浓到稀的最大允许响应时间(波形的中间部分)这三个参数,均应符合表 4-7 所示标准。

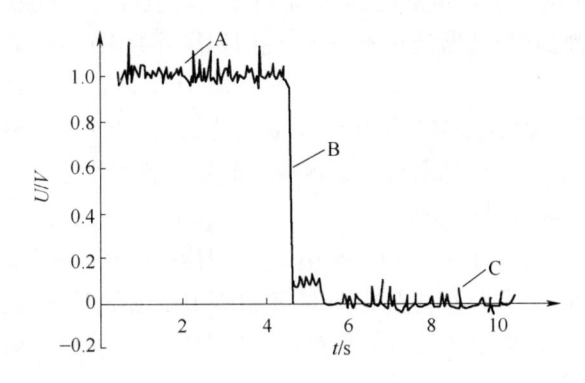

图 4-42 氧传感器标准信号电压波形
A—最高信号电压(1.1V);B—信号的响应时间(40ms);C—最低信号电压(0V)。

表 4-7 氧传感器信号波形参数标准

序号	测量参数	允许范围
1	最高信号电压	>850mV
2	最低信号电压	75~175 mV
3	混合气从浓到稀的最大允许响应时间	≤100ms(波形中在 300~600 mV 之间的下降段应该是上下垂直的)

② 多数损坏的氧传感器都可以从其信号电压的波形上分辨出来。如果从信号电压的波形上无法确定氧传感器的好坏,可以用示波器上的游动标尺读出最高、最低信号电压及混合气从浓到稀的最大允许响应时间,然后利用这三个参数判断氧传感器的好坏。图 4-43 是一个已损坏的氧传感器输出的信号电压波形。

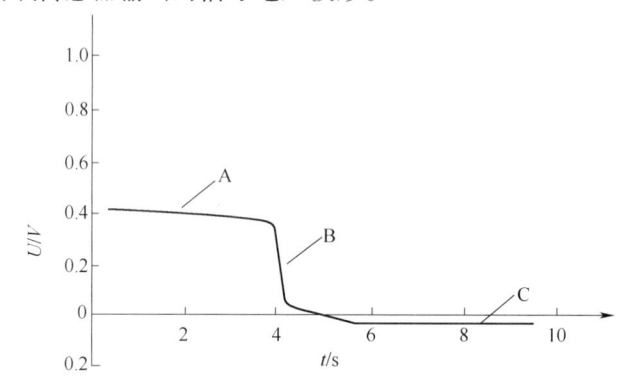

图 4-43 已损坏的氧传感器输出的信号电压波形
A—最高信号电压(427mV);
B—信号的响应时间(237ms);
C—最低信号电压(-130mV)。

③ 进行氧传感器测试前,应将氧传感器进行充分预热。否则,就可能存在一个或多个参数不合格,而出现这种情况可能并不是氧传感器损坏,只是测试条件没有满足的缘故。

④ 若示波器显示的波形严重杂乱,可能是由于发动机混合气过浓、过稀,或是发动机点火不良、个别缸真空泄漏、喷油器流量不一致、气门积炭等原因所致,应进一步进行检查。

12) 双氧传感器

许多汽车在反馈式燃油控制系统中采用双氧传感器,两个氧传感器均提供输出电压,分别对应于催化转换器前后排气系统的氧含量。前氧传感器用于混合气的反馈控制,后氧传感器用于检测催化器的转化效率。

由于正常的催化转换器在转化 CO 和 HC 时要消耗氧,从而衰减了后氧传感器的信号波动,因此在正常工况下,后氧传感器的信号波动要小于前氧传感器信号波动。当催化转换器超过使用年限转化效率下降时,前、后氧传感器的信号波动趋于相同。

(1) 检测步骤

① 将两根带屏蔽的测试线分别接至通道 A 和通道 B 输入端,将两根测试线的接地线接至发动机地线,一根测试线探针接氧传感器 1(前氧传感器)信号输出端,另一根测试线探针接氧传感器 2(后传感器)信号输出端。

② 起动发动机进行暖机运转,直到氧传感器加热到 600°F(325℃)以上并进入闭环控制状态。

③ 完成发动机从怠速至节气门全开(WOT)的全过程,将上述过程反复进行 5~6 次。

④ 按 HOLD 键冻结波形,以便仔细检查。实测波形如图 4-44 所示。

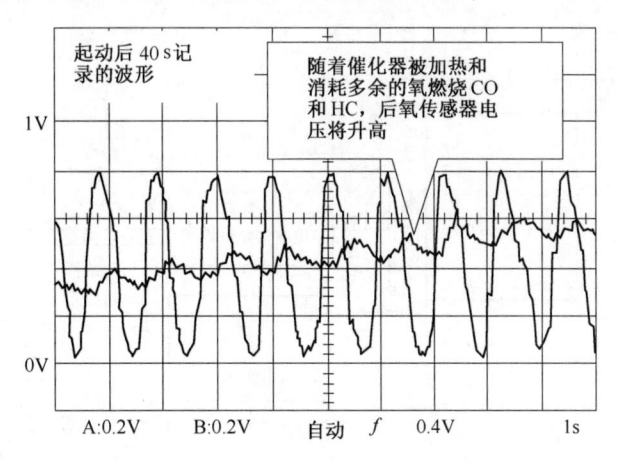

图 4-44 双氧传感器的实测波形

(2) 波形分析

① 由于正常运行的催化转换器在转化 HC 和 CO 时要消耗氧气,因此安装在催化转换器前的氧传感器(前氧传感器)比安装在催化转换器后的氧传感器(后氧传感器)信号电压波动大得多,如图 4-45(a)所示。

② 当催化转换器"起燃"(达到正常工作温度)后,由于催化转换器开始消耗氧,因此后氧传感器信号电压将变高,如图 4-45(a)所示。

③ 当催化转换器完全劣化后,其转化效率由于储氧能力基本损失而急剧降低。因此对一个已经劣化的催化器来讲,前后氧传感器信号波形彼此相似,如图 4-45(b)所示。

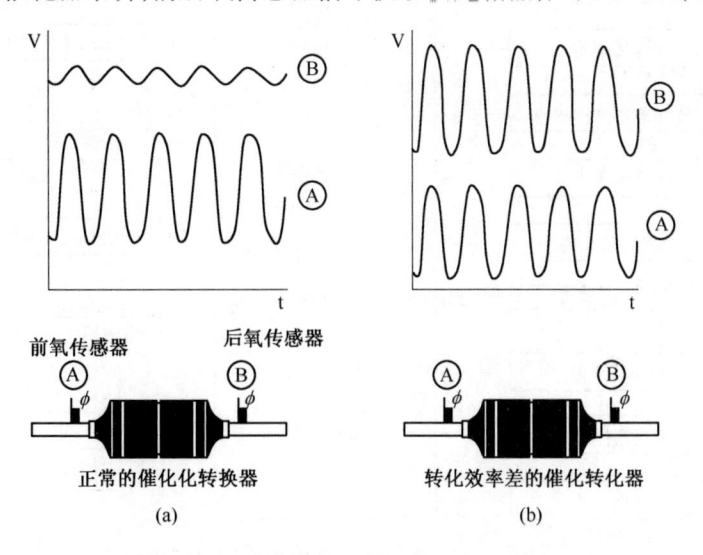

图 4-45 双氧传感器信号电压波形分析

第三节 自动变速器电控系统的检测与故障诊断

电控自动变速器的组成如图 4-46 所示，主要包括液力变矩器、齿轮变速机构、液压控制系统和电子控制系统。

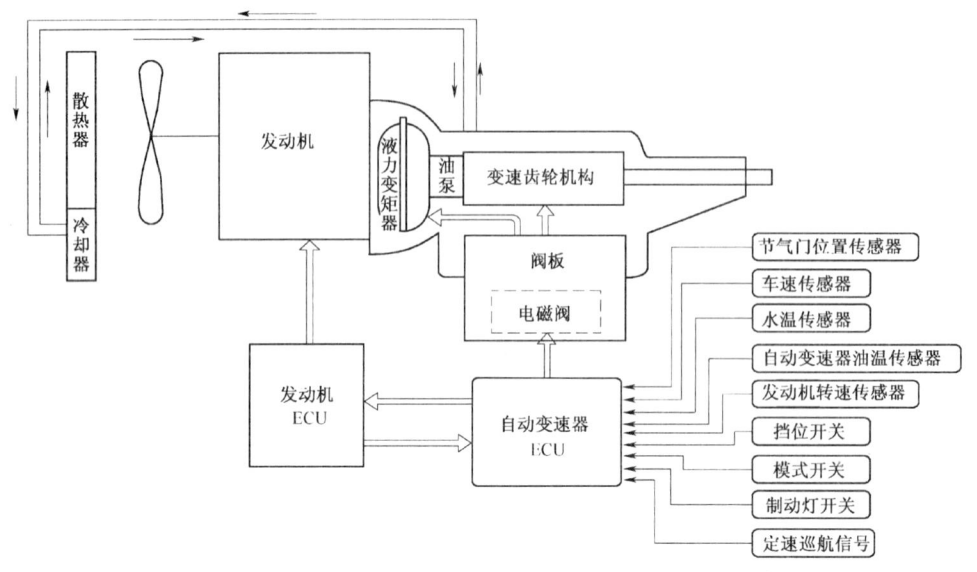

图 4-46 电控自动变速器的组成

自动变速器电控系统的组成如图 4-47 所示，主要包括信号输入装置（传感器、信号开关）、执行器和电子控制器（ECT ECU）等。

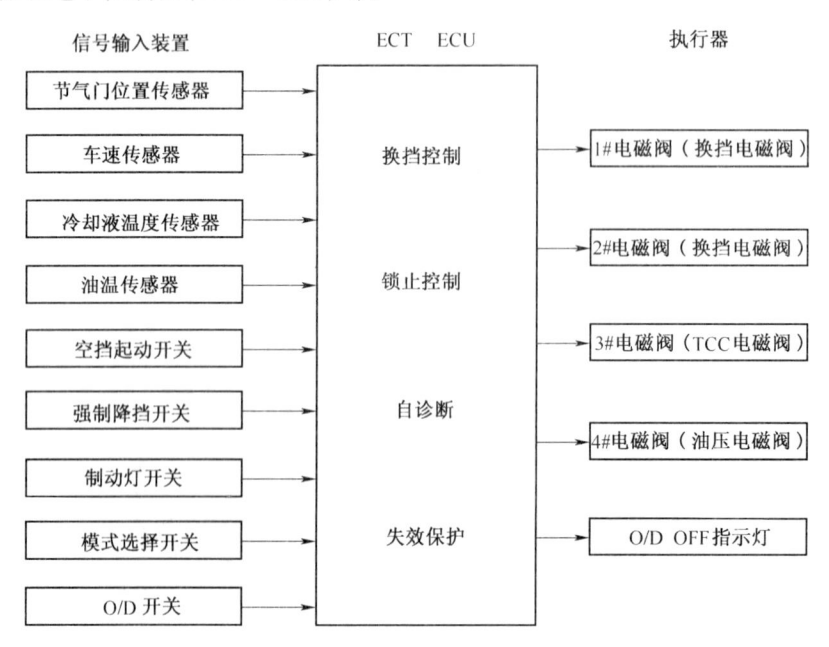

图 4-47 自动变速器电控系统的组成

自动变速器电控系统的传感器和信号开关将车速、发动机负荷、油温、挡位等与挡位控制相关的工况信息转换为电信号,输入自动变速器 ECU。自动变速器 ECU 根据存储器中的换挡程序,决定换挡和锁止时机。自动变速器 ECU 具有自诊断功能,如果电子控制系统出现故障,ECU 会将故障代码存储在存储器中,以便读取。同时,自动变速器还会锁挡,即自动变速器不会升挡也不会降挡。

一、电控系统的故障自诊断检测

下面以 V. A. G1552 故障检测仪和桑塔纳 2000GSi-AT 型轿车的 01N 型自动变速器为例,对自动变速器电控系统的检测诊断过程进行介绍。

1. 自诊断检测的条件

(1) 将换挡杆放在"P"挡上,拉紧驻车制动器。
(2) 汽车供电电压正常。
(3) 熔断器完好。
(4) 自动变速器接地点接触良好。

2. 选择 V. A. G1552 故障检测仪功能

(1) 拆下驻车制动器手柄旁边诊断插座上的盖板,如图 4-48 所示。

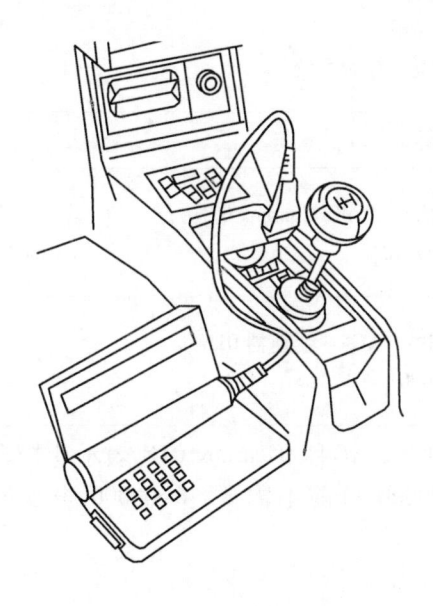

图 4-48　V. A. G1552 故障检测仪的连接

(2) 关闭点火开关,将 V. A. G1552 与诊断插座相连,如图 4-48 所示。打开点火开关,此时屏幕显示:

```
V. A. G-SELF-DIAGNOSIS              HELP
   1-Rapid   data   transfer
   2-Flash   code   output
```

V. A. G 自诊断　　　　　　　　　　　　　帮助
1-快速数据传输
2-闪烁代码输出

（3）接通点火开关，按数字键1。屏幕显示：

Rapid　data　transfer　　　　　　　　　　　HELP
Enter　address　word　XX

快速数据传输　　　　　　　　　　　　　　　帮助
输入地址码 XX

（4）输入数字键0和2。屏幕显示：

Rapid　data　transfer　　　　　　　　　　　HELP
02　Gearbox　electronics

快速数据传输　　　　　　　　　　　　　　　帮助
02　变速器电子控制系统

（5）按Q键确认。屏幕显示：

01N927 733BA　AG4　Gearbox 01N　　　　2754
Coding　00000　　　　　　　　　　　　wsc00000

01N927 733BA　AG4　变速器 01N　　　　　2754
编码　00000　　　　　　　　　　　　　　wsc00000

其中：01N927 733 表示配件号；AG4　Gearbox 01N 表示4挡自动变速器 01N；2754 表示 EPROM 程序版本；编码 00000 目前不需要；wsc00000 表示最近一次编码故障检测仪 V. A. G1552 的经销商代号。

（6）按→键，屏幕显示：

Rapid　data　transfer　　　　　　　　　　　HELP
Select　function　XX

快速数据传输　　　　　　　　　　　　　　　帮助
选择功能 XX

（7）按 HELP 键，则可列出所有可选择功能的列表，如表 4-8 所示。

表 4-8 可选择功能表

代码	功能
01	查询控制单元版本
02	查询故障代码
04	进行基本设定
05	消除故障代码
06	结束输出
08	读数据块

3. 查询故障代码

(1) 连接故障检测仪 V.A.G1552,输入地址码 02-自动变速器电子控制系统。屏幕显示：

Rapid data transfer 　Select function XX	HELP
快速数据传输 　选择功能 XX	帮助

(2) 输入数字键 0 和 2,查询故障代码。屏幕显示：

Rapid data transfer 02 - Interrogate	Q
快速数据传输 02 -查询故障存储	Q

(3) 按 Q 键确认。若屏幕显示出存储的故障数量是"No faults recognized!",表示没有识别到故障。

X faults recognized ! X 个故障被识别！	Q

按→键,依次显示所有故障代码,直到结束。

4. 清除故障代码

(1) 查询到故障代码后,屏幕显示：

Rapid data transfer 　Select function XX	HELP

快速数据传输	帮助
选择功能 XX	

（2）输入数字键 0 和 5，清除故障代码。屏幕显示：

Rapid　data　transfer	Q
05- Erase　fault　memory	

快速数据传输	Q
05-　清除故障存储	

（3）按 Q 键确认。屏幕显示：

Rapid　data　transfer	→
Fault　memory　is　erased	

快速数据传输	→
故障存储被清除	

（4）屏幕显示约 5s 后，故障存储被清除。如果在查询故障代码和清除故障代码过程中，点火开关处于关闭状态，那么故障存储将不能被清除，屏幕显示：

Attention!
Fault　memory　was　not　interrogated

注意!
故障存储不能被识别

5. 进行基本设定

对于装有汽车电子控制系统的车辆，进行了更换发动机、更换发动机控制单元、更换/改变节气门、调整节气门（设定）怠速、更换节气门电位计、改变节气门电位计的设置、更换自动变速器控制单元后，应当进行基本设定。

（1）连接故障检测仪 V.A.G1552，输入地址码 02-自动变速器电子控制系统。屏幕显示：

Rapid　data　transfer	HELP
Select　function　XX	

快速数据传输	帮助
选择功能 XX	

(2) 输入数字键 0 和 4,进行基本设定。此时加速踏板应当保持在怠速位置。屏幕显示:

Rapid data transfer	Q
04 – Basic setting	
快速数据传输	Q
04 –基本设定	

(3) 按 Q 键确认。屏幕显示:

Basic setting	HELP
Enter display group number XXX	
基本设定	帮助
输入显示组号码 XXX	

(4) 按数字键 00 和 0,按 Q 键确认。屏幕显示:

| System basic setting | 0→ |
| 系统基本设定 | 0→ |

(5) 将加速踏板踩到底,使得换挡开关动作,并且保持在该位置上 3s。此时系统进行基本设定。按→键,故障检测仪 V. A. G1552 将退回到起始状态。

6. 读测量数据块

(1) 连接故障检测仪 V. A. G1552,输入地址码 02 –自动变速器电子控制系统。屏幕显示:

Rapid data transfer	HELP
Select function XX	
快速数据传输	帮助
选择功能 XX	

(2) 输入数字键 0 和 8,读测量数据块。屏幕显示:

Rapid data transfer	Q
08 – Basic setting	
快速数据传输	Q
08 –读测量数据块	

(3) 按 Q 键确认。屏幕显示：

Basic setting	HELP
Enter display group number XXX	
基本设定	帮助
输入显示组号码 XXX	

(4) 输入显示组号码，按 Q 键确认。屏幕显示：

Read measured value block			1
1	2	3	4
读测量数据块			1
1	2	3	4

测量数据块 1 的 4 个显示区域代表的意义是：1——换挡杆位置；2——节气门电位计；3——加速踏板数值；4——开关位置。

二、电控系统主要部件的检测

1. 换挡开关

换挡开关安装在自动变速器外部，用于通知 ECU 变速器所处的挡位，以便执行相应的换挡动作。空挡起动开关的外形和内部触点如图 4-49 所示。

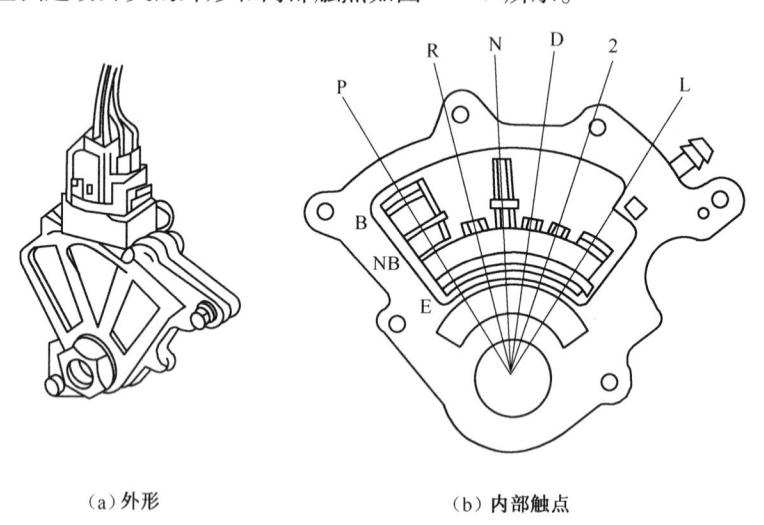

(a) 外形　　　　　　　　(b) 内部触点

图 4-49　空挡起动开关的外形和内部触点

将换挡杆拨至各个挡位，用万用表测量挡位开关线束插座内各插孔之间的导通情况。将测量结果与标准进行比较，如有不符，应重新调整或更换挡位开关。

2. 车速传感器

车速传感器安装于自动变速器输出轴处，用于检测变速器输出轴的转速，计算机根据此信号计算得到汽车的行驶速度,作为自动变速器换挡控制的主要参数之一。车速传感器多采用磁感应式,其结构原理与磁感应式车轮转速传感器相似,所不同的是车速传感器其信号触发齿轮是由变速器输出轴驱动。图4-50是用停车锁止齿轮作为信号触发齿轮的磁感应式车速传感器结构示意图。

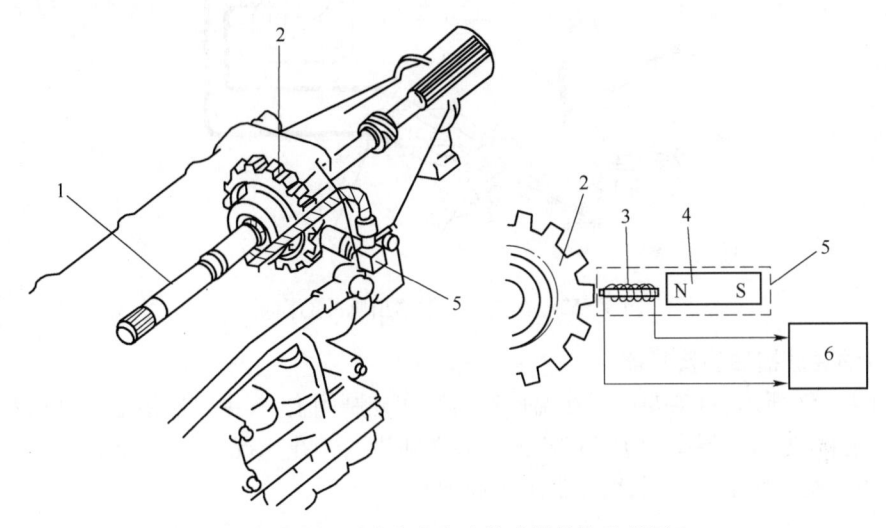

图4-50 磁感应式车速传感器结构示意图
1—输出轴;2—停车锁止齿轮;3—感应线圈;4—永久磁铁;5—车速传感器;6—电控单元。

磁感应式车速传感器的具体要求检测步骤如下:
(1)直观检查
直观检查传感器安装有无松动,导线与线束有无松脱。
(2)电阻检测
如图4-51所示,关闭点火开关,拔下传感器线束插接器,用万用表测量传感器两接线端子之间的电阻,电阻值通常为几百欧姆至几千欧姆;用万用表测量插接器各端子与变速器壳体之间的电阻,应大于1MΩ。如果传感器线圈断路、短路、搭铁或电阻值不符合要求,应更换传感器。

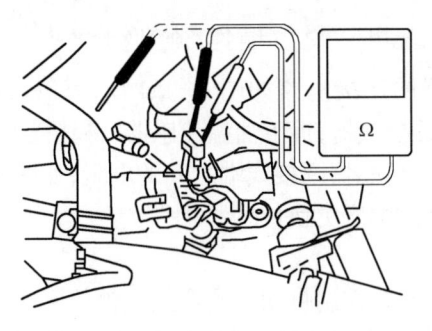

图4-51 车速传感器电阻的检测

(3)输出脉冲的检测
将传感器从车上拆下,用一根铁棒或磁铁迅速靠近或离开传感器,如图4-52所示,同时用万用表测量传感器两接线柱之间有无脉冲感应电压。如果没有感应电压或电压很微弱,说明传感器有故障。

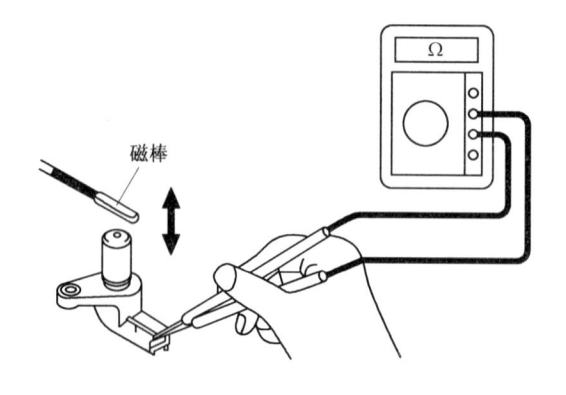

图 4-52　车速传感器输出脉冲的检测

3. 自动变速器油温传感器

如图 4-53 所示,自动变速器油温传感器装在控制阀上,其主要作用是对自动变速器进行高温控制,变速器油温高于 150℃ 时变矩器立即进入锁止工况,30s 后如果变速器油温仍不下降,变矩器解除锁止工况,变速器退出超速挡。

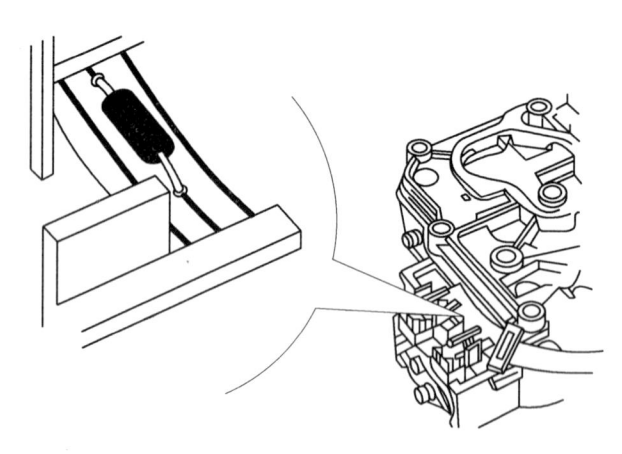

图 4-53　油温传感器的安装位置

自动变速器油温传感器的连接电路如图 4-54 所示。检测时,首先将点火开关置于"OFF"位置,拆下油温传感器插接器,拆下油温传感器,将其置于盛有水的烧杯中,加热杯中的水,同时测量在不同温度下传感器两接线端之间的电阻,如图 4-55 所示。将测量的电阻值与标准值比较,如不符合标准,应更换传感器。

4. 开关型电磁阀

开关型电磁阀的作用主要是控制自动变速器换挡油路和锁止离合器工作,开关型电磁阀由电控单元输出的开关信号控制,电磁阀的状态有通、断两种位置,其结构如图 4-56 所示。

开关型电磁阀的检测步骤如下:

(1) 电阻的检测

用举升机将汽车举起,拆下自动变速器油底壳,脱开电磁阀插接器,测量电磁阀端子与

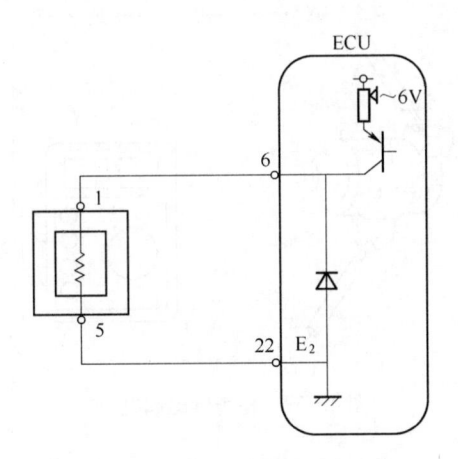

图 4-54 油温传感器的连接电路

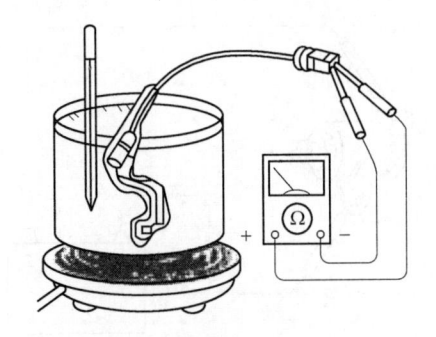

图 4-55 油温传感器电阻的检测

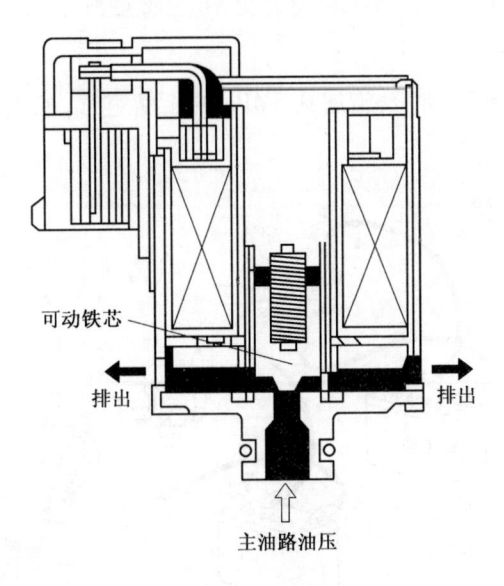

图 4-56 开关型电磁阀

车身搭铁点之间的电阻,如图 4-57 所示。

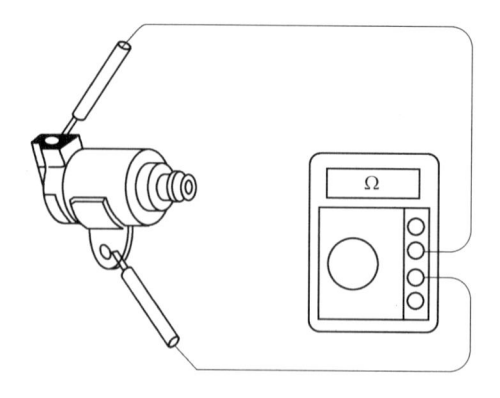

图 4-57　检查电磁阀电阻

（2）工作情况检查

用蓄电池给电磁阀通电，如图 4-58 所示，应能听到电磁阀有"咔嗒"声。

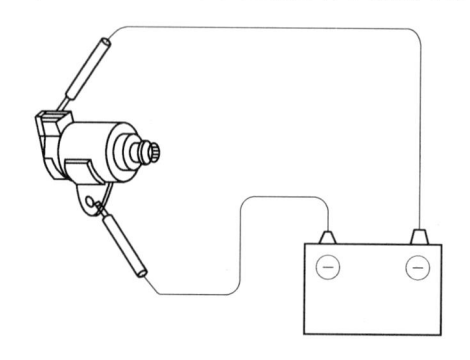

图 4-58　通电检查电磁阀工作

（3）检查漏气情况

拆下电磁阀，如图 4-59 所示，施加 0.5MPa 的压缩空气，检查电磁阀是否漏气。如不符合规定应更换电磁阀。

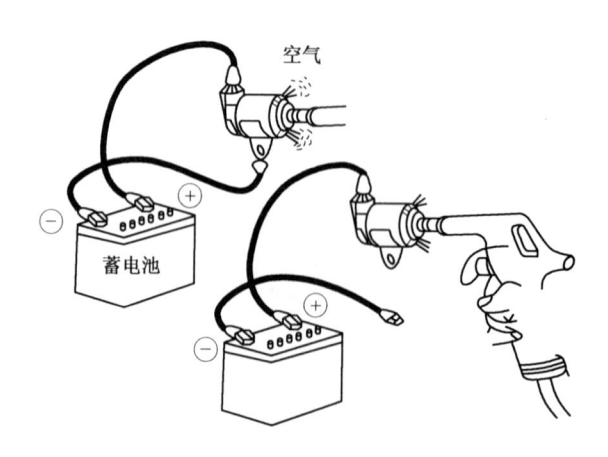

图 4-59　检查电磁阀是否漏气

5. 占空比型电磁阀

占空比型电磁阀的主要作用是进行换挡油路、主油压、蓄压器背压等的液压控制,占空比型电磁阀由电控单元输出的占空比信号控制,电磁阀的阀心伸缩有无数个位置,其结构如图 4-60 所示。

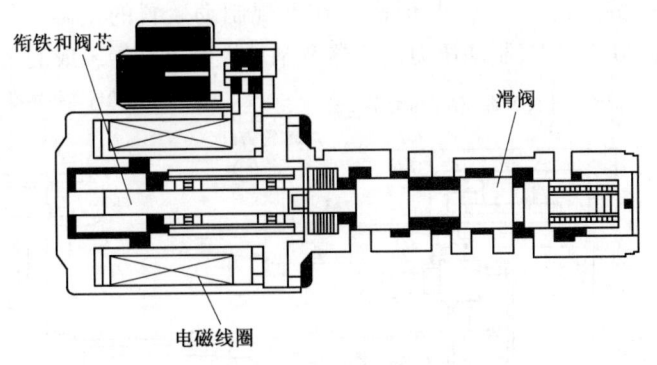

图 4-60 占空比型电磁阀

占空比型电磁阀的检测步骤如下:

(1) 电阻的检查

用举升机将汽车举起,拆下自动变速器油底壳,脱开电磁阀插接器,测量电磁阀线圈的电阻。其值一般为 2~6Ω。若电磁线圈短路、断路或阻值不符合标准,应更换电磁阀,如图 4-61 所示。

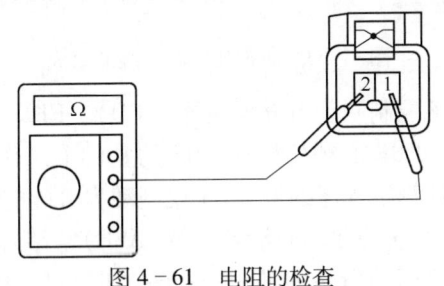

图 4-61 电阻的检查

(2) 工作情况的检查

拆下占空比式电磁阀,如图 4-62 所示,将蓄电池电源串联一个 8~10W 的灯泡,然后与电磁阀连接。通电时,电磁阀阀芯应向外伸出;断电时,电磁阀阀芯应向内缩入。如有异常,说明电磁阀损坏,应更换。

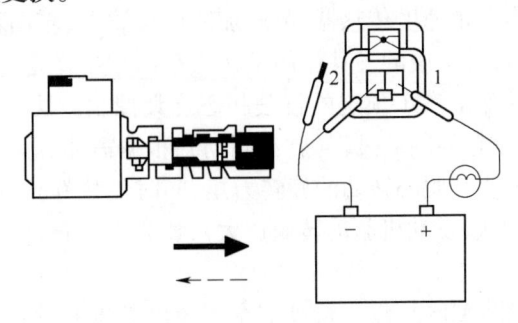

图 4-62 工作情况的检查

第四节　制动防抱死控制系统的检测与故障诊断

防抱死制动系统(ABS)是根据车轮转动情况,随时调节制动压力来防止车轮抱死滑移。尽管各型 ABS 的结构各不相同,但都是在常规制动装置的基础上加装车轮速度传感器、减速度传感器、ABS ECU、制动压力调节器及制动控制电路等组成的,如图 4-63 所示。

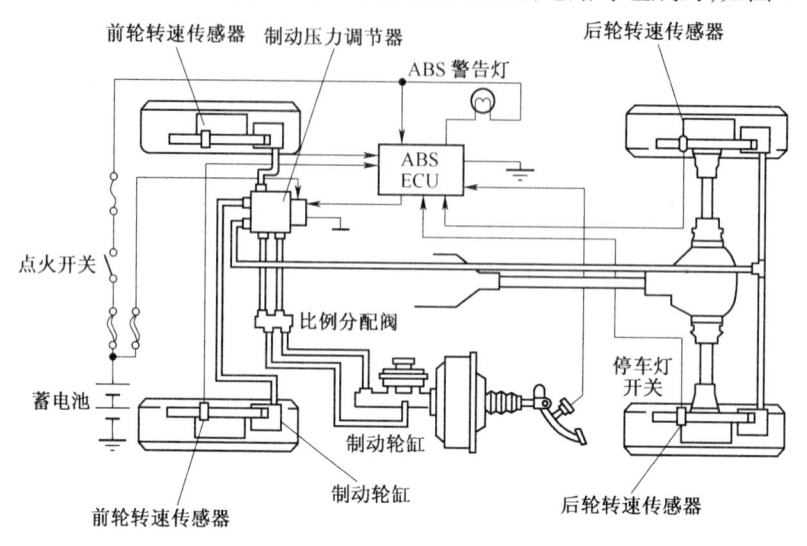

图 4-63　防抱死制动系统的组成

在部分车型上采用电子控制制动力分配系统(EBD)。EBD 是 ABS 的辅助系统,其作用是实现制动力的合理分配。EBD 必须架构在 ABS 的基础上工作,它并没有增加新的元件,而是通过软件升级或改变计算机程序的方式,实现制动力分配的功能。

在车辆上,防抱死制动系统与驱动防滑转系统(ASR)常结合在一起使用。ASR 的作用是利用控制器控制车轮与路面的滑转率,防止汽车在加速过程中打滑,特别是防止汽车在非对称路面或转弯时驱动轮的空转。ASR 和 ABS 都是控制车轮和路面的滑移率,以使车轮与地面的附着力不下降,因此两系统采用的是相同的技术,它们密切相关,共享许多电子组件和共同的系统部件来控制车轮的运动,构成行驶安全系统。

在一些车型上装有电子稳定程序控制系统(ESP)。ESP 是在 ABS 和 ASR 系统各种传感器的基础上,增加了横摆角速度传感器、侧向加速度传感器、转向盘转角传感器和制动总泵中的液压力传感器等部件组成的。其作用是在汽车出现不稳定行驶趋势时,使汽车消除不稳定行驶因素,回复并保持汽车预定的行驶状态。其控制方法是:首先 ESP 系统通过精确地控制一个或者多个车轮的制动过程(脉冲制动),根据需要分配施加在每个车轮上的制动力,迫使汽车产生一个绕其质心转动的旋转力矩,同时代替驾驶员调整汽车行驶方向;其次在必要时(比如车速太快,发动机驱动转矩过大),ESP 系统自动调整发动机的输出转矩,控制汽车的行驶速度。

从以上分析可以看出,ABS 是汽车行驶安全系统的基础和核心,下面即对 ABS 系统及主要部件的检测及诊断方法进行介绍。

一、电控系统的故障自诊断检测

下面以 V. A. G1552 故障检测仪和桑塔纳 2000GSi 型轿车的 ABS 为例,对 ABS 的检测诊断过程进行介绍。

1. 选择 V. A. G1552 故障检测仪功能

(1) 拆下驻车制动器手柄旁边诊断插座上的盖板,如图 4-64 所示。

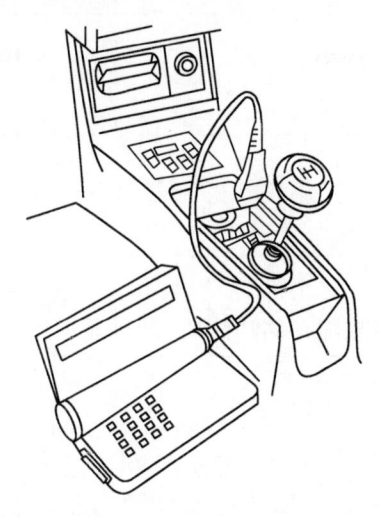

图 4-64　V. A. G1552 故障检测仪的连接

(2) 关闭点火开关,将 V. A. G1552 与诊断插座相连,如图 4-64 所示。打开点火开关,此时屏幕显示:

Test of vehicle　system	HELP
Insert taddress word　XX	

汽车系统测试	帮助
输入地址指令 XX	

(3) 输入地址码 03。屏幕显示:

Test of vehicle　system	HELP
03 Brake eletronics	

汽车系统测试	帮助
03 制动电子系统	

(4) 按 Q 键确认。屏幕显示:

3A0 907 379 ABS ITT AE 20 GI VOD	
Coding　04505	WCSXXXXXX

```
3A0 907 379 ABS ITT AE 20 GI VOD
编码    04505                              WCSXXXXX
```

其中:3A0 907 379 ABS 是控制单元的零件号;ITT AE 20 GI 是公司 ABS 产品型号;VOD 是程序版本;04505 是控制单元编号;WCSXXXXX 是维修站代码。

（5）按→键,屏幕显示:

```
Test of vehicle  system              HELP
   Select   function  XX

汽车系统测试                          帮助
   选择功能 XX
```

2. 查询故障代码

（1）输入地址码 02"查询故障存储功能"。屏幕显示:

```
Test of vehicle  system              Q
02 - Interrogate

汽车系统测试                          确认
02 -  查询故障存储
```

（2）按 Q 键确认。若屏幕显示出存储的故障数量是"No faults recognized!",表示没有识别到故障。

```
X  faults  recognized !
X 个故障被识别!
```

按→键,依次显示所有故障代码,直到结束。

3. 清除故障代码

（1）屏幕显示:

```
Test of vehicle  system              HELP
   Select   function  XX

汽车系统测试                          帮助
   选择功能 XX
```

（2）输入数字键 0 和 5,清除故障代码。屏幕显示:

```
Test of vehicle  system              Q
05- Erase  fault  memory
```

汽车系统测试 05- 清除故障存储	确认

（3）按 Q 键确认。屏幕显示：

Test of vehicle system Fault memory is erased	HELP

汽车系统测试 故障存储被清除	→

（4）输入 06"结束输出"功能，屏幕显示：

Test of vehicle system 06-end output	Q

汽车系统测试 06-结束输出	确认

4. 读测量数据块

08 功能"读测量数据块"中，01 和 02 显示组可用于检测转速传感器的工作情况，03 显示组可用于检测制动开关的功能。

（1）连接故障检测仪，输入地址码 03"制动电子系统"。屏幕显示：

Test of vehicle system Select function XX	HELP

汽车系统测试 选择功能 XX	帮助

（2）输入数字键 0 和 8，读测量数据块。按 Q 键确认。屏幕显示：

Read measured value block Enter display group number XX	1→

读测量数据块 输入显示组号 XX	1→

（3）输入显示组号码"01"，按 Q 键确认。屏幕显示：

Read measured value block 0km/h 0km/h 0km/h 0km/h	1→

读测量数据块	1→
0km/h 0km/h 0km/h 0km/h	

(4) 为了检查转速传感器的工作情况,必须用举升机升起车辆,使四轮离地,用手转动车轮,屏幕显示:

Read measured value block	1→
1 2 3 4	

读测量数据块	1→
1 2 3 4	

其中,显示区域 1、2、3、4 分别是用手转动左前轮、右前轮、左后轮、右后轮的速度,单位是 km/h,范围为 0~255。

(5) 按↑键,进入下一个显示组,屏幕显示(汽车静止时):

Read measured value block	2→
255km/h 255km/h 255km/h 255km/h	

读测量数据块	2→
255km/h 255km/h 255km/h 255km/h	

(6) 放下汽车,缓慢行驶,屏幕显示(汽车缓慢行驶时):

Read measured value block	2→
3km/h 6km/h 2km/h 1km/h	

读测量数据块	2→
3km/h 6km/h 2km/h 1km/h	

其中:显示区域 1、2 的数据偏差小于 6km/h 为正常;区域 3、4 的数据偏差小于 2km/h 为正常。

(7) 按↑键,屏幕显示:

Read measured value block	3
0	

读测量数据块	3
0	

其中:不踩制动踏板时为 0,踩制动踏板时为 1。

5. 最终控制诊断

液压泵和液压循环的功能,可以用最终控制诊断,通过交替开闭阀门和释放压力的方法来检查。检查前将车辆升起,接好故障检测仪的同时,用手在车外转动车轮。先踩几次制动踏板排尽真空,为了获得有真空加力时相同的制动压力,踩制动踏板的力必须增加。然后开始最终控制诊断。

(1) 打开点火开关,松开驻车制动,连接故障检测仪,输入地址码03"制动电子系统"。屏幕显示:

| Test of vehicle system | HELP |
| Select function XX | |

| 汽车系统测试 | 帮助 |
| 选择功能 XX | |

(2) 输入03"最终控制诊断"功能,屏幕显示:

| Test of vehicle system | Q |
| 03 Final control diagnosis | |

| 汽车系统测试 | 确认 |
| 03 最终控制诊断 | |

(3) 按Q键确认,在以下工作程序中,ABS指示灯闪烁(2次/s),制动警告灯闪烁(4次/秒),ABS液压泵必须工作。此时屏幕显示:

| Final control diagnosis | → |
| ABS hydraulic diagnosis | |

| 最终控制诊断 | → |
| ABS 液压泵 | |

(4) 在60s内必须按→键,不必踩制动踏板,屏幕显示:

| Final control diagnosis | → |
| Operate brake | |

| 最终控制诊断 | → |
| 踩制动踏板 | |

(5) 按→键,踩制动踏板,屏幕显示:

| Final control diagnosis → |
| IFL 0V OFL 0V Wheel FL locked |

| 最终控制诊断 → |
| 左前进油阀:0V 左前出油阀:0V 左前轮锁定 |

（6）按→键,屏幕显示：

| Final control diagnosis → |
| IFL VBAT OFL 0V Wheel FL locked |

| 最终控制诊断 → |
| 左前进油阀:蓄电池电压 左前出油阀:0V 左前轮锁定 |

（7）按→键,ABS液压泵必须工作,制动踏板必然会放松,屏幕显示：

| Final control diagnosis → |
| IFL VBAT OFL VBAT Wheel FL free |

| 最终控制诊断 → |
| 左前进油阀:蓄电池电压 左前出油阀:蓄电池电压 左前轮自由 |

（8）按→键,ABS液压泵不再工作,屏幕显示：

| Final control diagnosis → |
| IFL VBAT OFL 0V Wheel FL free |

| 最终控制诊断 → |
| 左前进油阀:蓄电池电压 左前出油阀:0V 左前轮自由 |

（9）按→键,制动踏板必须有明显感觉,屏幕显示：

| Final control diagnosis → |
| IFL 0V OFL 0V Wheel FL locked |

| 最终控制诊断 → |
| 左前进油阀:0V 左前出油阀:0V 左前轮锁定 |

（10）按→键,屏幕显示：

| Final control diagnosis → |
| Release brake |

| 最终控制诊断 | → |
| 松开制动 | |

（11）按→键，屏幕显示：

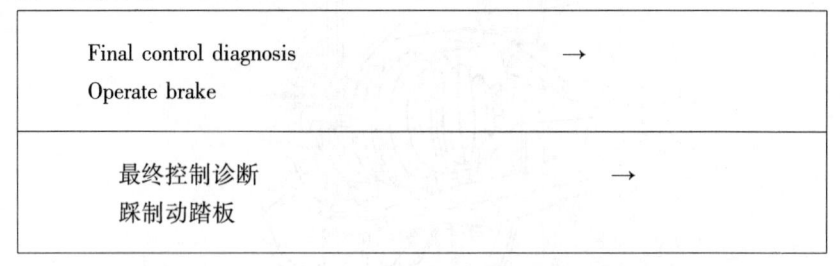

| Final control diagnosis | → |
| Operate brake | |

| 最终控制诊断 | → |
| 踩制动踏板 | |

（12）按→键。重复上述操作，分别进行右前、左后、右后液压泵和液压循环功能的诊断。诊断结束后，ABS指示灯和制动警告灯应熄灭，否则，说明系统中存在故障。

二、电控系统主要部件的检测

下面以桑塔纳2000GSi型轿车的ABS为例，对ABS部件的检测过程进行介绍。

1. 前轮转速传感器

1）直观检查

（1）前轮轴承损坏或轴承轴向游隙过大，会影响前轮传感器的间隙。可使前轮离地，用双手转动前轮感觉一下前轮摆动是否异常。

（2）若轴承轴向游隙过大，则要检查齿圈轴向摆差，如图4-65所示。轴向摆差标准值≤0.3mm，若前轮轴承损坏或轴向游隙过大，则应更换轴承。

（3）若出现齿圈轴向摆差过大而引起传感器与齿圈擦碰，造成齿圈变形或齿数残缺不全，则应更换前轮齿圈。

（4）若前轮齿圈完好无损，但被泥泞或脏物堵塞，应消除齿圈空隙中的脏物。

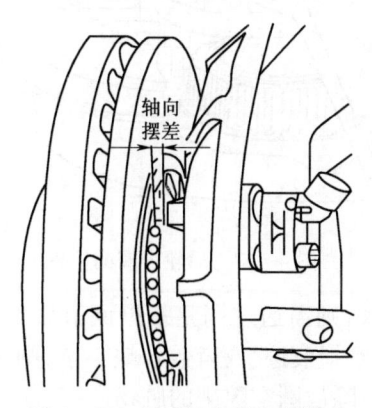

图4-65 齿圈轴向摆差的检查

2）利用检测工具检测

（1）检查前轮转速传感器与齿圈之间的间隙是否符合规定值，其标准值为1.1～1.97mm。

（2）顶起前轮，松开驻车制动，拆下ABS线束，测量传感器插接器端子间的电阻，其值应为1.0~1.3 kΩ,如图4-66所示。

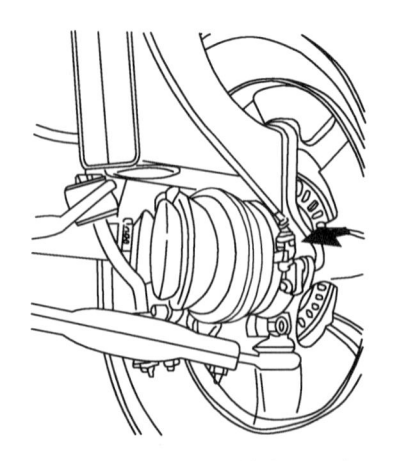

图4-66 前轮转速传感器的位置

（3）以30r/min的转速转动前轮,用万用表或示波器测量输出电压。用万用表测量时,输出电压应为70~310mV;用示波器测量时,输出电压应为3.4~14.8mV。

2. 后轮转速传感器

1）直观检查

（1）后轮轴承损坏或支承径向跳动过大,会影响后轮传感器的间隙。检查时,首先使后轮离地,用双手转动后轮感觉后轮摆动是否异常,如图4-67所示。若后轮摆动过大,则要检查后轮轴承的径向跳动。径向跳动的标准值小于0.05mm。

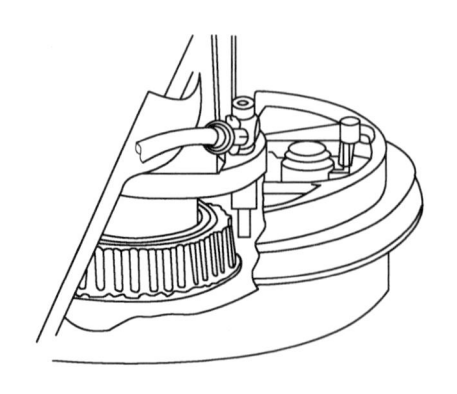

图4-67 后轮齿圈的检查

（2）若后轮径向跳动过大,则需通过调整螺母调节后轴承的间隙,或者更换损坏的后轴承。若齿圈变形、或有严重磨损痕迹,或齿数残缺不全,则应更换后轮齿圈。若后轮齿圈完好无损,但被脏物堵塞,应清除齿圈空隙中的脏物。

2）利用检测工具检测

（1）检查后轮转速传感器与齿圈之间的间隙是否符合规定值,其标准值为0.42~0.8mm。

（2）顶起前轮,松开驻车制动,拆下ABS线束,测量传感器插接器端子间的电阻,其值应为1.0~1.3 kΩ,如图4-68所示。

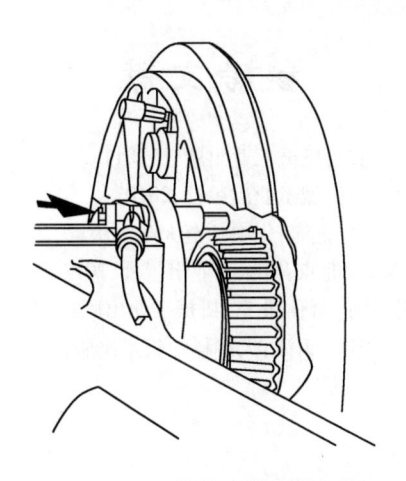

图 4-68　后轮转速传感器的位置

（3）以 30r/min 的转速转动前轮,用万用表或示波器测量输出电压。用万用表测量时,输出电压应大于 260mV;用示波器测量时,输出电压应大于 12.2mV。

[复习思考题]

1. 简述汽车电控系统故障诊断的基本程序。
2. 汽车电控系统疑难故障的常见类型有哪些？应如何进行疑难故障征兆的模拟检查？
3. 根据实训条件选择典型车型,利用故障检测仪对发动机电控系统进行自诊断检测和数据流分析,并对发现的问题进行分析和处理。
4. 利用万用表等简易检测工具,对典型发动机电控系统主要部件进行检测,并对发现的问题进行分析和处理。
5. 利用示波器对典型发动机电控系统的传感器、执行器进行检测,并对发现的问题进行分析和处理。
6. 根据实训条件选择典型车型,利用故障检测仪对自动变速器电控系统进行自诊断检测,并对发现的问题进行分析和处理。
7. 利用万用表等简易检测工具,对典型自动变速器电控系统主要部件进行检测,并对发现的问题进行分析和处理。
8. 根据实训条件选择典型车型,利用故障检测仪对制动防抱死系统进行自诊断检测,并对发现的问题进行分析和处理。
9. 利用万用表等简易检测工具,对典型制动防抱死系统系统主要部件进行检测,并对发现的问题进行分析和处理。

参 考 文 献

[1] 王秀贞．汽车检测技术［M］．北京：机械工业出版社，2011．
[2] 李婕．汽车检测技术［M］．北京：机械工业出版社，2010．
[3] 胡宁．汽车使用性能与检测［M］．上海：华中师范大学出版社，2012．
[4] 吴兴敏．汽车整车性能检测［M］．北京：机械工业出版社，2012．
[5] 罗富坤．汽车故障诊断与排除实训［M］．北京：机械工业出版社，2010．
[6] 吴立安．汽车故障诊断与排除［M］．天津：天津科学技术出版社，2010．